ATmega 128
마이크로컨트롤러 실습

(실무 기초 마스터 및 전력선통신 응용)

이순흠 · 최관순 · 한재용 공저

도서출판 상 학 당

이 책에서 사용하는 예제 프로그램 및 헤더 프로그램은 교육용 장비공급업체의 인터넷 웹사이트의 자료실에서 제공합니다.

이 책의 내용이나 교육용 장비에 관한 기술적인 문의사항이 있으신 분은 교육용 장비공급업체의 인터넷 웹사이트를 통해 질문하여 주십시오. 이 책의 저자가 직접 신속, 정확, 친절하게 답변해 드리겠습니다.

▣ 교육용 장비공급업체 웹사이트 : http://www.futurei.co.kr

머리말

마이크로컨트롤러를 공부함에 있어 실무적인 숙달과정이 매우 중요합니다. 이러한 실무적인 숙달을 위해서는 반드시 적절한 교육용 장비를 통한 하드웨어 구조의 이해 및 프로그래밍 연습이 필요합니다. 이 책에서는 이를 위하여 교육용 장비인 FE-PLC-HN System을 중심으로 프로그래머가 기본적으로 이해해야 할 소자들과 회로들을 쉽게 설명하였고, 이를 바탕으로 C언어 프로그램에 의해 각종 주변 장치를 제어하는 실습을 제공하고 있습니다.

교육용 장비인 FE-PLC-HN System은 Atmel사의 8-bit AVR Microcontroller인 ATmega128을 기반으로 하는 실습장비로 기본적인 주변장치 실습뿐만 아니라 전력선통신(PLC) 홈 네트워크 실습도 지원하는 장비로 마이크로컨트롤러와 관련된 다양한 실습을 지원하는 장비입니다.

이 책에서는 실습장비에 사용된 각종 부품을 자세히 설명하고, 이 부품으로 구성되는 회로의 동작도 상세히 설명하여 초보자도 쉽게 이해할 수 있도록 하였습니다. 따라서 초보자도 실습용으로 주어지는 C언어 프로그램을 쉽게 이해할 수 있을 것입니다. 이 책의 11장과 12장에서는 앞에서 배운 내용을 종합 응용하는 과제가 주어지며 독자 여러분은 문제해결 과정을 통해 현재 산업현장에서 사용되고 있는 홈 네트워크 기술도 습득할 수 있을 것입니다. 또한 이 책의 각 장을 순차적으로 공부하다 보면 스스로도 본 실습장비와 같은 시스템을 설계할 수 있는 능력을 갖추게 될 것입니다.

교육자의 편의를 위해 형성평가 문제에 대한 자세한 해설을 담은 교육자용 매뉴얼이 출판사 및 교육용 장비공급업체의 웹사이트를 통해 제공됩니다.

이 책이 AVR 마이크로컨트롤러에 관심이 있는 독자 여러분께 많은 도움이 되길 진심으로 바랍니다.

끝으로 이 책이 완성되기까지 프로그램의 작성 및 검증을 위해 불철주야 열심히 도와준 퓨처아이의 연구소 직원 여러분께 진심으로 감사드리며, 이 책의 출판을 위해 도움을 주신 상학당의 남승우 사장님을 비롯한 직원 여러분께 깊은 감사를 드립니다.

저자 씀

차 례

제 3 장 LED 모듈 실습 / 53

제 4 장 RELAY 모듈 실습 / 69

제 5 장 KEY PAD 모듈 실습 / 81

Chapter 1

FE-PLC-HN System 학습

단 | 원 | 학 | 습 | 개 | 요

FE-PLC-HN System은 ATmega128 컨트롤러를 중심으로 입출력 장치 제어, 각종 센서 제어 및 PLC 제어 실습을 효과적으로 수행할 수 있는 장비이다. 본 단원에서는 FE-PLC-HN System의 메인 보드 구성과 사용법 및 7개의 실습용 모듈의 구조와 기능을 학습한다. 또한 실습용 프로그램 개발에 사용되는 AVR Studio 4의 설치 및 사용법을 익힌다.

01 FE-PLC-HN System 소개

학 | 습 | 목 | 표

- FE-PLC-HN System의 전체적인 구성 및 기본 사용법을 이해한다.
- FE-PLC-HN System의 7개의 실습 모듈의 구조 및 기능을 이해한다.
- 실습에 사용되는 부가 장치에 대해 이해한다.

(1) FE-PLC-HN System 사용법

FE-PLC-HN System(이하 본 시스템이라 칭함)의 포장을 개봉한 후, [그림 1-1]과 같이 좌측에는 메인 보드 위에 각각의 다양한 모듈들이 장착되어 있다. 메인 보드는 각 모듈들을 장착할 수 있는 커넥터들로 구성되어 있다. 우측에는 각종 케이블이 수납되어 있으므로 이를 확인한다. 전원 연결을 위하여 우측 수납함의 전원 케이블을 꺼내어 연결해 보도록 한다.

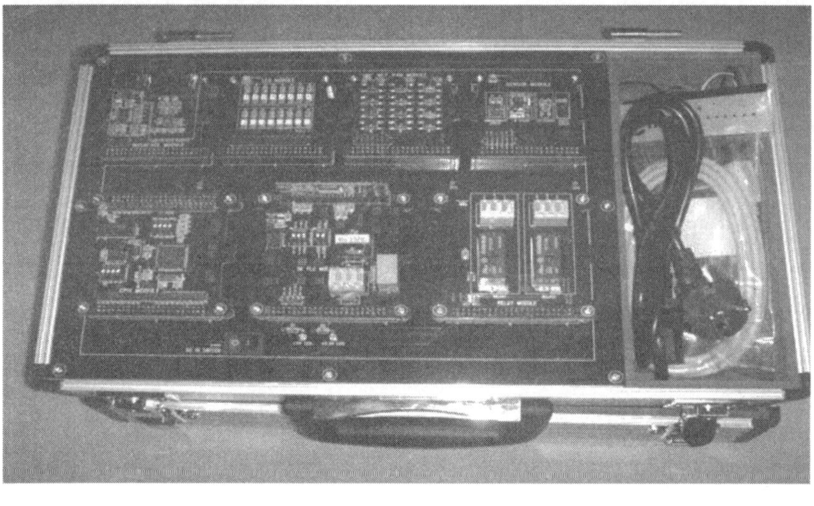

[그림 1-1] FE-PLC-HN System의 구성

전원 케이블을 [그림 1-2]와 같이 연결한 후 [그림 1-3]과 같이 전원 스위치를 눌러서 전원을 공급해 준다. 여기서의 전원 공급은 본 시스템 내부의 전원 공급기에 전원을 공급해 주는 단계이며 각 모듈의 전원을 공급하기 위해서는 [그림 1-4]의 좌측 하단에 보이는 메인 보드 전원 스위치를 눌러야 한다.

[그림 1-2] 전원 케이블의 연결

[그림 1-3] 전원 스위치 ON

메인 보드 전원 스위치가 켜지면 [그림 1-5]와 같이 메인 보드 전원 LED[1)]와 각 모듈의 전원 LED 부분이 점등되는 모습을 확인할 수 있다.

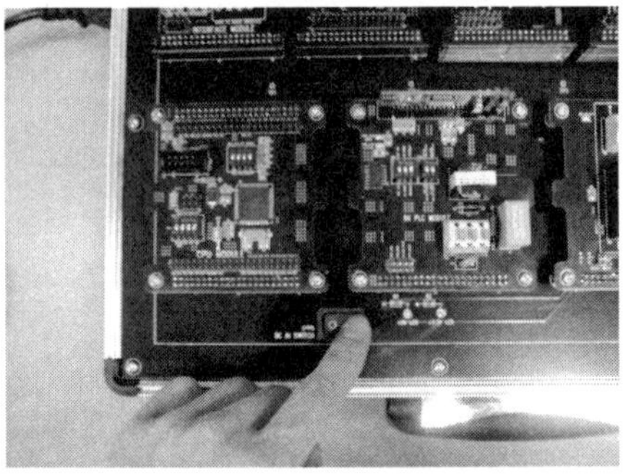

[그림 1-4] System 전원 ON

[그림 1-5] 전원이 인가된 모습

PC에서 개발된 실습자의 응용 프로그램은 실습을 하기 위해 MCU[2)] 모듈의 Flash memory[3)]에 다운로드 되어야 한다. 이를 위해 PC와 MCU 모듈 사이를 JTAG ICE 장치로 연결하는 과정을 설명한다.

---

1) LED(Light Emitting Diode) : 발광다이오드
2) MCU(MicroController Unit) : 단일 칩 내부에 프로세서, 메모리, 입출력 장치를 갖춘 장치
3) Flash memory : 전원이 끊겨도 저장된 정보가 지워지지 않는 기억 장치. 비휘발성 메모리

JATG ICE[4] 장치는 1개의 USB PORT와 1개의 JATG 연결 단자를 가지고 있다. USB[5] PORT는 PC와 연결하기 위해 사용되고 [그림 1-6]과 같이 JATG 연결 단자는 MCU 모듈 위에 있는 JATG Connector로 연결하기 위해 사용된다. 연결이 되면 다운로드 프로그램을 이용하여 PC에서 MCU 모듈의 Flash memory로 다운로드 할 수 있다.

MCU 모듈에 다운로드된 프로그램이 다른 모듈들을 제어할 경우 MCU 모듈과 해당 모듈을 하드웨어적으로 연결해야 한다. [그림 1-7]에 MCU 모듈과 LED 모듈을 점퍼 케이블(Jumper Cable)을 사용하여 연결하는 모습을 보였다.

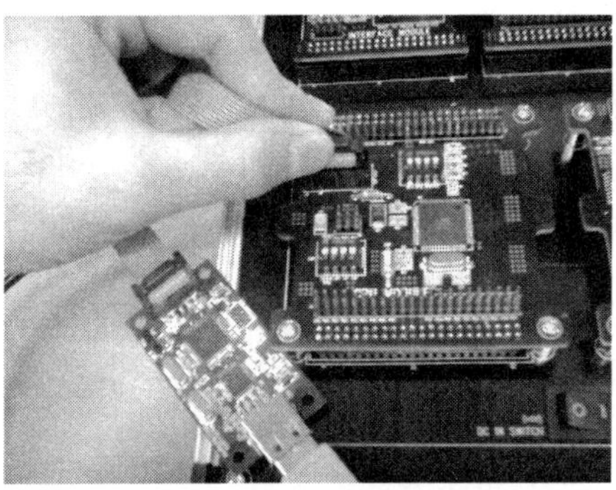

[그림 1-6] JTAG의 연결

[그림 1-7] Jumper Cable의 연결

여기까지 실습 시작을 위한 본 시스템의 간단한 사용법에 대하여 알아보았다. 다음으로는 본 시스템에서 제공하는 7개의 모듈들의 명칭과 기능에 대해 하나씩 알아보도록 한다.

(2) Module의 명칭 및 기능

1) MCU Module

① Power LED

메인 보드에 모듈이 장착된 상태에서 메인 보드의 전원을 인가하면 Power LED에

4) JATG ICE(Joint Test Action Group In-Circuit Emulator) : 개발 시 디버깅하기 위한 장치
5) USB(Universal Serial Bus) : 범용 직렬 버스로 컴퓨터와 주변 기기를 연결하는 데 쓰이는 입출력 표준 가운데 하나이다.

붉은색 빛이 들어온다. 메인 보드에 전원을 인가하여도 LED가 점등되지 않으면 모듈이 메인 보드의 커넥터에 잘 연결되지 않은 상태이므로 연결 상태를 확인한다.

② ATmega128-16AU

ATMEL사의 8비트 마이크로컨트롤러로 128KB Flash memory, 4KB RAM, 4KB EEPROM[6]을 제공한다. 내장된 ISP[7] 기능과 JTAG 기능을 가지고 있어 응용 프로그램의 다운로드, 실행 및 디버깅을 쉽게 할 수 있다.

③ Crystal

MCU가 동작 시 필요한 외부 클록을 공급하기 위해서 본 모듈에서는 16MHz SMD타입의 크리스탈을 장착하였다. 크리스탈은 발진소자로 클록의 공급원이 된다.

④ JTAG Connector

ATmega128-16AU의 JATG핀들을 외부 장치들과 연결될 수 있도록 하는 커넥터이다. 프로그램 디버깅 작업을 위해 사용되는 에뮬레이터 장치가 대표적인 외부 장치로 이 커넥터에 연결되어 사용되며, 프로그램 실시간 분석이 가능한 장치이다.

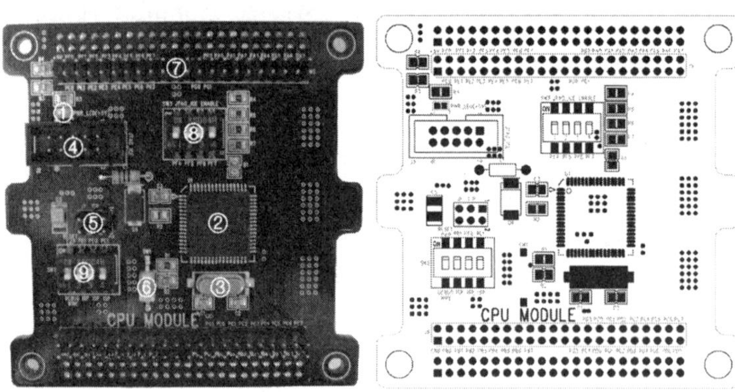

[그림 1-8] MCU Module

---

6) EEPROM(Electrically Erasable Programmable Read-Only Memory)는 비휘발성 메모리(NVM, NV RAM)의 하나이다. EEPROM은 전기적으로만 지울 수 있는 PROM으로 칩의 한 핀에 전기적 신호를 가해줌으로써 내부 데이터가 지워지게 되어 있는 롬이다.

7) ISP(In_System Programmer) : 시스템 내에서 프로그래밍이 가능하다. 즉 프로그램을 MCU로 다운로드한다.

⑤ ISP Connector

ATmega128-16AU의 ISP핀들을 외부 장치들과 연결될 수 있도록 하는 커넥터이다. PC에서 개발된 응용 프로그램을 MCU의 Flash memory에 Write하는 장치가 이 커넥터에 연결되어 사용된다.

⑥ Reset 버튼

MCU가 오작동을 일으키거나 MCU의 동작을 초기화할 때 사용되는 버튼으로, 이 버튼을 누르면 MCU에 reset 인터럽트가 발생하여 준비된 초기화 과정이 수행된다.

⑦ MCU 입출력 Connector

점퍼 케이블을 연결하기 위한 커넥터이다. ATmega128-16AU의 모든 PORT는 MCU 모듈의 입출력 Connector에 연결되어 있다. 다른 모듈들과 하드웨어적으로 연결할 때 이 커넥터가 사용된다. 커넥터에는 PORT 이름이 표시되어 있어 연결 시 쉽게 확인할 수 있다.

⑧ JTAG_ICE 사용 Dip Switch

JTAG 기능을 사용하기 위한 Dip Switch이다. JATG 기능을 사용하기 위해서는 3번 스위치를 전부 ON한다.

⑨ ISP 사용 Dip Switch

ISP 기능을 사용하기 위한 Dip Switch이다. ISP 기능을 사용하기 위해서는 2번 스위치를 전부 ON한다.

2) LED Module

① Power LED

메인 보드에 모듈이 장착된 상태에서 메인 보드의 전원을 인가하면 Power LED에 붉은색 빛이 들어온다. 메인 보드에 전원을 인가하여도 LED가 점등되지 않으면 모듈이 메인 보드의 커넥터에 잘 연결되지 않은 상태이므로 연결 상태를 확인한다.

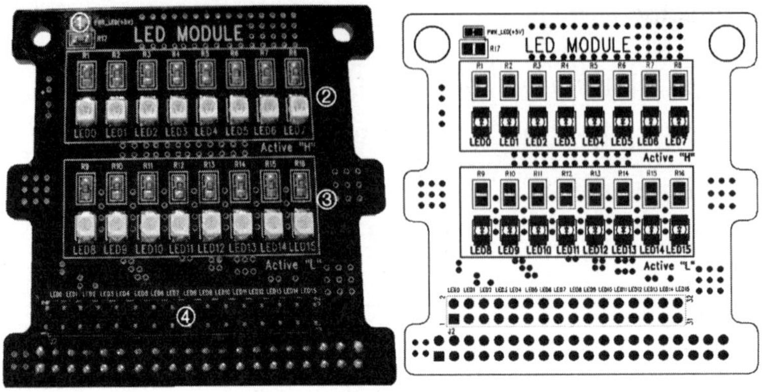

[그림 1-9] LED Module

② Active High LED

LED0～LED7은 COMMON CATHODE 회로로 구성되어 있다. 'High' 신호가 인가되면 LED가 붉은색으로 켜진다.

③ Active Low LED

LED8～LED15는 COMMON ANODE 회로로 구성되어 있다. 'Low' 신호가 인가되면 LED가 푸른색으로 켜진다.

④ LED Connector

점퍼 케이블을 연결하기 위한 커넥터이다. LED를 동작시키기 위한 신호를 제공하는 외부 모듈을 점퍼 케이블로 LED 모듈에 연결하는 데 사용된다.

커넥터에는 이름(LED0～LED15)을 표시하여 연결 시 쉽게 확인할 수 있다. LED0～LED7은 'Active High LED'가, LED8～LED15는 'Active Low LED'가 연결되어 있다.

3) Key Pad Module

① Power LED

메인 보드에 모듈이 장착된 상태에서 메인 보드의 전원을 인가하면 Power LED에 붉은색 빛이 들어온다. 메인 보드에 전원을 인가하여도 LED가 점등되지 않으면 모듈이 메인 보드의 커넥터에 잘 연결되지 않은 상태이므로 연결 상태를 확인한다.

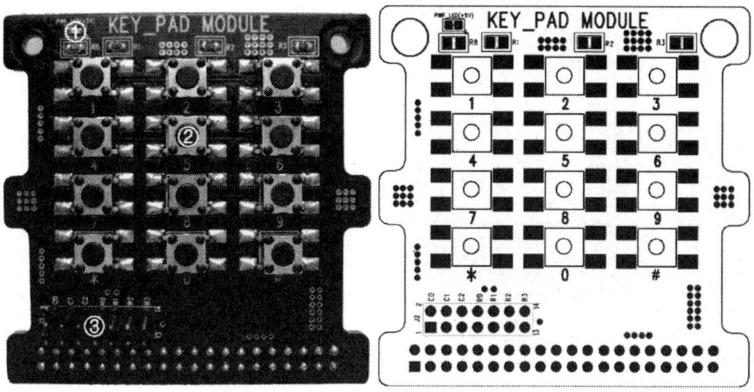

[그림 1-10] Key Pad Module

② KEY Switch

3×4 매트릭스로 구성된 12개의 스위치로 이루어져 있다. 스위치를 누를 경우 해당 스위치의 접점이 연결된다. 각각의 스위치는 '0～9', '*, #'을 표시한다. KEY 스캔 프로그램에 의하여 눌려진 KEY의 코드값을 얻는다. KEY 스캔 프로그램은 본 시스템에서 제공한다.

③ KEY Pad Connector

점퍼 케이블을 사용하여 MCU 모듈과 KEY PAD 모듈을 연결하기 위한 커넥터이다. MCU 모듈의 출력 PORT에서 KEY PAD 모듈 PORT(R0～R3) 쪽으로 4Bit의 KEY 스캔 코드가 인가된다. 이때 눌려진 KEY의 위치가 검출되어 KEY PAD 모듈 PORT(C0～C3)을 통하여 MCU 모듈의 입력 PORT로 전달된다.

4) RELAY Module

① Power LED

메인 보드에 모듈이 장착된 상태에서 메인 보드의 전원을 인가하면 Power LED에 붉은색 빛이 들어온다. 메인 보드에 전원을 인가하여도 LED가 점등되지 않으면 모듈이 메인 보드의 커넥터에 잘 연결되지 않은 상태이므로 연결 상태를 확인한다.

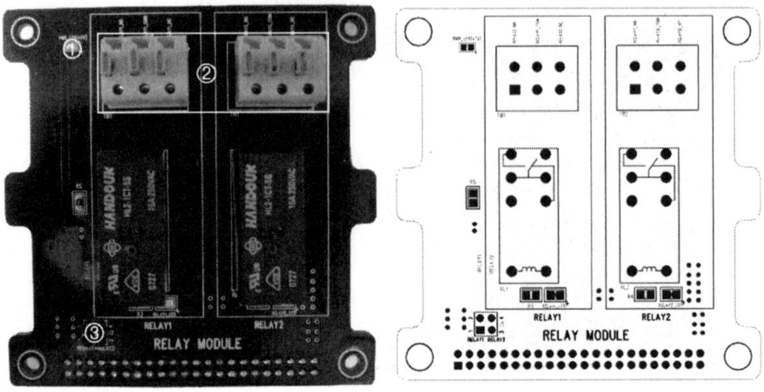

[그림 1-11] RELAY Module

② RELAY 접점 Connector

RELAY의 접점을 외부와 연결하기 위한 커넥터이다. RELAY의 접점은 COM(공통선)과 NC(Normally Closed)의 1쌍 또는 COM(공통선)과 NO(Normally Open)의 1쌍으로 사용된다. 2개의 RELAY를 제공한다.

③ RELAY 제어 Connector

점퍼 케이블을 연결하기 위한 커넥터이다. RELAY를 동작시키기 위한 제어 신호를 제공하는 MCU 모듈을 점퍼 케이블로 RELAY 모듈에 연결하는 데 사용된다. 커넥터에는 이름(RELAY1, RELAY2)을 표시하여 연결 시 쉽게 확인할 수 있다.

5) Sensor Module

① Power LED

메인 보드에 모듈이 장착된 상태에서 메인 보드의 전원을 인가하면 Power LED에 붉은색 빛이 들어온다. 메인 보드에 전원을 인가하여도 LED가 점등되지 않으면 모듈이 메인 보드의 커넥터에 잘 연결되지 않은 상태이므로 연결 상태를 확인한다.

② TEMP&HUMIDITY Sensor

온·습도 센서로 온도 및 습도 데이터를 읽을 수 있으며 자체보정기능을 가진다.

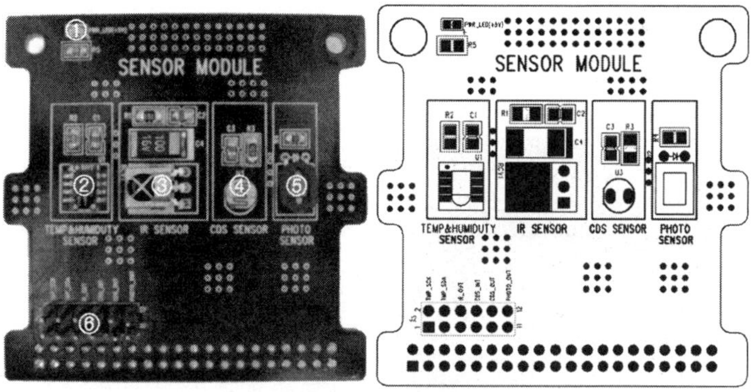

[그림 1-12] Sensor Module

③ IR[8] Sensor

적외선 수신 센서로 리모컨의 적외선 발광부에서 나오는 적외선 신호를 수신한다.

④ CDS[9] Sensor

빛에 반응하여 저항값이 변하는 원리로 동작하는 조도센서이다.

⑤ PHOTO Sensor

빛이 포토센서를 타격하면 전류를 만들어내고, 그 전류에 의해 저항에 걸리는 전압값을 이용한다.

⑥ SENSOR Connector

점퍼 케이블을 연결하기 위한 커넥터이다. 각 센서에 수집된 신호가 SENSOR Connector에 연결되어 있어 MCU 모듈과 하드웨어적으로 연결 시 사용된다. 커넥터에는 이름을 표시하여 연결 시 쉽게 확인할 수 있다.

TMP_SCK와 TMP_SDA 단자는 온・습도센서용이고 IR_OUT 단자는 IR센서용이다. CDS_INT와 CDS_OUT 단자는 CDS센서용이고 PHOTO_OUT 단자는 PHOTO센서용이다.

---

8) IR(InfraRed) : 적외선
9) CDS(Cd : 카드뮴, S : 황) : 황화카드뮴을 이용한 조도 센서

6) INTERFACE Module

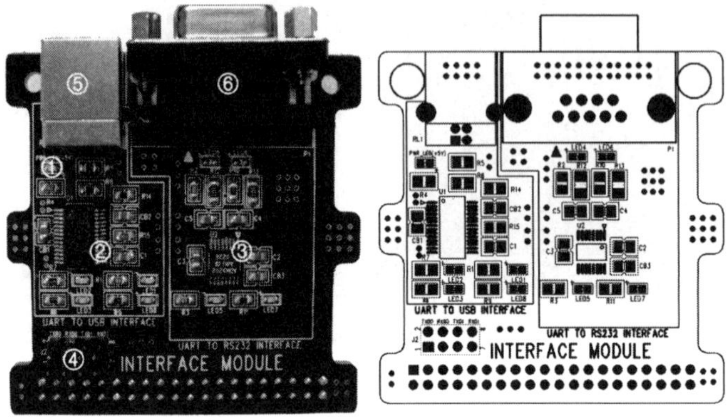

[그림 1-13] Interface Module

① Power LED

메인 보드에 모듈이 장착된 상태에서 메인 보드의 전원을 인가하면 Power LED에 붉은색 빛이 들어온다. 메인 보드에 전원을 인가하여도 LED가 점등되지 않으면 모듈이 메인 보드의 커넥터에 잘 연결되지 않은 상태이므로 연결 상태를 확인한다.

② UART[10] to/from UART INTERFACE

UART와 USB 사이 상호 신호 변환한다.

③ UART to/from RS-232[11] INTERFACE

UART와 RS-232 사이 상호 변환한다.

④ UART Connector

MCU 모듈의 UART PORT 또는 PLC[12] 모듈의 UART PORT와 연결하기 위한 커

10) UART(Universal Asynchronous Receiver/Transmitter) : 범용 비동기 통신
11) RS-232(Recommended Standard 232) : PC와 음향 커플러, 모뎀 등을 접속하는 직렬 방식 인터페이스의 하나이다.
12) PLC(Power Line Communication) : 전력선통신

넥터이다. 이 커넥터에는 TXD0와 RXD0 그리고 TXD1와 RXD1의 2쌍의 PORT가 있다. TXD0와 RXD0의 PORT는 UART to/from USB INTERFACE 회로로 연결되고, TXD1와 RXD1의 PORT는 UART to/from RS-232 INTERFACE 회로로 연결된다. MCU 모듈과 PLC 모듈은 이 INTERFACE 모듈을 이용하여 PC와 통신을 할 수 있다.

⑤ USB Port

UART to/from USB INTERFACE 회로의 USB PORT이며, 보통 PC의 USB PORT와 연결되어 사용된다.

⑥ RS-232 Port

UART to/from RS-232 INTERFACE 회로의 RS-232 PORT이며, 보통 PC의 RS-232 PORT와 연결되어 사용된다.

7) PLC Module

① Power LED

메인 보드에 모듈이 장착된 상태에서 메인 보드의 전원을 인가하면 2개의 Power LED에 붉은색 빛이 들어온다. PLC 모듈은 5V, 3.3V 두 종류의 DC 전압을 사용한다.

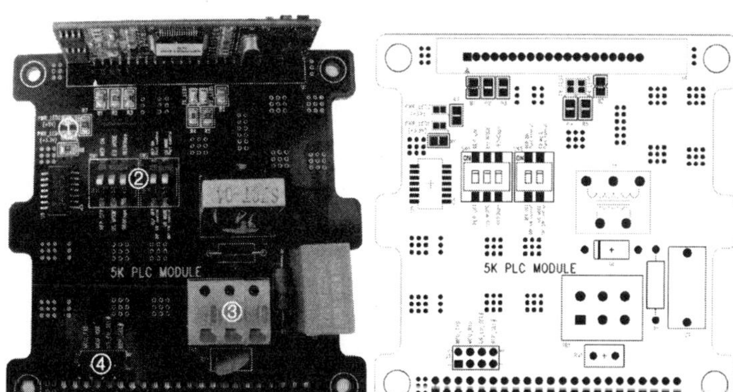

[그림 1-14] PLC Module

② PLC 설정용 Dip Switch[13]

PLC 모듈 설정을 위해 사용되는 SW1과 SW2의 기능을 〈표 1-1〉에 보였다.

〈표 1-1〉 PLC 모듈 기능 설정용 Dip Switch 설명

	SW1		SW2	
1번	중계기 기능 설정		중계기 제어 방법	
	ON	OFF	ON	OFF
	리피터 ON	리피터 OFF (기본 설정)	PORT 제어	SW1의 1번 제어
2번	전력선통신 모드 설정		전력선통신 모드 제어 방법	
	ON	OFF	ON	OFF
	EU 모드	US 모드 (기본 설정)	PORT 제어	SW1의 2번 제어
3번	UART 통신속도 설정		-	
	ON	OFF		
	19200Bps	9600Bps		

③ AC Terminal Block

터미널 블록에 직접 AC 전원 코드를 연결함으로써 PLC 모듈 간의 통신이 가능하게 한다. AC 전원이 인가될 때 감전에 주의해야 한다.

④ PLC Connector

UART 신호를 연결하기 위한 단자와 PLC 모듈의 중계기 기능과 전력선통신 모드 설정 시 Dip Switch를 이용한 수동 방식 이외의 제어 신호용 단자를 제공한다. UART 신호 연결 단자는 MCU_TXD와 MCU_RXD이다. PLC 모듈의 중계기 기능 설정용 단자는 REP_SEL#이며 전력선통신 모드 설정용 단자는 US_EU_SEL#이다.

(3) 부가 장치

실습을 위해서는 부가 장치인 ISP 다운로더 또는 에뮬레이터가 있어야 한다. 지

13) DIP Switch(Dual Inline Package) : 스위치의 일종으로 초기값을 가변적으로 설정할 때 사용

금부터 에뮬레이터와 ISP 다운로드가 무엇인지 알아보자.

1) ISP 다운로더

AVR(ATmega 128)은 ISP(In System Programming) 기능이 있어 AVR을 기판에 부착한 상태에서 내부 Flash memory와 EEPROM을 여러 번 프로그램하는 것이 가능하다. 이때 PC와 AVR 사이를 연결하기 위해 사용되는 장치가 [그림 1-15]의 ISP 다운로더이다.

ISP 다운로더는 에뮬레이션 기능을 제공하지는 않는다. [그림 1-15]는 ATMEL사에서 제공하는 ISP 다운로더이다.

[그림 1-15] ISP 다운로더

2) 에뮬레이터(ICE)

사용자가 ATmega128용 응용 프로그램을 개발하기 위해서는 PC에서 개발한 응용 프로그램을 다운로드하여 실행시키거나, 단계별로 실행시킬 수 있어야 한다. 또한 프로그램 실행 과정에서 브레이크 포인터를 설정하여 프로그램 에러를 쉽게 디버깅할 수 있어야 한다. 이러한 기능을 제공하는 것이 JATG ICE 장치이다. 이 장치는 PC와 본 시스템의 MCU 모듈의 JTAG Connector 사이에 연결되어 사용된다. [그림 1-16]는 ATMEL사에서 제공하는 JTAG ICE 장치이며 본 교재에서는 [그림 1-17]의 JTAG ICE 장치를 이용한다.

[그림 1-16] JTAG ICE1

[그림 1-17] JTAG ICE2

형성평가에 대한 자세한 해설은 교육자용 매뉴얼을 참조하시오.

▶ 형성평가

1. 본 시스템에서 제공하는 7개의 모듈명을 쓰시오.
2. 본 시스템의 MCU 모듈에 사용된 AVR 소자명은 무엇인가?
3. 본 시스템의 SENSOR 모듈에서 측정할 수 있는 것에 대해 전부 나열하시오.
4. PC에서 개발된 응용 프로그램을 MCU 모듈에 다운로드하고 디버깅 기능까지 지원할 수 있는 장치는 무엇인가?
5. MCU 모듈에 있는 JTAG Connector의 용도에 대해 설명하시오.
6. MCU 모듈에 있는 ISP Connector의 용도에 대해 설명하시오.
7. PLC 모듈을 PC의 USB PORT나 MCU 모듈의 커넥터에 연결하기 위해 필요한 본 시스템의 모듈명을 쓰시오.
8. PLC 모듈의 설정용 Dip Switch SW1의 3번의 기능은 무엇인가?
9. RELAY 모듈에서 평상시 Open된 상태에서 제어 신호가 가해지면 REALY 접점이 Close되는 방식으로 사용하려면 어떤 단자를 사용하여야 되는가?(1쌍의 단자 이름을 적으시오)

02 프로그램 개발 환경 구축

학 | 습 | 목 | 표

- 프로그램 개발 환경 구축에 필요한 프로그램이 무엇인지 이해한다.
- AVR Studio 및 WinAVR 프로그램을 설치하고 이해한다.
- AVR Studio 프로그램 사용법에 대해 이해한다.

(1) 실습을 위한 프로그램

실습을 위해서는 장치뿐만 아니라 개발 툴과 컴파일러가 필요하다. 우리가 사용할 개발 툴은 Atmel사에서 무료로 제공하는 'AVR Studio 4'이다. AVR Studio는 AVR 설계에 필요한 코드작성, 어셈블러, 다운로드 등의 기능을 포함하는 통합 개발 환경이다. 그러나 GCC기반의 C/C++ 컴파일러인 'WinAVR'을 포함하고 있지 않다. 그러므로 별도로 'WinAVR'을 설치해야 한다. 'WinAVR'을 설치하면 'AVR Studio 4'의 통합 환경에서 호출하여 사용할 수 있다.

(2) 프로그램 설치

AVR Studio 4는 Atmel사의 홈페이지(http://www.atmel.com)에서 무료로 다운받을 수 있다. 다운받은 프로그램을 설치하면 PC에서 바로 사용할 수 있다. GCC기반의 C/C++ 컴파일러인 'WinAVR'을 별도로 설치를 해줘야 하는데, WinAVR 역시 무료로 다운로드가 가능하다(http://sourceforge.net).

설치가 완료되었다면 예제를 이용한 간단한 실습을 통해 프로그램 사용법 및 컴파일 방법을 알아보도록 한다.

(3) 컴파일러 실습

간단한 코드를 작성하여 컴파일하는 과정을 실습해 보도록 한다.

설치가 완료된 AVR Studio 4를 실행하면 [그림 1-18]과 같은 시작화면이 나온다.

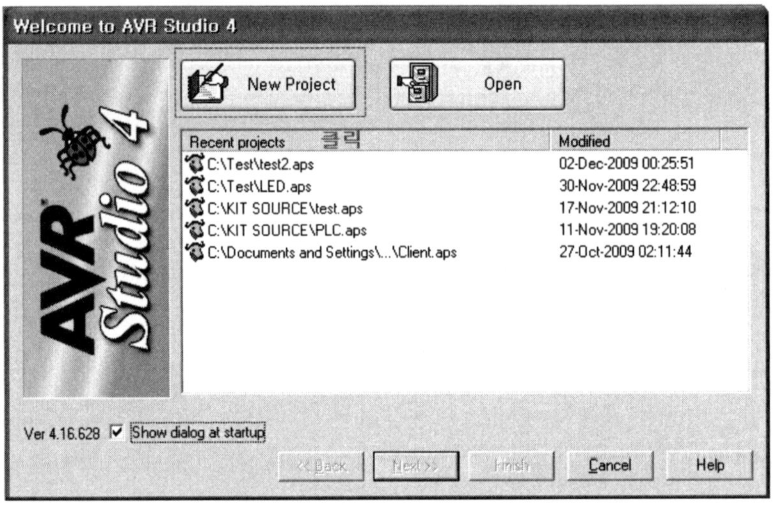

[그림 1-18] AVR Studio 4 시작화면

Next를 눌러서 다음으로 넘어가면 [그림 1-19]와 같은 프로그램 생성을 위한 화면이 나온다. 상단의 Project type를 살펴보면, Atmel AVR Assembler와 AVR GCC 두 가지 프로젝트 타입이 있는 것을 확인할 수 있다. Atmel AVR Assembler는 AVR Studio 4를 설치했을 경우 기본적으로 지원되며 WinAVR을 별도로 설치하면 AVR GCC가 생성된다.

우리는 C/C++ 언어를 사용할 것이기 때문에 AVR GCC를 선택하고, Projcet name을 입력해 준다.

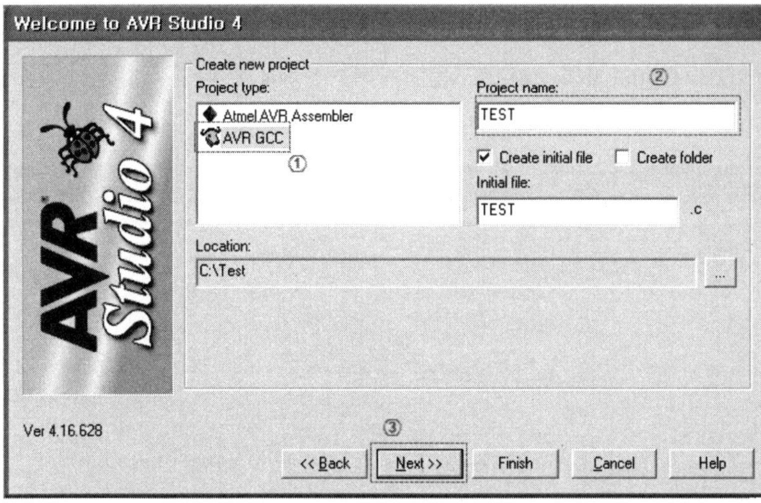

[그림 1-19] New Project 생성

[그림 1-20]에 보인 다음 단계는 디버그 플랫폼과 디바이스 선택 화면이다. 디버그 플랫폼은 앞서 설명한 에뮬레이터인 JTAG ICE를 선택하고, 디바이스는 본 시스템에서 사용된 ATmega128을 선택한다.

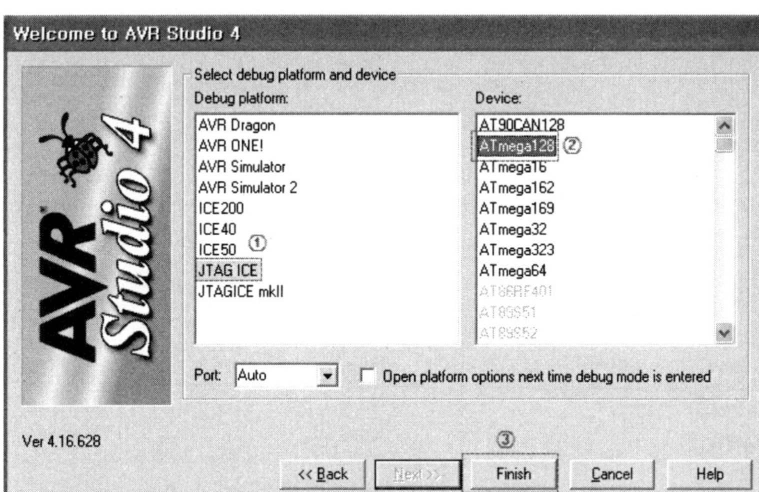

[그림 1-20] 디버그 플랫폼 및 디바이스 선택

[그림 1-21]의 프로젝트가 생성되면 먼저 프로젝트 설정을 해주어야 한다. [Project]－[Configuration Options]의 경로로 들어가서 설정해 준다.

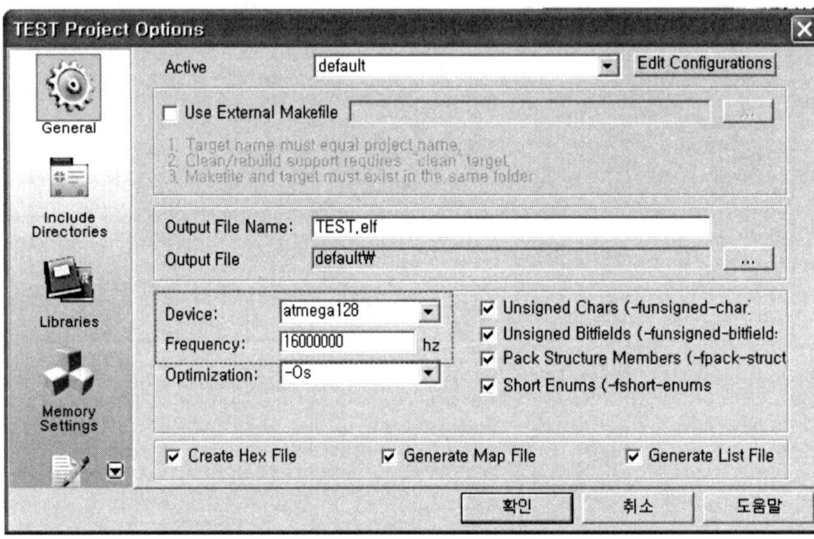

[그림 1-21] 프로젝트 설정

중간 부분의 디바이스 주파수는 본 시스템에서 사용하는 16MHz로 설정하고 확인을 눌러 준다. 설정이 완료되면 코드를 작성해 준다.

LED 1개가 깜빡이는 코드를 작성해 보도록 한다.

```
#include <avr/io.h>
#include <util/delay.h>

void main()
{
   DDRB=0x01;
   PORTB=0x00;

   int i;

   while(1){
      PORTB=0x01;
      for(i=0; i<1000; i++){
```

```
        _delay_ms(1);
        }
        PORTB=0x00;
        for(i=0; i<1000; i++){
        _delay_ms(1);
        }
    }
}
```

코드작성이 완료되었으면 [그림 1-22]에 [Build] – [Build]의 경로로 들어가서 Build를 실행하여 컴파일한다.

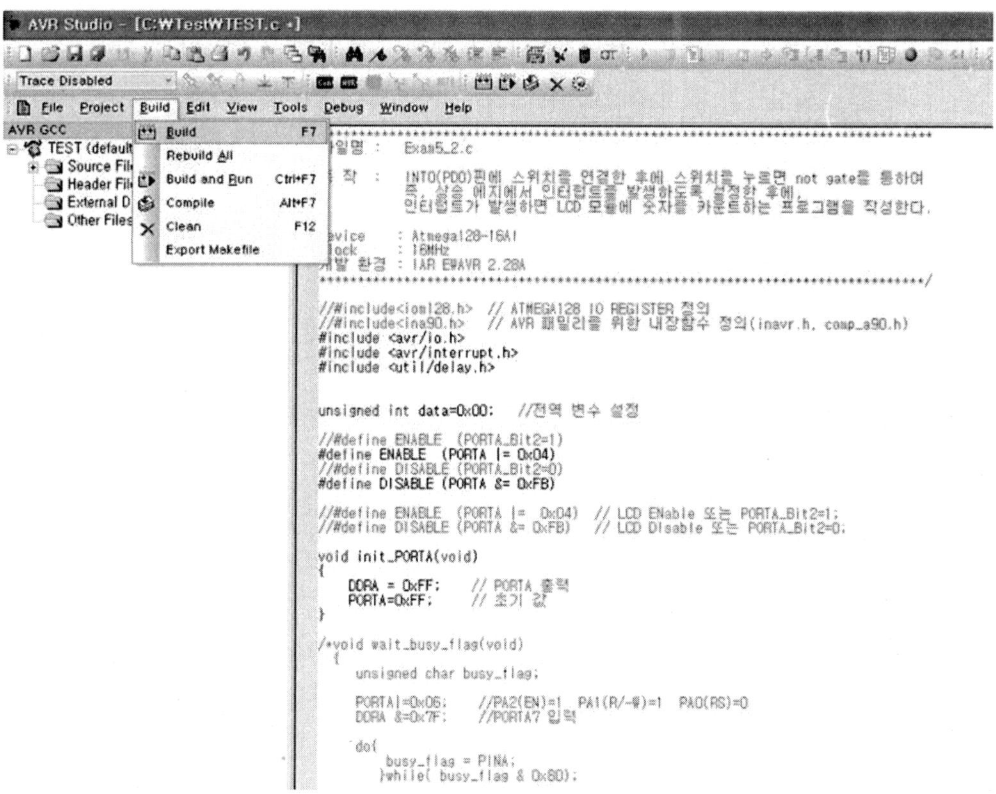

[그림 1-22] 작성한 코드의 컴파일

만약 코드가 잘못되었다면, 컴파일 도중 [그림 1-23]과 같이 맨 아래 메시지 창에 에러 메시지가 나타나며, 잘못된 부분을 더블클릭하면 잘못된 코드 부분으로 자동 이동하여 사용자가 고칠 수 있도록 해준다.

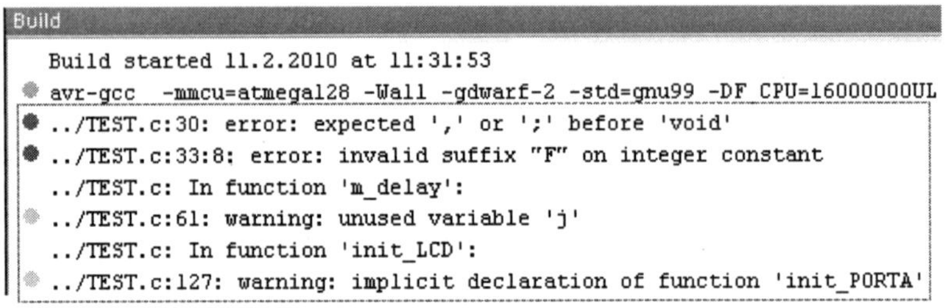

[그림 1-23] 에러 메시지

컴파일 시 에러가 없다면 프로젝트 파일명과 같은 헥사 파일(프로젝트 파일명.hex)이 생성된다. 위의 프로그램이 에러가 없는지 확인하고 컴파일된 헥사 파일(프로젝트 파일명.hex)이 제대로 생성되는지 확인한다. 생성된 헥사 파일은 해당 프로젝트 폴더 내의 default 폴더에 저장된다.

이 프로그램의 실제 동작 실습은 다음 장에서 다룬다.

▶ 형성평가

1. 본 시스템의 AVR(ATmega128)용 응용 프로그램을 개발하기 위해 필요한 코드작성, 어셈블러, 다운로드 등의 기능을 포함하는 통합 환경을 제공하는 명칭을 쓰시오.

2. C/C++로 작성된 AVR용 프로그램을 컴파일하기 위해 사용되는 컴파일러의 명칭을 쓰시오.

3. C/C++로 작성된 AVR용 프로그램을 컴파일하여 생성된 헥사 파일은 어느 폴더에 저장되는가?

Chapter 2

MCU 모듈 실습

단 | 원 | 학 | 습 | 개 | 요

본 단원에서는 ATmega128 마이크로컨트롤러를 사용한 MCU 모듈의 구조와 기능을 살펴보고, PC와 연결하여 프로그램을 다운로드하는 방법에 대해 익힌다. 또한 MCU 모듈에 다운로드한 프로그램의 읽기(Read)기능과 메모리 보호를 위한 Lock Bit 기능을 익힌다.

01 MCU 모듈의 하드웨어 살펴보기

학 | 습 | 목 | 표

- MCU 모듈 회로에 대해 이해한다.
- MCU 모듈의 기본적인 I/O PORT 기능 및 부가 기능에 대해 이해한다.

(1) MCU 모듈 회로 설명

1) 외부 클록을 이용한 발진회로

ATmega128의 구동 클록으로 외부 수정 발진자를 사용할 때는 [그림 2-1]에 나타낸 것처럼 입력단자 XTAL1과 출력단자 XTAL2에 연결한다. ATmega128 내부에 있는 발진회로를 사용할 경우 MCU의 처리속도가 높지 않기 때문에 본 MCU 모듈에서는 16MHz의 외부 수정 발진자를 사용하여 처리속도를 높였다.

2) RESET 회로

MCU가 오작동을 일으키거나 MCU의 동작을 초기화하기 위한 RESET 회로는 [그림 2-1]의 왼쪽 부분에 위치한다. ATmega128의 RESET 기능은 'Active Low'에서 동작하기 때문에 정상 동작 시 풀업 저항을 사용하여 'High' 신호를 유지해야 한다. RESET 회로는 RESET Switch를 누를 경우 'Low' 신호가 짧게 인가되어 RESET이 걸리게 되며 이후 자동으로 'High' 신호를 유지하도록 설계된다.

3) ISP / JTAG 회로

[그림 2-2]는 MCU의 ISP핀들을 외부 장치들과 연결하기 위한 ISP Connector와 MCU의 JTAG핀들을 외부 장치와 연결하기 위한 JTAG Connector의 회로이다.

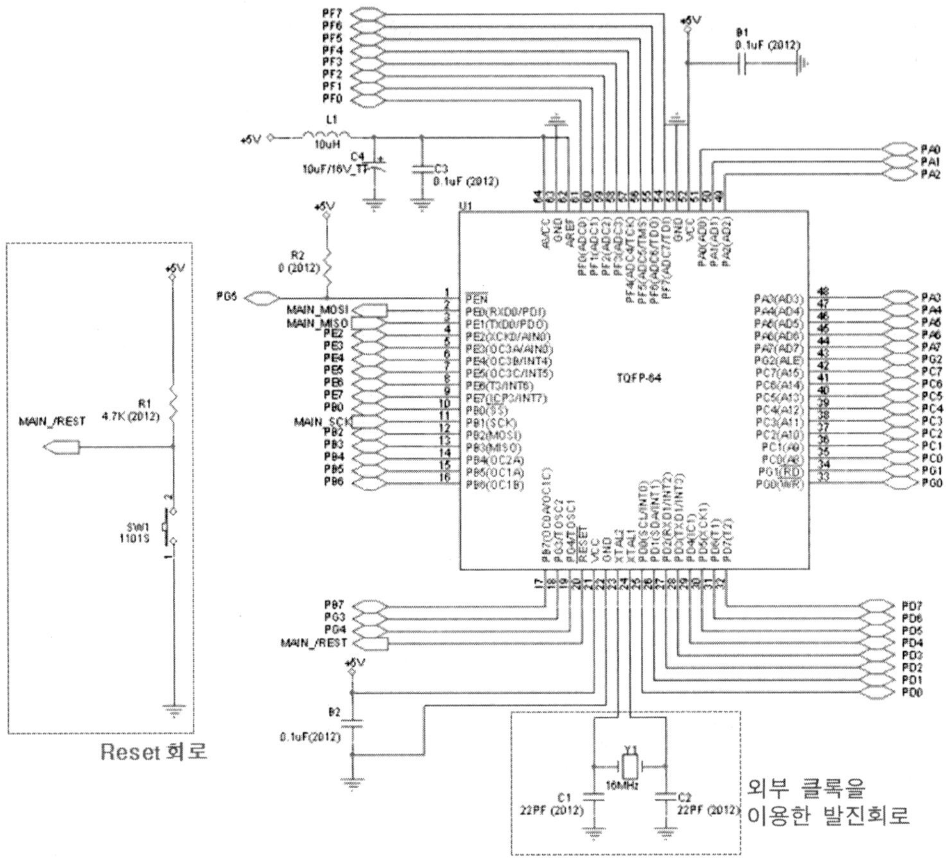

[그림 2-1] MCU 모듈 회로도(1)

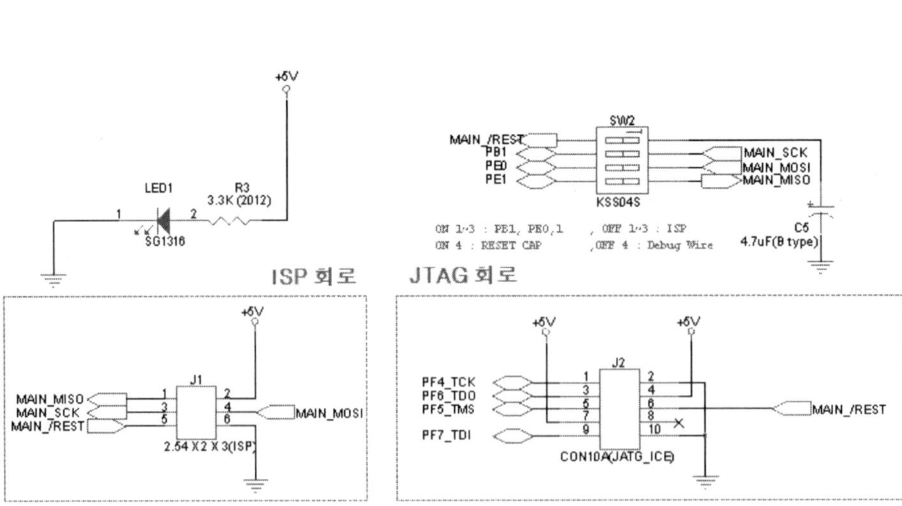

[그림 2-2] MCU 모듈 회로도(2)

ISP Connector는 MCU 모듈에 프로그램을 다운로드 하기 위한 ISP 다운로더 장치를 연결하기 위해 사용되며, JTAG Connector는 다운로드와 동시에 프로그램 디버깅 기능을 제공하는 JTAG_ICE 장치를 연결하기 위해 사용된다.

다음으로는 MCU 모듈의 I/O[14] PORT들의 위치 및 해당 I/O PORT들에 부여된 기능 및 부가 기능에 대하여 알아보자. [그림 2-3]은 MCU 모듈 I/O PORT들의 PIN 배치도이다.

+5V	PF0	PF1	PF2	PF3	PF4	PF5	PF6	PF7					PG2	PA0	PA1	PA2	PA3	PA4	PA5	PA6	PA7
+5V	PE0	PE1	PE2	PE3	PE4	PE5	PE6	PE7				PG0	PG1								

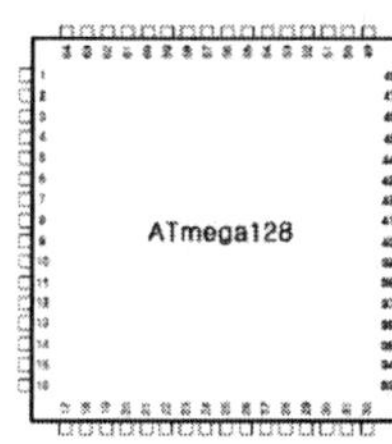

GND													PG5	PC0	PC1	PC2	PC3	PC4	PC5	PC6	PC7
GND	PB0	PB1	PB2	PB3	PB4	PB5	PB6	PB7				PG3	PG4	PD0	PD1	PD2	PD3	PD4	PD5	PD6	PD7

[그림 2-3] MCU 모듈 PIN 배치도

(2) MCU 모듈 PIN의 기능

[그림 2-4]는 MCU 모듈에서 사용된 ATmega128의 PIN 배치이며, 이 핀들의 기능은 다음과 같다.

ATmega128은 8비트의 I/O 포트 6개(PORTA~PORTF)와 5비트의 I/O 포트 1개(PORTG)로 총 53개의 I/O 포트 핀을 갖는다. 이 포트 핀들은 기본적으로 INPUT/OUTPUT 기능으로 사용되나 상황에 따라 부가적인 기능을 가질 수 있다. 부가적인 기능에 대해 각 PORT별로 살펴보도록 하자.

14) I/O(Input/Output) : 입력/출력

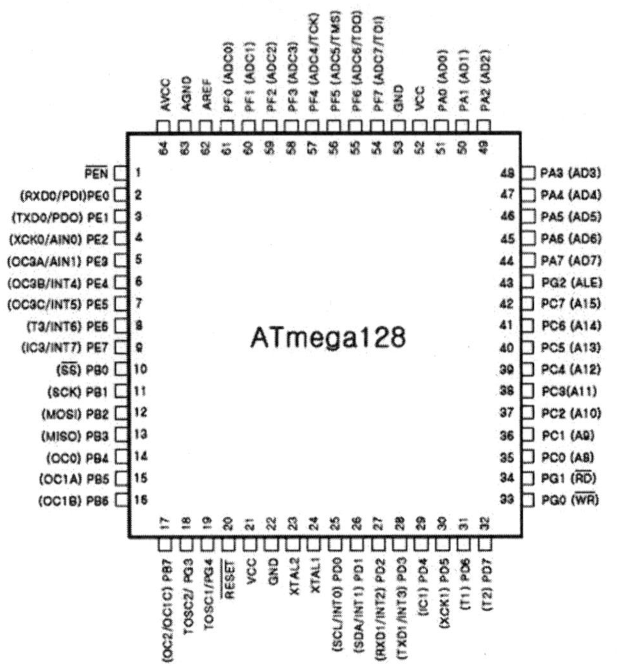

[그림 2-4] ATmega128의 PIN 배치도

1) PORT A

〈표 2-1〉과 같이 PORT A의 부가 기능은 외부 메모리를 확장하여 사용할 경우에 주소 버스 16비트 중에서 하위 8비트와 데이터 버스 8비트의 기능을 동시에 수행할 수 있는 주소/데이터 선의 기능을 갖는다.

〈표 2-1〉 PORT A의 부가 기능

포트 핀	부가 기능
PA7	AD7(External memory interface address and data bit 7)
PA6	AD6(External memory interface address and data bit 6)
PA5	AD5(External memory interface address and data bit 5)
PA4	AD4(External memory interface address and data bit 4)
PA3	AD3(External memory interface address and data bit 3)
PA2	AD2(External memory interface address and data bit 2)
PA1	AD1(External memory interface address and data bit 1)
PA0	AD0(External memory interface address and data bit 0)

2) PORT B

〈표 2-2〉와 같이 PORT B의 부가 기능은 타이머/카운터0, 1 출력비교와 PWM[15] 신호 출력, SPI[16] 인터페이스로 사용할 수 있다.

〈표 2-2〉 PORT B의 부가 기능

포트 핀	부가 기능
PB7	OC2/OC1C (타이머/카운터2 출력비교와 PWM 출력 또는 타이머/카운터1의 출력비교와 PWM 출력 C)
PB6	OC1B (타이머/카운터1 출력비교와 PWM 출력 B)
PB5	OC1A (타이머/카운터1 출력비교와 PWM 출력 A)
PB4	OC0 (타이머/카운터0 출력비교와 PWM 출력)
PB3	MISO (SPI 버스 Master 입력/Slave 출력)
PB2	MOSI (SPI 버스 Master 출력/Slave 입력)
PB1	SCK (SPI 버스 직렬 클록)
PB0	/SS (SPI Slave 선택 입력)

3) PORT C

〈표 2-3〉과 같이 PORT C의 부가 기능은 외부 메모리를 확장하여 사용할 경우에 주소 버스 16비트 중에서 상위 8비트 주소 버스 기능을 갖는다. 16비트 주소를 완성하기 위하여 PORT A와 1쌍으로 사용된다.

〈표 2-3〉 PORT C의 부가 기능

포트 핀	부가 기능
PC7	A15
PC6	A14
PC5	A13
PC4	A12
PC3	A11
PC2	A10
PC1	A9
PC0	A8

15) PWM(Pulse Width Modulation) : 가변폭 펄스
16) SPI(Serial Peripheral Interface) : 직렬 통신의 한 방식

4) PORT D

〈표 2-4〉와 같이 PORT D의 부가 기능은 외부 인터럽트(INT0~INT3)[17] 입력, 타이머/카운터 클록 입력, USART1[18] 송수신의 기능을 갖는다.

〈표 2-4〉 PORT D의 부가 기능

포트 핀	부가 기능
PD7	T2(타이머/카운터2 클록 입력)
PD6	T1(타이머/카운터1 클록 입력)
PD5	XCK1(USART1 외부 클록 입력/출력)
PD4	IC1(타이머/카운터1 입력 캡쳐 트리거)
PD3	INT3/TXD1[19](외부 인터럽트3 입력 또는 USART1 송신 핀)
PD2	INT2/RXD1[20](외부 인터럽트2 입력 또는 USART1 수신 핀)
PD1	INT1/SDA(외부 인터럽트1 입력 또는 TWI 직렬 데이터)
PD0	INT0/SCL(외부 인터럽트0 입력 또는 TWI 직렬 클록)

5) PORT E

〈표 2-5〉와 같이 PORT E의 부가 기능은 외부 인터럽트(INT4~INT7) 입력, 아날로그 비교기, USART0 송수신의 기능을 갖는다.

〈표 2-5〉 PORT E의 부가 기능

포트 핀	부가 기능
PE7	INT7/IC3(외부 인터럽트7 입력 또는 타이머/카운터3 입력 캡쳐 트리거)
PE6	INT6/T3(외부 인터럽트6 입력 또는 타이머/카운터3 클록 입력)
PE5	INT5/OC3C(외부 인터럽트5 입력 또는 타이머/카운터3 출력비교 및 PWM 출력 C)
PE4	INT4/OC3B(외부 인터럽트4 입력 또는 타이머/카운터3 출력비교 및 PWM 출력 B)
PE3	AIN1/OC3A(아날로그 비교기 Negative 입력 또는 타이머/카운터3 출력비교 및 PWM 출력 A)
PE2	AIN0/XCK0(아날로그 비교기 Positive 입력 또는 USART0 외부 클록 입력/출력)
PE1	PDO/TXD0(프로그래밍 데이터 출력 또는 USART0 송신 핀)
PE0	PDI/RXD0(프로그래밍 데이터 입력 또는 USART0 수신 핀)

17) INT(Interrupt) : 인터럽트
18) USART(Universal Synchronous and Asynchronous Receiver and Transmitter) : 범용 동기/비동기 통신
19) TXD(Transmitted Data) : 송신 데이터
20) RXD(Received Data) : 수신 데이터

6) PORT F

<표 2-6>과 같이 PORT F의 부가 기능은 ADC[21] 아날로그 입력 기능, JTAG 인터페이스 기능을 갖는다. 본 MCU 모듈에서는 PF4~PF7를 이용하여 JTAG Connector로 사용하였다.

JTAG Connector로 사용하지 않을 경우 DIP Switch를 전환하여 I/O PORT로 사용할 수 있다.

<표 2-6> PORT F의 부가 기능

포트 핀	부가 기능
PF7	ADC7/TDI(ADC 입력 채널7 또는 JTAG 테스트 데이터 입력)
PF6	ADC6/TDO(ADC 입력 채널6 또는 JTAG 테스트 데이터 출력)
PF5	ADC5/TMS(ADC 입력 채널5 또는 JTAG 테스트 모드 선택)
PF4	ADC4/TCK(ADC 입력 채널4 또는 JTAG 테스트 클록)
PF3	ADC3/(ADC 입력 채널3)
PF2	ADC2/(ADC 입력 채널2)
PF1	ADC1/(ADC 입력 채널1)
PF0	ADC0/(ADC 입력 채널0)

7) PORT G

다른 8비트의 포트들과는 달리 PORT G는 5비트로 구성되어 있다. <표 2-7>과 같이 PORT G의 부가 기능은 외부 메모리 Read/Write를 위한 스트로브[22] 신호와 주소 래치[23] 신호 기능이 있으며, RTC(Real Time Counter) 타이머용 발진기 기능을 갖는다.

21) ADC(Analog to Digital Converter) : 아날로그-디지털 변환기

22) 스트로브(Strobe) 신호 : 데이터를 전송할 때 실제로 전송되는 것을 알려주기 위해 보내는 신호로 하나의 세어 버스를 이용하여 송신 장치가 수신 장치에 스트로브 신호를 전송하여 수신 준비를 시킨 후 일정 시간이 지나면 데이터를 송신하는 방식

23) 래치(Latch) : 신호의 상태를 일시적으로 유지 또는 기억시켜 두는 장치나 회로

〈표 2-7〉 PORT G의 부가 기능

포트 핀	부가 기능
PG4	TOSC1(RTC 발진 타이머/카운터0 핀1)
PG3	TOSC2(RTC 발진 타이머/카운터0 핀2)
PG2	ALE(Address Latch Enable to external memory)
PG1	/RD(Read strobe to external memory)
PG0	/WR(Write strobe to external memory)

▶ 형성평가

1. ATmega128의 I/O 포트 핀의 총 개수는?

2. ATmega128의 USART 포트는 총 몇 개이며, 각 포트들의 핀 이름과 간략화된 기능에 대해 쓰시오(예 : PE1/TXD0).

3. 외부 메모리를 확장하여 사용할 경우에 필요한 포트들의 핀 이름과 간략화된 기능에 대해 쓰시오.

4. ISP 다운로더 장치를 연결하기 위한 포트들의 핀 이름과 간략화된 기능에 대해 쓰시오.

5. JATG_ICE 장치를 연결하기 위한 포트들의 핀 이름과 간략화된 기능에 대해 쓰시오.

6. 외부 인터럽트를 받기 위한 포트들의 핀은 몇 개이며 포트들의 핀 이름과 간략화된 기능에 대해 쓰시오.

02 PC와 연결하기

학 | 습 | 목 | 표

- PC와 연결하여 프로그램을 다운로드하는 방법을 이해한다.
- Fuse Bit 설정에 대해 알아보고 Fuse Bit 설정에 따른 기능을 이해한다.

(1) 컴파일된 프로그램 다운로드 실습

컴파일 완료된 프로그램을 MCU 모듈에 다운로드하여 동작이 되는지 확인하는 과정을 알아보도록 한다.

1장에서 작성한 프로그램을 실습하기 위해서는 LED 모듈을 연결해야 되기 때문에 [그림 2-5]를 참고한다.

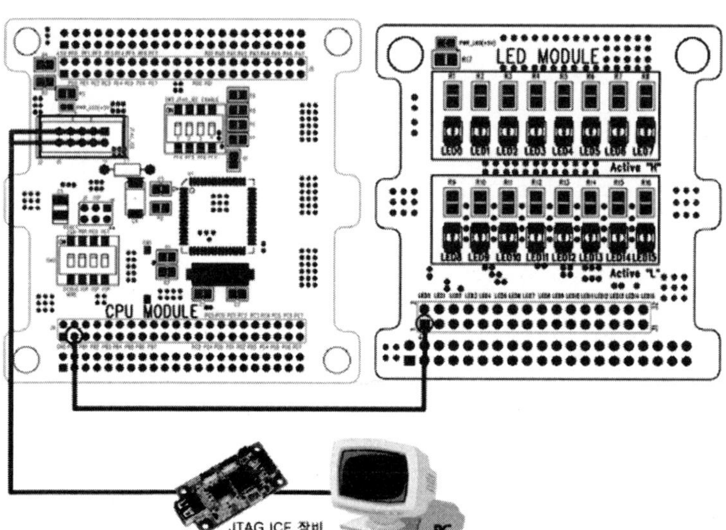

[그림 2-5] 실습을 위한 연결도

먼저 점퍼 케이블을 이용하여 MCU 모듈과 LED 모듈을 연결한다(MCU 모듈의 PB0↔LED 모듈의 LED0). JTAG_ICE 장비는 PC와 MCU 모듈에 각각 연결한다(MCU 모듈의 JTAG Connector↔JTAG_ICE 장비↔PC의 USB PORT).

컴파일 완료되어 생성된 헥사 파일을 MCU 모듈에 다운로드하는 과정을 알아보도록 한다.

컴파일 후 생성된 헥사 파일은 [그림 2-6]을 참고하여 프로그램 상단 툴바의 'AVR' 아이콘을 클릭하거나 메뉴에서 [Tools]－[Program AVR]－[Auto Connect]를 선택하여 JTAG_ICE 장비와 PC 간의 연결을 시도한다.

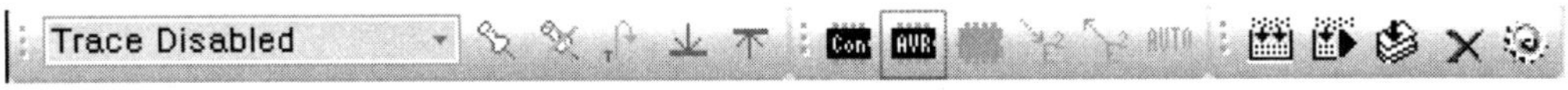

[그림 2-6] JTAG(ISP) 연결 아이콘

JTAG_ICE 장비가 PC와 정상적으로 연결되었을 경우에는 [그림 2-7]의 창이 나타난다.

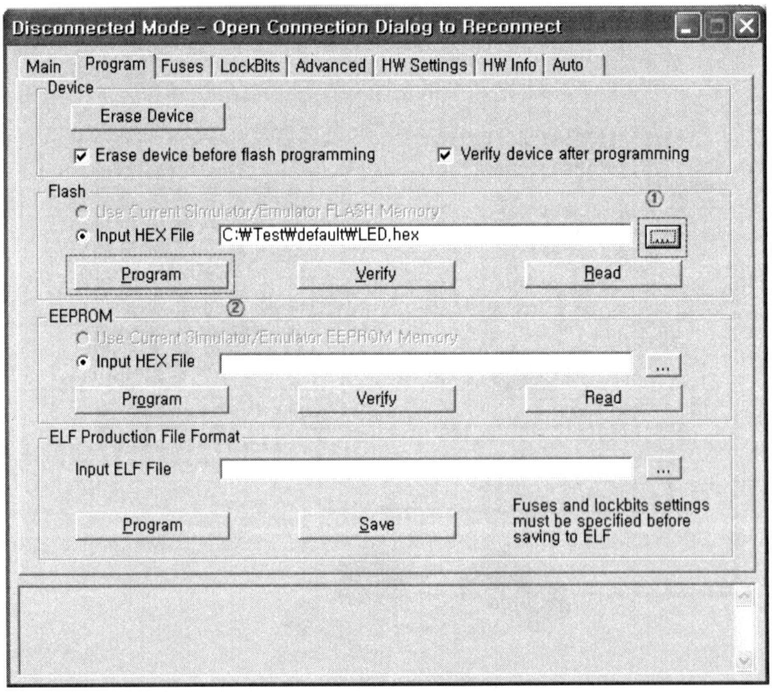

[그림 2-7] 프로그램 다운로드 창

(2) Fuse Bit

본 MCU 모듈은 ATmega128에 외부 클록을 공급하며 자체 내장된 JTAG 기능을 사용하여 프로그램을 다운로드하고자 한다. 이러한 요구 사항을 ATmega128에 설정하여야 한다.

이런 기본적인 설정은 Fuse Bit를 통해 할 수 있다. Fuse Bit 설정을 위해서는 [그림 2-8]의 화면에서 Fuses Tab을 선택하면 된다.

[그림 2-8]은 LED 모듈의 정상적인 동작을 위한 MCU 모듈의 Fuse Bit 설정이며, 체크 표시는 각 Fuse Bit에 대한 사용을 나타낸다.

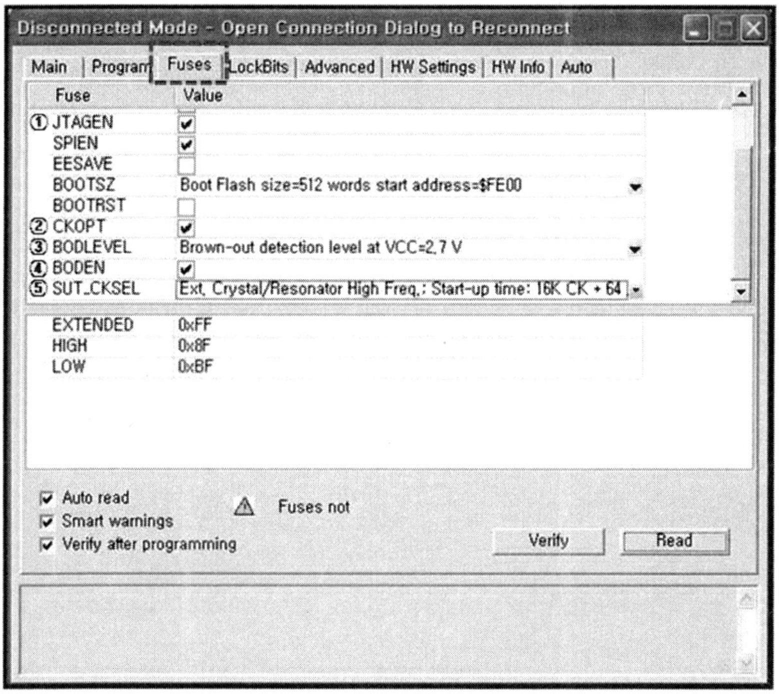

[그림 2-8] Fuse Bit 설정 창

〈표 2-8〉은 이번 실습에서 설정한 각 Fuse Bit에 대한 설명이다.

〈표 2-8〉 Fuse Bit의 설정

비트 이름	기 능	기본값
① JTAGEN	내장된 JTAG 기능을 활성화한다. 따라서 JTAG_ICE 장치를 이용하여 디버그(Debug) 또는 Writing하고자 할 때는 체크한다. JTAG_ICE 장비를 본 실습에서 사용하므로 이 항목을 체크한다.	초기 설정값 Check
② CKOPT	수정 발진자의 진폭을 설정하는 비트로서, 이 항목에 체크를 하게 되면 수정 발진자의 진폭이 커져서 노이즈가 심한 환경에서 사용하는 것이 바람직하다. 따라서 이 항목은 체크하는 편이 좋다.	초기 설정값 No Check
③ BODLEVEL	MCU 모듈에 +5V 공급 전압을 안정적으로 공급하지 못하고, 특정 공급 전압 이하로 내려가면 MCU를 자동적으로 Reset하도록 하는 기능을 사용할 때, 그 특정 Voltage를 설정하는 항목이다. 초기 설정값으로 사용한다.	초기 설정값 2.7V
④ BODEN	BODLEVEL에서 하한 Voltage값을 설정하였어도 이 항목을 체크하지 않으면 MCU에 공급되는 Voltage가 BODLEVEL에서 설정한 값보다 낮게 공급되더라도 MCU가 Reset되지 않는다. 따라서 이 항목도 같이 체크해 준다.	초기 설정값 No Check
⑤ SUT_CKSEL	ATmega128에서 사용할 클록을 선택하는 항목이다. 우리는 외부 16MHz의 클록을 사용할 것이기 때문에 Ext. Crystal/Resonator Low Freq.; Start-up time : 16K CK+64를 선택한다.	초기 설정값 Int. RC OSc. 1MHz; Start-up time: 6CK+64ms

▶ 형성평가

1. ATmega128이 외부 16MHz의 클록을 사용하지 않고 내부 클록 8MHz로 동작하도록 Fuse Bit 설정을 한 후 LED 동작 프로그램을 실행하시오. 설정 전과 후의 LED 동작을 비교하여 설명하시오.

2. MCU 모듈에 공급되는 전압이 특정 Voltage(2.7V) 이하로 떨어지게 되면 자동적으로 Reset 되는 기능이 동작되도록 하려면 Fuse Bit를 어떻게 설정하여야 하는가?

3. MCU 모듈과 PC 사이를 JTAG_ICE 장치로 연결한 후 정상적으로 연결이 되었는지 확인하기 위해 AVR Studio 프로그램에서 수행해야 할 동작은 무엇인가?

03 Read / Lock Bit

학 | 습 | 목 | 표

- MCU 모듈에 다운로드한 프로그램 읽기(Read) 기능에 대해 이해한다.
- 메모리 보호를 위한 Lock Bit 기능에 대해 이해한다.

(1) 프로그램 읽기

프로그램 읽기(Read)는 컴파일한 프로그램을 MCU 모듈에 다운로드하는 방법의 반대인 MCU 모듈에 다운로드 되어 있는 프로그램을 PC로 읽어오는 과정을 말한다. 프로그램 읽기(Read) 과정을 알아보도록 하자.

먼저 JTAG_ICE 장비를 연결한다. 연결하는 방법은 앞 단원에서 설명하였으므로 생략하도록 한다. JTAG_ICE 장비 연결 후 [그림 2-9]에서 ① (Read)를 클릭하면 별도의 창에 읽은 프로그램을 저장할 파일명을 지정할 수 있다. 원하는 파일명(파일명.hex)을 적고 확인을 하면 ②번에서 보듯이 Read 작업을 수행하고 진행률을 BAR 형태로 나타낸다.

프로그램 읽기(Read)가 완료되면 [그림 2-10]과 같은 완료 메시지가 창에 나타난다.

다운로드된 프로그램이 오동작하는 경우, 프로그램 읽기(Read)를 통해 가져온 헥사 파일과 PC에 저장된 원본의 헥사 파일을 비교하여 같은지 확인할 수 있다.

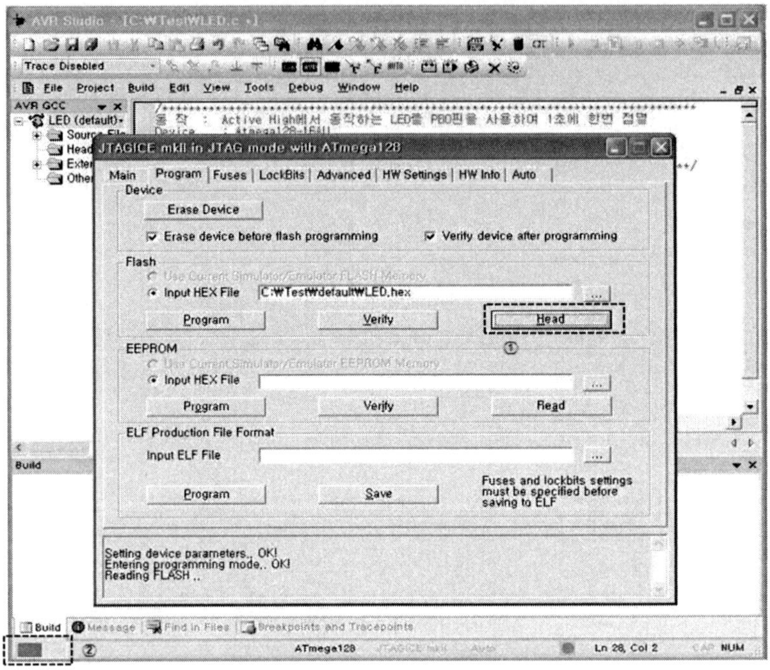

[그림 2-9] 프로그램 읽기(Read)

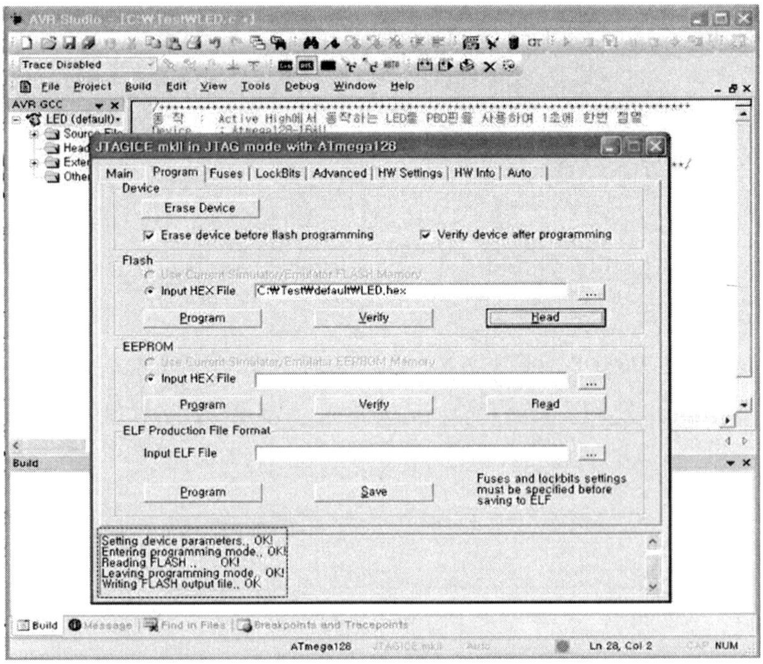

[그림 2-10] Read 완료 메시지

(2) Lock Bit

ATmega128을 비롯한 AVR 계열의 마이크로컨트롤러는 메모리 보호 기능이 있다. 메모리 보호 기능(Lock Bit)은 ATmega128 내에 다운로드된 프로그램 메모리의 내용을 외부에서 읽어볼 수 없도록 하여 보안을 유지할 수 있게 한다. 또한 프로그래머가 실수로 다운로드하여 이전 프로그램을 지우는 것을 방지할 수 있다. 설정된 Lock Bit를 해지하면 기존에 다운로드된 프로그램은 자동으로 지워진다. 자세한 설정은 〈표 2-9〉를 참고하기 바란다. Lock Bit들의 설정에 따라 LB 모드, BLB0 모드와 BLB1 모드가 있다. 이번 실습에서는 가장 많이 사용하는 LB 모드에 대해 실습하도록 한다. 〈표 2-9〉는 Lock Bit 중에서 LB 모드에 관한 설명이다.

〈표 2-9〉 Lock Bit의 설정

메모리 락 비트			메모리 보호 기능
LB 모드	LB2	LB1	**외부에서 메모리에 있는 데이터를 읽어올 수 없게 하여 프로그램에 대한 보안을 설정하는 기능**
1	1	1	No memory lock features enabled 메모리 락(Lock) 기능이 설정되지 않는다(기본 설정).
2	1	0	Further programming disabled 플래시나 EEPROM을 병렬 모드나 SPI/JTAG 직렬 모드로 프로그래밍하는 것을 금지시킨다. 퓨즈비트도 역시 프로그래밍하는 것이 금지된다.
3	0	0	Further programming and verification disabled 플래시나 EEPROM을 병렬 모드나 SPI/JTAG 직렬 모드로 더 이상 프로그래밍하거나 Verify하는 것을 금지시킨다. 퓨즈비트도 역시 프로그래밍하는 것이 금지된다.

Lock Bit에 대한 실습 역시 앞의 실습에서 사용한 LED가 깜빡이는 프로그램을 이용하여 메모리 보호 기능을 실습해 보도록 한다.

Lock Bit를 설정하기 위해서는 가장 먼저 JTAG_ICE 장비를 연결해야 한다. 연결 후 Lock Bits Tab을 선택하여 Lock Bits 설정 창으로 이동한다.

[그림 2-11]과 같이 LB 모드를 'Further programming and verification disabled'를 선택하고 하단의 Program 버튼을 클릭하면 LB 모드 3으로 Lock Bit가 설정된다.

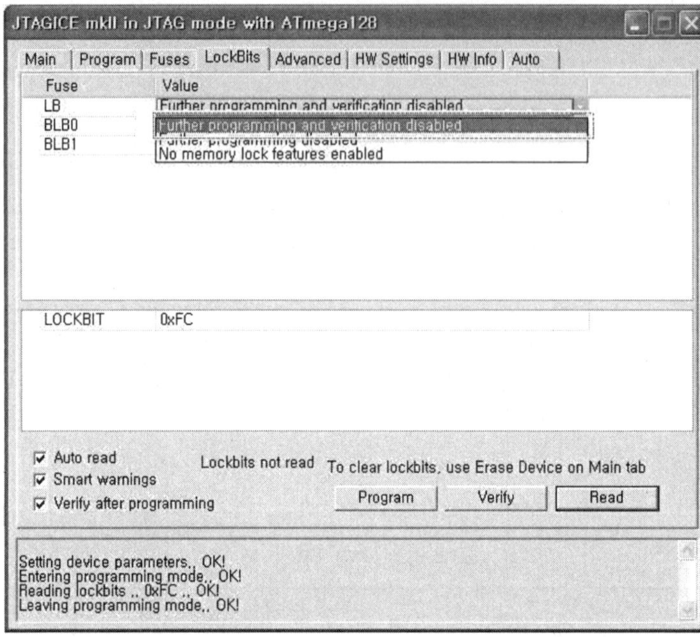

[그림 2-11] Lock Bit 설정 창

Lock Bit 설정이 완료된 후 실제로 프로그램의 읽기(Read)가 금지되었는지 확인하기 위해서는 앞서 실습한 프로그램 읽기(Read)를 한다. 프로그램 읽기(Read) 후 완료 메시지가 나오면 실제 다운로드한(원본) 프로그램의 헥사 파일과 Lock Bit이 설정된 후에 읽어온 프로그램의 헥사 파일을 비교해 보면 [그림 2-12]와 같이 헥사 파일의 Hex값이 원본과 다르다는 것을 알 수 있다. 이로써 Lock Bit 설정으로 인한 프로그램 읽기(Read) 기능이 금지되었다는 것을 확인할 수 있다.

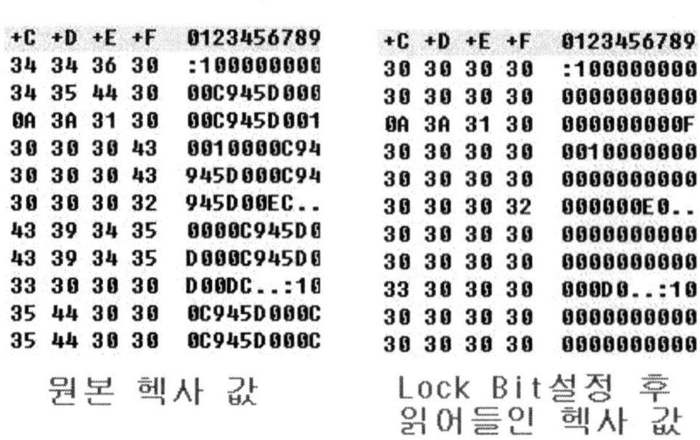

[그림 2-12] Lock Bit 설정 후 원본과 HEX값 비교

MCU 모듈에 다운로드하는 기능이 금지되었는지 확인해 보자.

앞에서 사용한 헥사 파일을 MCU 모듈에 다시 다운로드하면 [그림 2-13]과 같은 에러 메시지 창이 나타나면서 다운로드 기능이 금지되었다는 것을 확인할 수 있다.

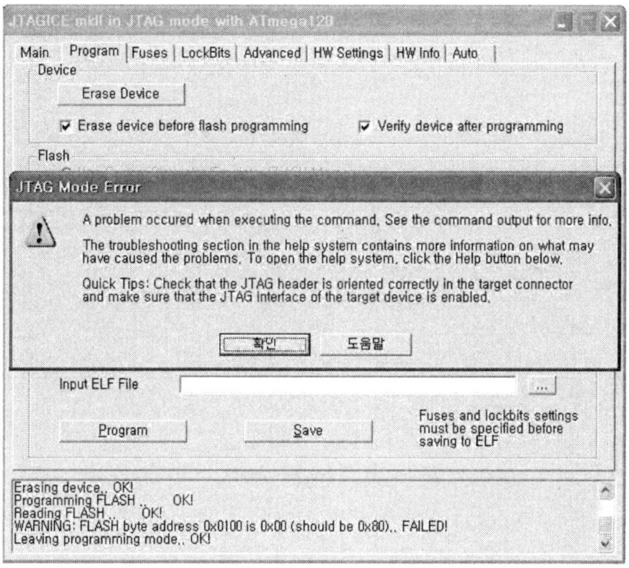

[그림 2-13] Write 오류 메시지 창

▶ **형성평가**

1. Lock Bit를 설정하는 이유는 무엇인가?

2. ATmega128을 이용하여 개발된 제품의 프로그램 내용을 보호하기 위해 어떤 조치를 취하여야 하는가?

3. Lock Bit 설정에서 컴파일된 프로그램을 MCU 모듈에 다운로드하는 기능만을 금지하기 위해서는 Lock Bit를 어떻게 설정하여야 하는가?

Chapter 3

LED 모듈 실습

01. LED 모듈의 하드웨어 살펴보기
02. LED 모듈 제어 프로그램 실습

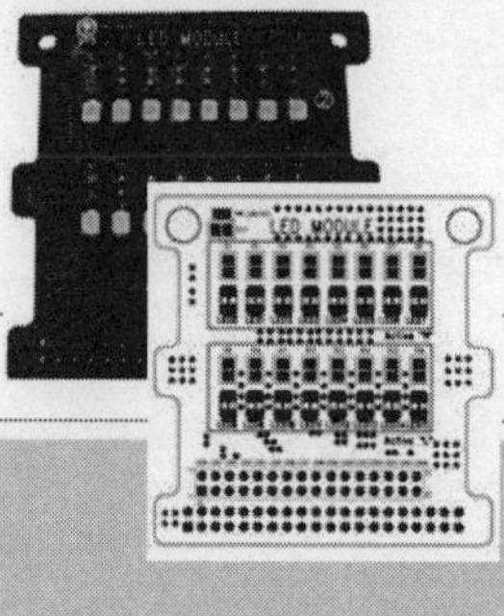

단 | 원 | 학 | 습 | 개 | 요

FE-PLC-HN System의 구성 모듈 중 하나인 LED 모듈은 16개의 LED와 저항으로 구성되어 있는 모듈이다. 본 단원에서는 LED 모듈의 하드웨어를 이해하고, 실습 프로그램을 통해 사용법을 학습하고 익힌다.

01 LED 모듈의 하드웨어 살펴보기

학 | 습 | 목 | 표

- LED 모듈에서 사용된 부품에 대해 이해한다.
- LED 모듈의 하드웨어를 이해한다.

(1) LED 모듈의 부품 살펴보기

1) 전자부품의 Type

전자부품은 형태에 따라 크게 분류하면 LEAD, DIP, SMD Type으로 나눠진다.

① LEAD Type

LEAD Type의 부품은 [그림 3-1]과 같으며 리드(LEAD) 부분이 길게 나와 있어 PCB 홀에 고정하여 납땜하는 방법으로 사용된다.

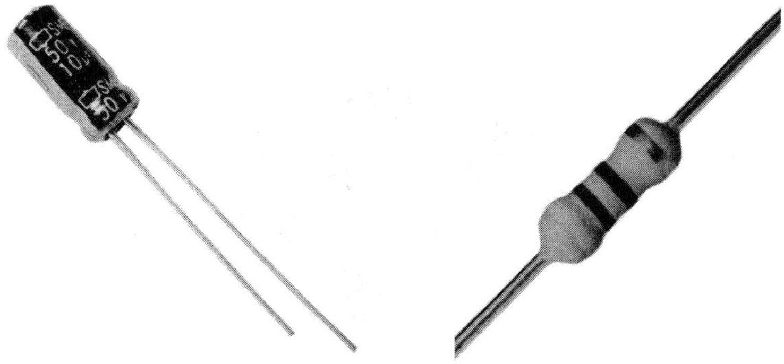

[그림 3-1] LEAD Type의 콘덴서, 저항

② DIP Type

DIP Type은 'Dual In-line Package'의 약자로 [그림 3-2]와 같은 형태이다. 최고 48개의 핀을 갖는 중소규모 IC 패키지의 가장 대표적인 형태로 PCB 홀에 고정하여 납땜하는 방법으로 사용된다.

[그림 3-2] DIP Type IC

③ SMD Type

SMD Type은 'Surface Mount Device(표면 실장 소자)'의 약자로 [그림 3-3]과 같은 형태이다. SMD Type은 LEAD, DIP Type의 부품처럼 PCB 홀에 고정하여 납땜하는 형태가 아닌 PCB 면에 있는 동판 위에 부품을 올려 바로 납땜하는 방식으로 사용된다.

본 시스템의 LED 모듈에는 SMD Type의 LED와 저항을 사용하였다.

[그림 3-3] SMD Type의 저항

2) LED 모듈에서 사용된 부품(LED, 저항)

① LED

LED는 'Light Emitting Diode'의 약자이며, 발광다이오드를 의미한다. 순방향으로 바이어스 되면 전기가 통하고 역방향으로 바이어스 되면 전기가 통하지 않는 반도체 소자의 일종이다.

LED는 [그림 3-4]와 같은 구조로 되어 있으며 두 단자는 양(+)극(Anode)과 음(−)극(Cathode)으로 구분된다. DIP Type의 경우 2개의 단자(LEAD) 중에서 길이가 긴 쪽이 양(+)극이며 짧은 쪽이 음(−)극이다.

외관상으로 구별하는 방법 이외에 테스터를 이용하는 방법이 있다. 아래에서 설명한다. LED의 회로기호는 [그림 3-4]의 오른쪽 그림과 같다.

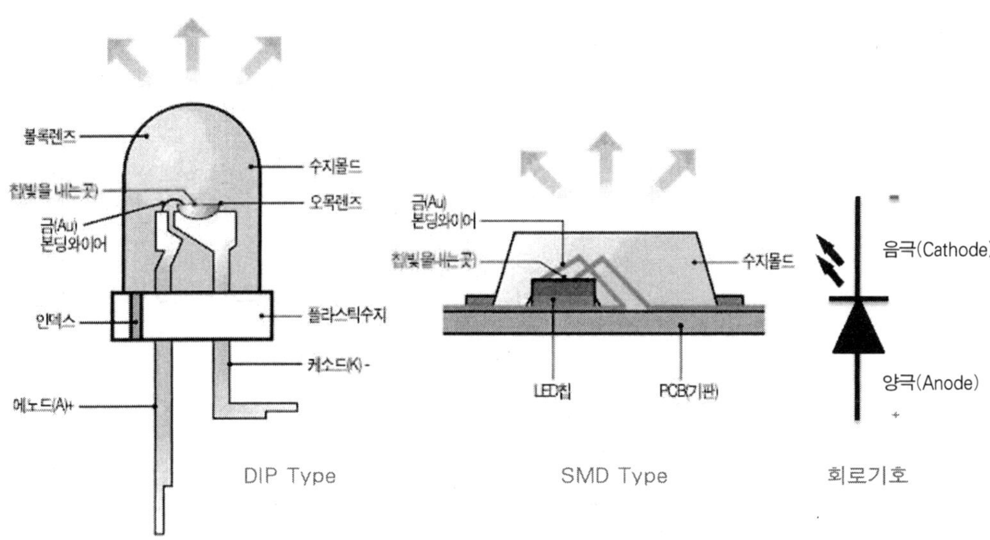

[그림 3-4] LED의 구조 및 기호

테스터를 이용하여 LED 단자의 극성을 판별하는 방법을 살펴보도록 하자.

테스터를 저저항 측정 모드로 설정한다. 디지털 테스터를 사용하는 경우에는 저저항 측정 레인지에서 적색(+)과 흑색(−)의 테스터 봉을 LED 두 단자에 연결한다. LED가 켜지지 않을 경우 반대로 테스터 봉을 연결한다.

LED가 켜졌을 때 흑색의 테스터 봉 쪽이 LED의 음(−)극(Cathode) 단자이다(아날로그 테스터인 경우 반대로 흑색의 테스터 봉 쪽이 LED의 양(+)극(Anode)이 됨을 주의하여야 한다). 이 원리는 다음 [그림 3-5]와 같이 순방향일 때 LED가 켜지며 역방향일 때는 LED가 켜지지 않는 원리를 이용한 것이다.

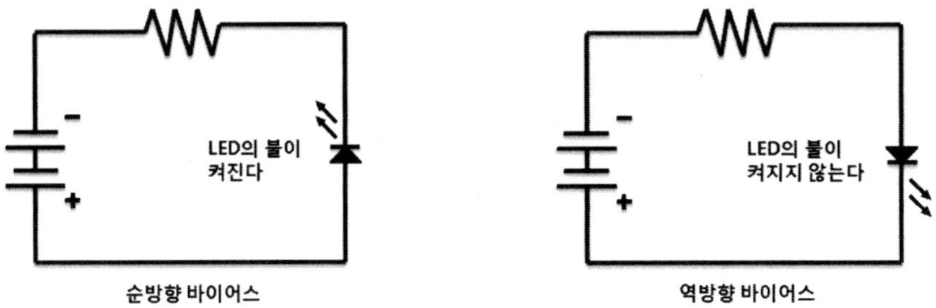

[그림 3-5] 순방향 바이어스와 역방향 바이어스

본 시스템의 LED 모듈에서 사용하는 LED는 [그림 3-6]과 같은 3528 Size의 SMD Type의 LED를 사용하고 있다. 3528 Size라고 함은 '가로(3.5mm) × 세로(2.8mm)의 크기'를 의미한다.

[그림 3-6] 3528 Size LED(SMD Type)

② 저항

저항은 전류의 흐름을 제한하는 부품으로서 단위는 옴(Ω)을 사용한다. LED 모듈에서 사용하는 저항은 LED와 마찬가지로 SMD Type의 330Ω/2012 Size 크기의 저항을 사용한다. 2012 Size라고 함은 '가로(2.0mm) × 세로(1.2mm)의 크기'를 의미한다.

LEAD Type의 저항, SMD Type의 저항 그리고 저항의 회로기호를 [그림 3-7]에 각각 보였다. SMD Type의 저항 표면에 331이라고 적혀 있는데, 이는 저항의 값을 나타내며 $331 = 33 \times 10^1 \Omega$을 뜻한다.

LEAD Type　　SMD Type　　회로기호

[그림 3-7]　LEAD, SMD Type의 저항 및 기호

(2) LED 모듈 회로 설명

본 시스템의 LED 모듈은 +5V의 공급전압을 사용하며, 16개의 SMD Type의 LED와 저항으로 구성되어 있다. 이때 사용되는 저항의 용도는 전류를 제한하여 과전류로 인한 LED의 파손을 막기 위한 보호 저항이다.

[그림 3-8]은 LED 모듈의 회로도이며 그림 왼쪽의 'Common Anode' 회로와 그림 오른쪽의 'Common Cathode' 회로로 구성되어 있다. 'Common Anode' 회로는 8개의 파란색 LED로 구성되어 있으며 'Common Cathode' 회로에는 8개의 빨간색 LED가 사용되었다. 각 회로에 대해 살펴보자.

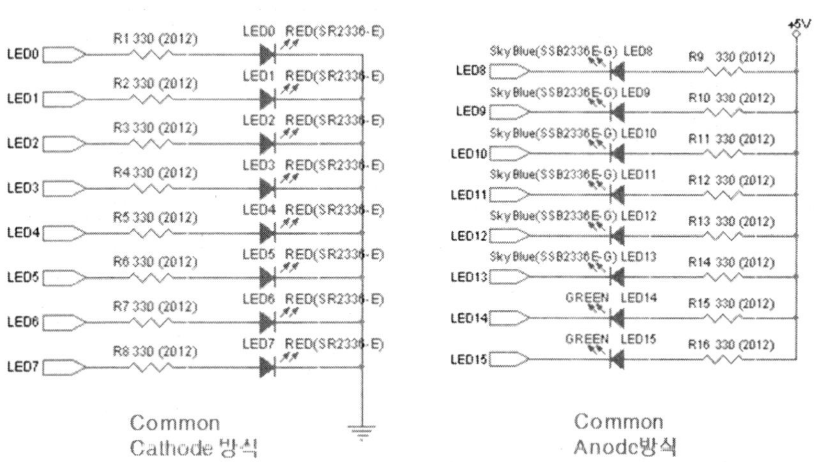

[그림 3-8]　LED 모듈의 회로도

1) Common Cathode 회로

Common Cathode 회로는 LED들의 음극(Cathode) 단자들을 공통으로 연결하여 사용한다는 의미이다.

[그림 3-9]와 같이 LED들의 음극(Cathode) 단자들이 공통으로 접지에 연결되어 있다.

각각의 양극 단자에 High 신호('1') 주면 LED가 순방향으로 바이어스 되어 전류가 흘러 LED가 점등된다. 반대로 Low 신호('0') 주면 전류가 흐르지 않아 LED가 점등되지 않는다. 이와 같이 동작하므로 Active High 입력(Anode)이라고 부른다. 본 LED 모듈의 LED0~LED7에 해당되며 동작 시 빨간색으로 점등된다.

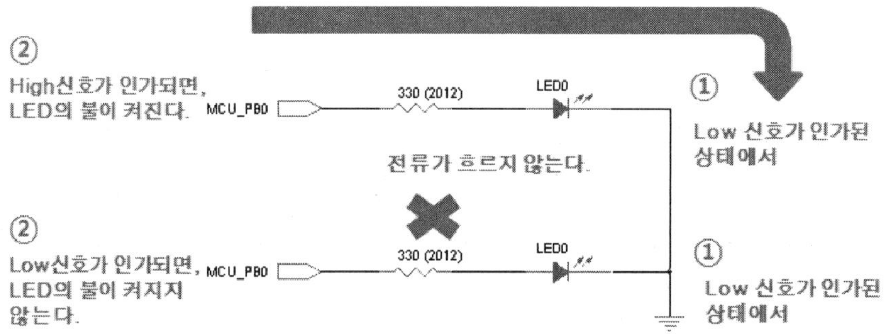

[그림 3-9] Common Cathode 방식(Active High)

2) Common Anode 회로

Common Anode 회로는 LED들의 양극(Anode) 단자들을 공통으로 연결하여 사용한다는 의미이다.

[그림 3-10]과 같이 LED들의 양극(Anode) 단자들이 공통으로 High(+5V)에 연결되어 있다.

각각의 음극 단자에 Low 신호('0')를 주면 LED가 순방향으로 바이어스 되어 전류가 흘러 LED가 점등된다. 반대로 High 신호('1')를 주면 전류가 흐르지 않아 LED가 점등되지 않는다. 이와 같이 동작하므로 Active Low 입력(Cathode)이라고 부른다. LED8~LED15에 해당되며 동작 시 파란색으로 점등된다.

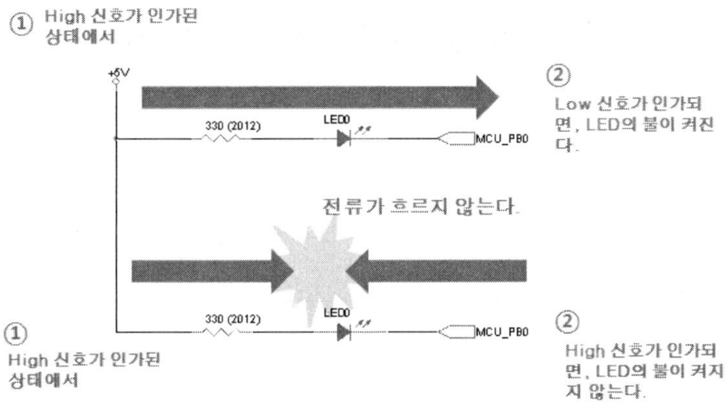

[그림 3-10] Active Low 방식

▶ 형성평가

1. 전자부품 중에서 PCB 홀에 고정하여 납땜하는 형태가 아닌 PCB 면에 있는 동판 위에 부품을 올려 납땜할 수 있도록 한 TYPE을 무엇이라 하는가?

2. SMD Type의 저항표면에 472라고 적혀 있다면, 이 저항값은 몇 Ω 인가?

3. LED 모듈의 LED2번과 LED8번에 각각 불이 켜지기 위해서 어떤 신호를 주어야 되며 각 회로 방식에 대해 설명하시오.

02 LED 모듈 제어 프로그램 실습

학 | 습 | 목 | 표

- 실습 프로그램을 통해 LED 모듈의 사용법을 익힌다.

(1) LED 모듈의 1개 LED ON 하기

- MCU 모듈의 PORTB의 PB0번을 LED 모듈의 LED0에 연결하여 LED0번을 ON시켜 보도록 한다.

[그림 3-11]과 같이 MCU 모듈의 PORTB(PB0) 단자와 LED 모듈의 LED0 단자를 Jumper Cable을 이용하여 연결한다.

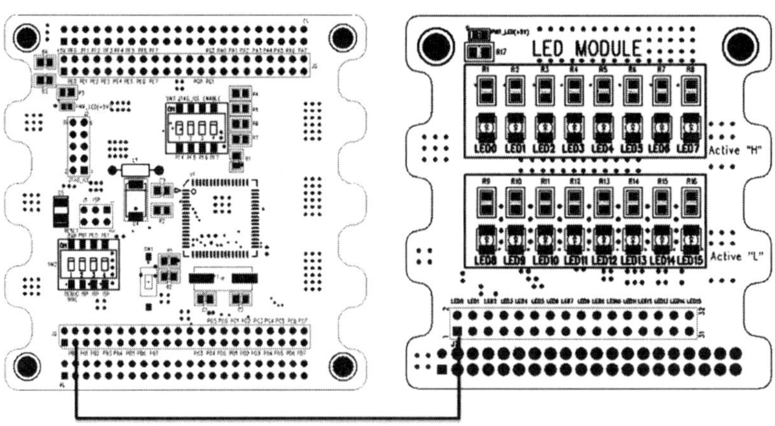

MCU 모듈		LED 모듈
PORTB0	——	**LED0**
PORTB1	——	LED1

[그림 3-11] MCU 모듈과 LED 모듈의 연결(실습 1)

2Pin짜리 Jumper Cable을 이용하여 MCU 모듈의 PB0 단자와 LED 모듈의 LED0 단자, MCU 모듈의 PB1 단자와 LED 모듈의 LED1 단자에 각각 서로 연결한다(이 실습에선 한 개의 Pin만 필요하지만 본 시스템에서 제공하는 Jumper Cable은 2Pin 이므로 두 개의 핀을 연결하여 사용하도록 한다).

연결이 완료되었다면, 다음과 같이 소스코드를 작성한다. 완성된 소스코드를 컴파일한 후 다운로드를 실행하여 LED 모듈의 동작을 확인한다.

```
#include <avr/io.h>      // I/O 장치를 이용하기 위한 헤더 파일

void main()              // 프로그램의 시작
{
   DDRB = 0xFF;          // 포트B의 입출력 방향을 결정하는 데이터
                         // 포트 B 전부 출력으로 설정
                         // 1111 1111 (0xFF) (1 : 출력, 0 : 입력)
   PORTB = 0x01          // 포트B용 데이터(0000 0001)
                         // PB0에 "1" 이 출력되어 LED0이 켜진다.
}
```

(2) LED 모듈의 1개 LED ON/OFF 하기

- MCU 모듈의 PORTB의 PB0번을 LED 모듈의 LED0에 연결하여 LED0번을 0.5초 간격으로 ON/OFF 하는 프로그램을 실습해 보도록 한다.

위 (1)번 실습과 같이 Jumper Cable을 연결하고, 다음과 같이 소스코드를 작성한다.

완성된 소스코드를 컴파일한 후 다운로드를 실행하여 LED 모듈의 동작을 확인한다.

```
#include <avr/io.h>
#include <util/delay.h>          // _delay_ms() 함수를 쓰기 위한 헤더 파일

                                 // s ms를 지연시키는 함수
void _delay(int s)
{
    int i;
    for(i = 0; i < s; i++)
    {
        _delay_ms(1);            // 1ms 지연함수 호출
    }
}
void main()
{
    DDRB = 0xFF;                 // 위의 실습(1) 참조
    PORTB = 0x01;                // 위의 실습(1) 참조

    while(1)                     // 무한 루프
    {
     _delay(500);                // 500ms(0.5초) 지연
     PORTB = 0;
     _delay(500);                // 500ms(0.5초) 지연
     PORTB = 0x01;
     }
}
```

(3) LED 모듈의 8개 LED ON/OFF 하기

- MCU 모듈의 PORTB의 PB0~PB7번을 LED 모듈의 LED0~LED7번에 연결한다. LED0번부터 LED7번까지의 8개의 LED 중 짝수 LED(LED0, 2, 4, 6)가 0.3초 켜진 후 다음 0.3초 동안은 홀수 LED(LED1, 3, 5, 7)가 반복하여 켜지도록 하는 프로그램을 실습해 보도록 한다.

[그림 3-12]와 같이 MCU 모듈의 PORTB(PB0~PB7)와 LED 모듈의 LED0~LED7을 8Pin짜리 Jumper Cable을 이용하여 연결한다.

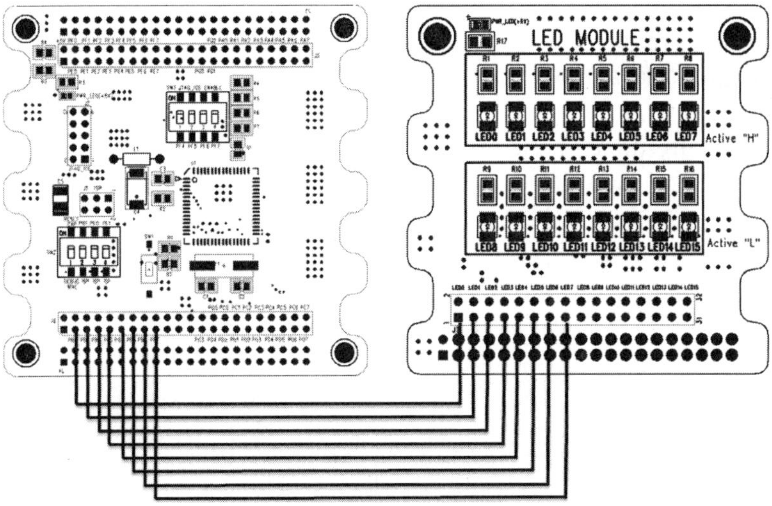

MCU 모듈	——	LED 모듈
PORTB0	——	LED0
PORTB1	——	LED1
PORTB2	——	LED2
PORTB3	——	LED3
PORTB4	——	LED4
PORTB5	——	LED5
PORTB6	——	LED6
PORTB7	——	LED7

[그림 3-12] MCU 모듈과 LED 모듈의 연결(실습 3)

연결이 완료되었다면, 다음과 같이 소스코드를 작성한다. 완성된 소스코드를 컴파일한 후 다운로드를 실행하여 LED 모듈의 동작을 확인한다.

```
#include <avr/io.h>
#include <util/delay.h>

void _delay(int s)
{
   int i;
   for(i = 0; i < s; i++)
   {
      _delay_ms(1);
   }
}

void main()
{
   DDRB = 0xFF;
   PORTB = 0x55;

   while(1)            // 무한 루프
   {
    _delay(300);
    [          ]
    _delay(300);
    [          ]
    }
}
```

(4) LED 모듈의 16개 LED ON/OFF 하기

- MCU 모듈의 PORTB의 PB0~PB7번을 LED 모듈의 LED0~LED7번에 연결하고, PORTA의 PA0~PA7번을 LED 모듈의 LED8~LED15번에 연결한다. LED0, 2, 4, 6과 LED9, 11, 13, 15를 1초 간격으로 교대로 점등해 보도록 한다.

[그림 3-13]과 같이 MCU 모듈의 PORTB(PB0~PB7)와 LED 모듈의 LED0~LED7을 8Pin짜리 Jumper Cable을 이용하여 연결한다. 또한 MCU 모듈의 PORTA(PA0~PA7)와 LED 모듈의 LED8~LED15를 8Pin짜리 Jumper Cable을 이용하여 연결한다.

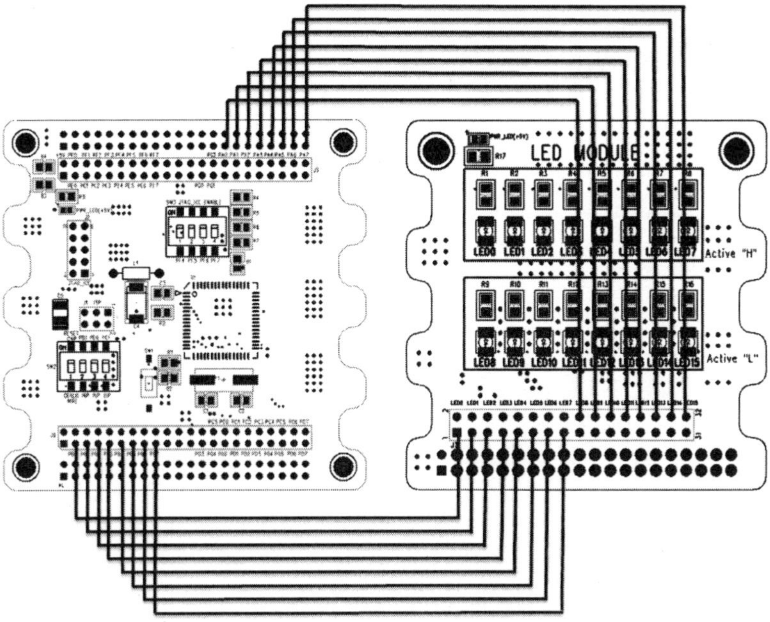

MCU 모듈	——	LED 모듈	MCU 모듈	——	LED 모듈
PORTB0	——	LED0	PORTA0	——	LED8
PORTB1	——	LED1	PORTA1	——	LED9
PORTB2	——	LED2	PORTA2	——	LED10
PORTB3	——	LED3	PORTA3	——	LED11
PORTB4	——	LED4	PORTA4	——	LED12
PORTB5	——	LED5	PORTA5	——	LED13
PORTB6	——	LED6	PORTA6	——	LED14
PORTB7	——	LED7	PORTA7	——	LED15

[그림 3-13] MCU 모듈과 LED 모듈의 연결(실습 4)

```
#include <avr/io.h>
#include <util/delay.h>

void _delay(int s)
{
   int i;
   for(i = 0; i < s; i++)
   {
      _delay_ms(1);
   }
}

void main()
{
   DDRB = 0xFF;
   [        ] = 0xFF;

   PORTB = 0x55;    0101 0101
   PORTA = [        ] ;
   while(1)
   {
   _delay(1000);
   PORTB = [        ] ;
   PORTA = [        ] ;
   _delay(1000);
   PORTB = [        ] ;
   PORTA = [        ] ;
   }
}
```

▶ **형성평가**

1. LED 모듈에서 LED8~LED15를 LED8번부터 LED15번까지 한 칸씩 옮겨가며 1초 간격으로 반복적으로 LED가 켜지도록 프로그램 해보시오.

Chapter 4

RELAY 모듈 실습

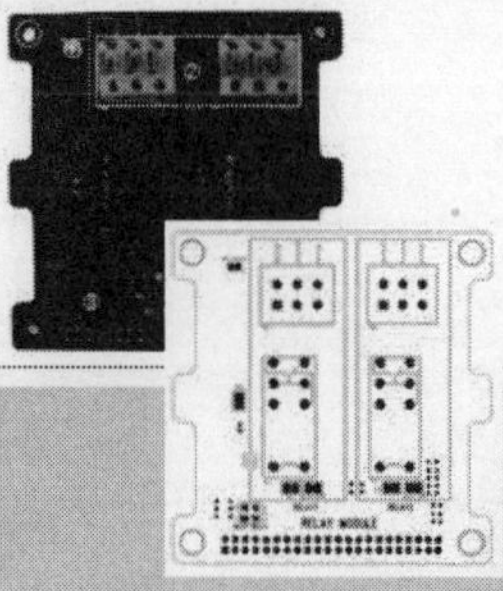

단 | 원 | 학 | 습 | 개 | 요

FE-PLC-HN System의 구성 모듈 중 하나인 RELAY 모듈은 16A/250VAC 규격의 RELAY와 NPN형 TR을 사용하여 구성된 모듈이다.
본 단원에서는 RELAY 모듈의 하드웨어를 이해하고, 실습 프로그램을 통해 사용법을 학습하고 익힌다.

01 RELAY 모듈의 하드웨어 살펴보기

학 | 습 | 목 | 표

- RELAY 모듈에 사용된 부품에 대해 이해한다.
- RELAY 모듈의 하드웨어 구조를 이해한다.

(1) RELAY 모듈의 부품 살펴보기

1) RELAY

RELAY는 수동 스위치처럼 접점을 갖고 있지만, 수동적으로 조작되지 않고 외부 전압에 의해 제어된다. 전기 신호로 RELAY 내부에 있는 접점을 전자석의 원리로 제어한다.

[그림 4-1]은 초등학교 과학실험 때 많이 해보았던 전자석의 원리에 대한 실험이다. 못에 감은 코일에 전류를 흘리면, 못이 자성을 띠게 되고 주위 도체를 끌어당길 수 있게 된다.

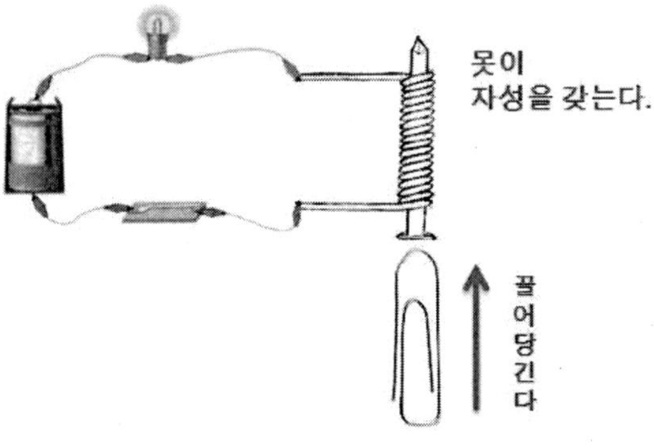

[그림 4-1] 전자석의 원리

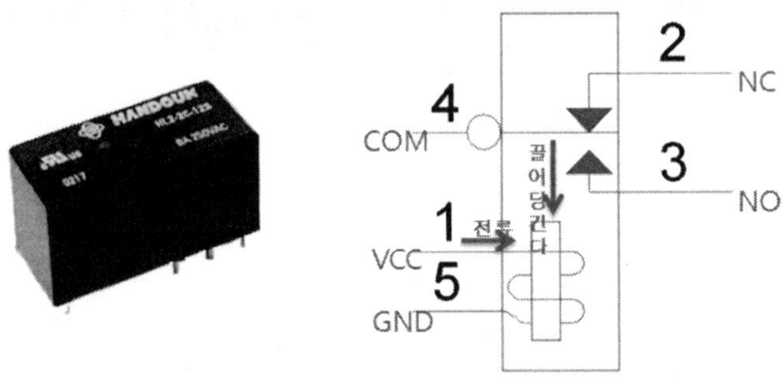

〈RELAY의 외형〉 〈RELAY의 구조〉

[그림 4-2] RELAY 외형 및 내부 구조

이러한 전자석을 이용한 릴레이는 본 시스템에서 사용한 RELAY 모듈에도 적용되어 있으며 [그림 4-2]와 같은 구조를 갖는다. 1번(VCC) 단자에 전압이 가해지지 않으면 4번(COM) 단자와 2번(NC : Normally Closed) 단자가 연결된 상태를 유지한다. 2번(NC) 단자의 이름이 Normally Closed로 명명된 이유는 전압이 가해지지 않는 상태에서 4번(COM) 단자의 연결 철판의 탄성에 의해 2번(NC) 단자와 연결이 유지됨을 의미한다. 1번(VCC) 단자에 전압이 가해지면 전자석의 원리로 4번(COM) 단자와 3번(NO : Normally Open) 단자가 연결된 상태를 유지한다. 4번(COM) 단자와 2번(NC) 단자의 쌍으로 사용할 것인지, 4번(COM) 단자와 3번(NO) 단자의 쌍으로 사용할 것인지에 대한 결정은 1번(VCC) 단자에서의 전류소모가 적은 쪽으로 결정한다.

이러한 RELAY를 사용하면 일반 PUSH 스위치처럼 사람이 직접 손으로 동작시키지 않아도 전기 신호로 접점을 제어할 수 있다.

2) NPN형 트랜지스터(NPN TR)

바이폴라(bipolar) 트랜지스터는 디지털 전자회로에서 스위치 용도로 가장 많이 사용된다. 이 반도체 소자는 컬렉터, 베이스, 에미터의 3개의 단자를 갖는다. 이 중 베이스 단자에 가해지는 신호로 나머지 2개의 단자(컬렉터, 에미터)를 연결 또는 개방되도록 제어할 수 있다. [그림 4-3]은 NPN형 트랜지스터의 구조와 본 시스템에서 사용한 트랜지스터 외형, 회로기호를 각각 나타낸 그림이다.

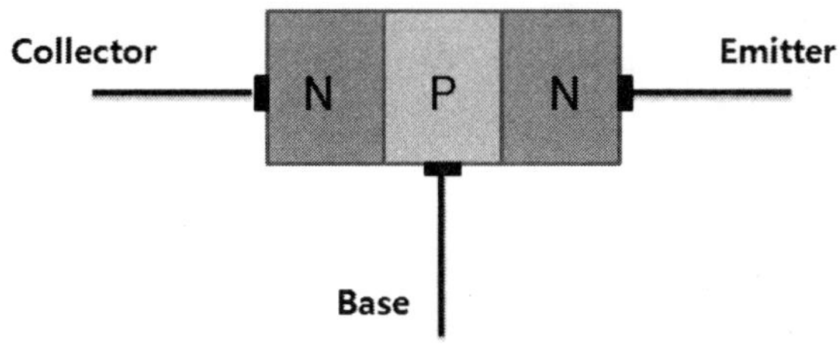

〈NPN형 TR의 내부구조〉

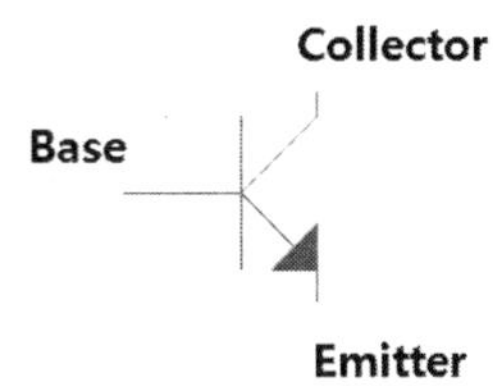

〈NPN형 TR의 외형〉 〈NPN형 TR 회로기호〉

[그림 4-3] NPN형 TR의 외형, 구조 및 기호

[그림 4-4]와 같은 NPN형 트랜지스터는 베이스와 에미터 사이에 가해지는 전압에 따라 컬렉터와 에미터 사이의 저항값이 변화되는 소자이다. 베이스와 에미터 사이에 일정 전압 이상의 전압 신호를 인가하면 컬렉터와 에미터 사이의 저항값이 매우 작아져서 스위치는 닫힌 상태가 된다. 베이스와 에미터 사이를 Cut-off 전압 이하로 유지하면 컬렉터와 에미터 사이의 저항값이 매우 커져 스위치는 열린 상태가 된다.

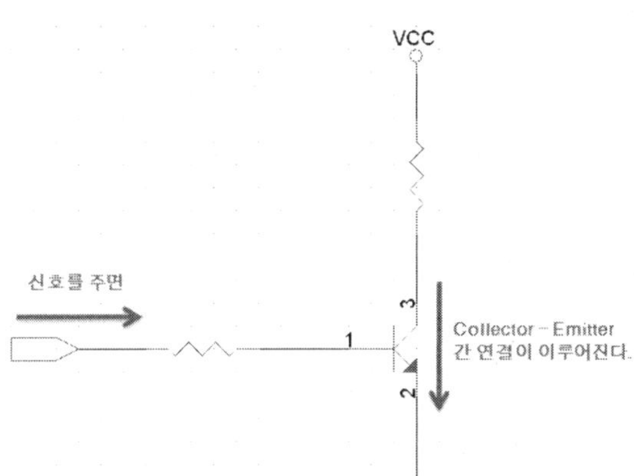

[그림 4-4] NPN형 트랜지스터의 동작

(2) RELAY 모듈 회로 설명

[그림 4-5]는 RELAY 모듈의 회로도를 나타낸 것이다.

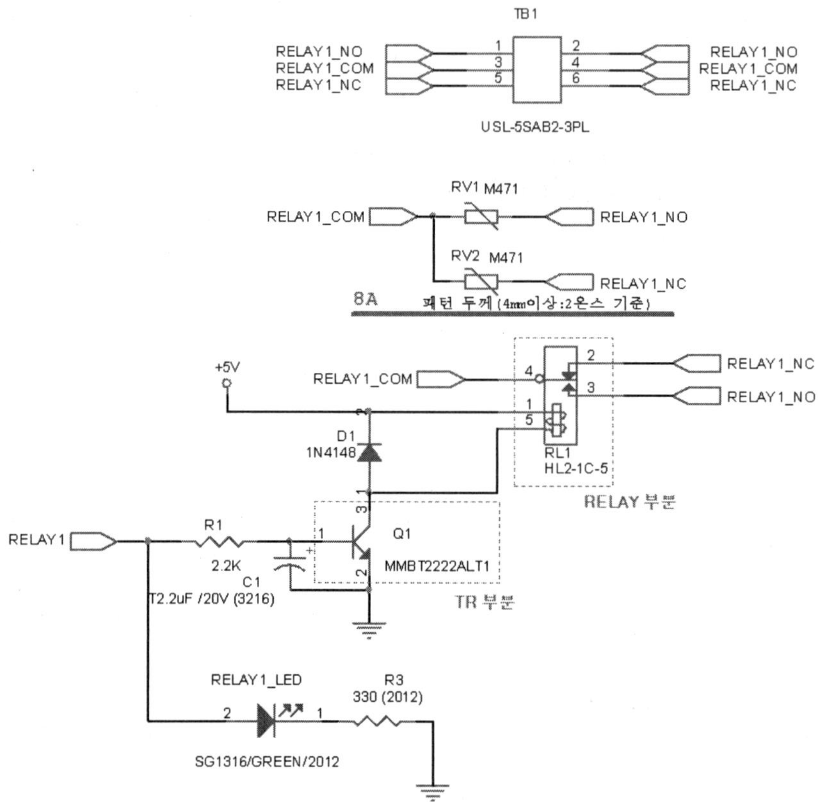

[그림 4-5] RELAY 모듈 회로

릴레이 제어 출력을 제공하는 MCU 모듈의 OUTPUT PORT가 RELAY1 단자에 연결된다.

[그림 4-6]과 같이 RELAY1 단자에 'High'(1) 신호가 인가되면 트랜지스터 Q1의 2번과 3번이 연결되어 +5V에서 릴레이의 1번과 5번 단자를 지나 접지로 전류가 흐르게 되고 철심은 자성을 띠게 된다.

2번 접점에 연결된 철판은 자성을 띠게 된 철심에 의해 당겨지게 되고, 3번 접점으로 연결된다.

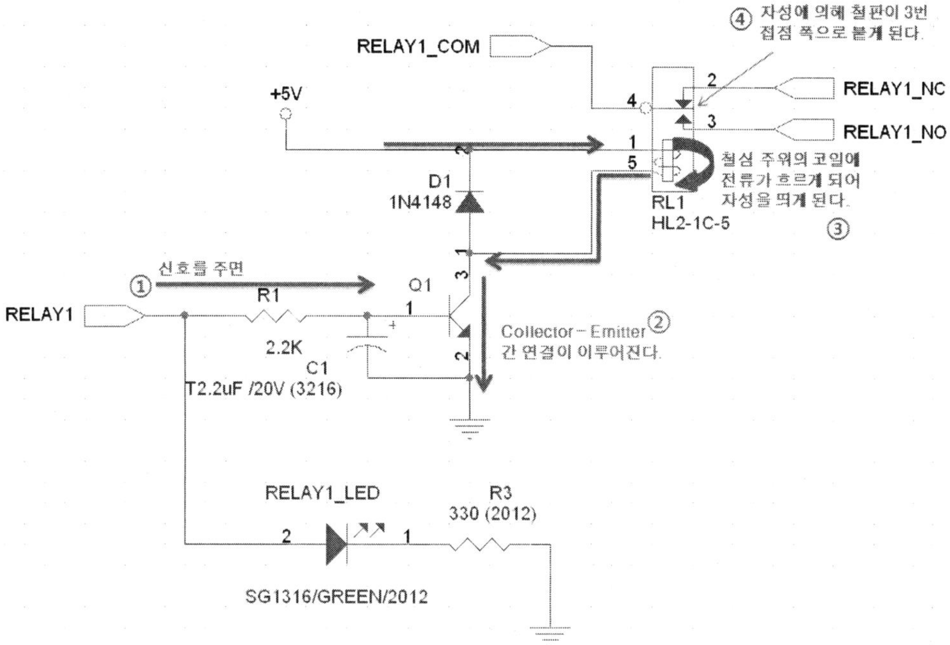

[그림 4-6] RELAY 모듈의 동작

RELAY1 단자에 'Low'(0) 신호가 인가되면 트랜지스터 Q1의 2번과 3번 사이가 개방되어 전류가 흐르지 못하게 되고 철심은 자성을 잃게 된다. 연결 철판의 탄성에 의해 접점이 떨어진다. 릴레이가 동작하려면 mA단위의 충분한 전류가 공급되어야 한다. 그러나 MCU 모듈의 OUTPUT PORT는 충분한 전류를 공급하지 못하므로 트랜지스터 Q1을 이용하였다.

트랜지스터 Q1은 μA단위의 입력제어 전류에 의해 mA단위의 출력전류를 흘려줄 수 있다. 릴레이 코일에 흐르는 전류를 순간적으로 차단 시 발생되는 역기전력으로 인하여 트랜지스터 Q1이 파손될 수 있다. 이러한 문제점을 해결하기 위해 릴레이 코일 양단에 다이오드 D1을 연결한다.

릴레이 코일에 흐르는 전류를 순간적으로 차단 시 릴레이 코일에 남아 있는 잔여 에너지가 트랜지스터 Q1의 3번 단자에 모두 걸려 임펄스성 전압이 발생된다. 이를 역기전력이라 하며 이 역기전력으로 인하여 트랜지스터 Q1이 파손될 수 있다. 이러한 문제점을 해결하기 위해 릴레이 코일 양단에 다이오드 D1을 연결한다.

본 시스템의 RELAY 모듈은 2개의 릴레이를 제공한다.

▶ 형성평가

1. 자동차 연료 탱크 속의 연료량이 기준치 이하로 떨어지면 High 신호를 출력하는 센서가 달려 있다. 이 센서의 출력으로 본 시스템의 릴레이를 구동하여 경고등이 켜지도록 하고자 한다. 이때 릴레이에 어떤 단자를 사용하여 경고등 회로를 구성해야 하는가?

2. 릴레이 제어 출력을 제공하는 MCU 모듈의 OUT PORT가 [그림 4-6]의 RELAY (RL1)의 1번 단자에 바로 연결되지 않고 트랜지스터 Q1을 1번(Base) 단자에 연결하여 사용하는 이유는 무엇인가?

3. 아래 릴레이 모듈에서 RELAY1에 'High' 신호 인가 시 접점이 붙는 부분과 접점이 떨어지는 부분이 어디인가?

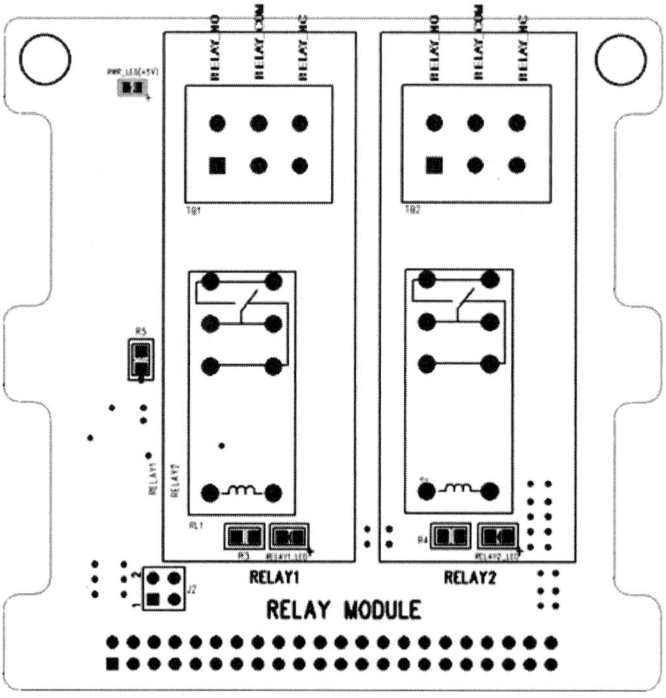

02 RELAY 모듈 제어 프로그램 실습

학 | 습 | 목 | 표

- 실습 프로그램을 통해 RELAY 모듈의 사용법을 익힌다.

(1) RELAY 모듈의 RELAY1번의 NO접점 ON/OFF 하기(LED 모듈을 이용하여 접점 확인 가능)

- MCU 모듈의 PORTB의 PB0번을 RELAY 모듈의 RELAY1에 연결하여 RELAY1번을 0.5초마다 ON/OFF시켜 보도록 한다.
- LED 모듈에 1개의 LED를 NO접점에 연결하여 RELAY1번의 NO 접점이 ON/OFF 되는지 확인한다.

〈표 4-1〉, [그림 4-7]과 같이 MCU 모듈과 RELAY 모듈의 연결은 MCU 모듈의 PORTB(PB0) 단자와 RELAY 모듈의 RELAY1 단자를 2Pin짜리 Jumper Cable을 이용하여 연결한다.

2Pin짜리 Jumper Cable을 이용하여 MCU 모듈의 PB0 단자와 RELAY 모듈의 RELAY1 단자, MCU 모듈의 PB1 단자와 RELAY 모듈의 RELAY2에 각각 서로 연결한다(앞서 실습한 3장에서와 같이 이번 실습에선 한 개의 Pin만 필요하지만 본 시스템에서 제공하는 Jumper Cable은 2Pin이므로 두 개의 핀을 연결하여 사용하도록 한다).

RELAY1번의 NO접점이 동작되는지 확인하기 위해 MCU 모듈, RELAY 모듈, LED 모듈을 서로 연결하여야 한다.

연결 방법은 MCU 모듈의 +5V와 RELAY 모듈의 RELAY_COM 단자, RELAY 모듈의 RELAY_NO 단자와 LED 모듈의 LED0 단자를 각각 서로 연결한다.

〈표 4-1〉 MCU 모듈, RELAY 모듈, LED 모듈의 연결

MCU 모듈	———	RELAY 모듈	———	LED 모듈
PORTB0	———	RELAY1		
PORTB1	———	RELAY2		
+5V	———	RELAY_NO		
		RELAY_COM	———	LED0

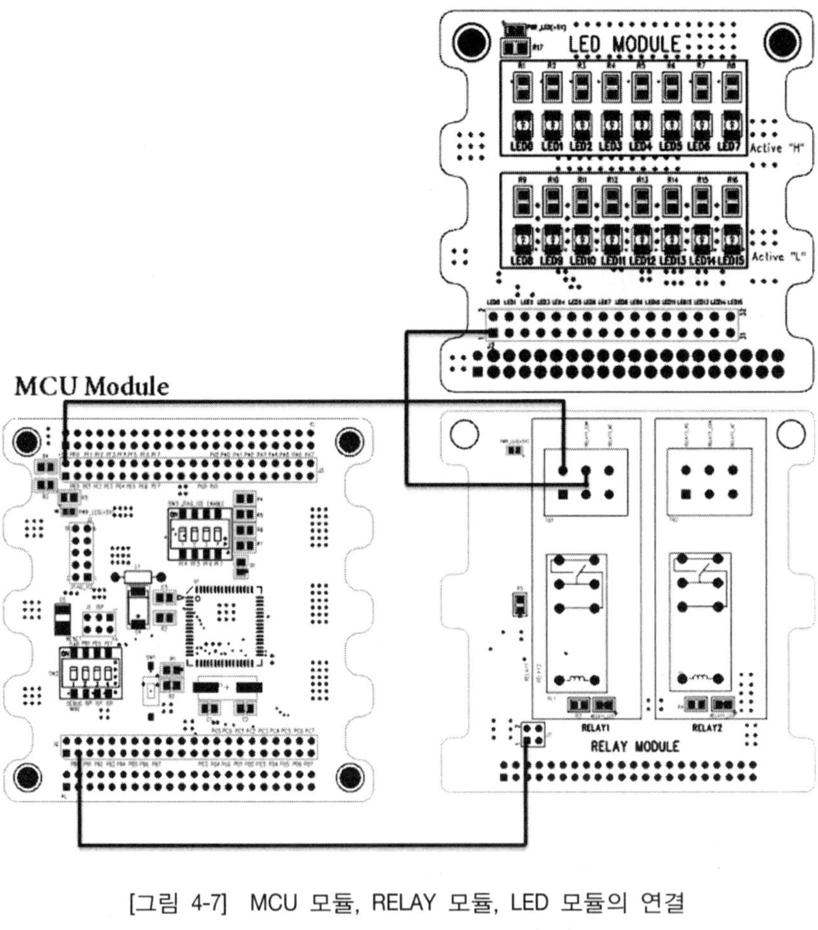

[그림 4-7] MCU 모듈, RELAY 모듈, LED 모듈의 연결

연결이 완료되었다면, 다음과 같이 소스코드를 작성한다. 완성된 소스코드를 컴파일한 후 다운로드를 실행하여 RELAY 모듈의 동작 및 LED 동작을 확인한다.

```
#include <avr/io.h>
#include <util/delay.h>

void _delay(int s)
{
   int i;
   for(i = 0; i < s; i++)
   {
     _delay_ms(1);
   }
}

void main()
{
   DDRB = 0xFF;
   PORTB = 0x01;          // 포트B용 데이터 (0000 0001)
                          // PB0에 "1"이 출력되어 RELAY1의 NO접점이 Close된다.
   while(1)
   {
      _delay(500);
      PORTB = 0x00;       // PB0에 "0"이 출력되어 RELAY1의 NO접점이 Open된다.

      _delay(500);
      PORTB = 0x01;
     }
}
```

▶ 형성평가

1. NC접점을 이용하여 LED8번을 ON/OFF 하는 프로그램을 작성하여 실행해 보시오.

2. RELAY 모듈의 RELAY1은 NC접점을 사용하고, RELAY2번은 NO접점을 사용하여 2개의 LED0, LED8을 (OFF, OFF), (ON, OFF), (OFF, ON), (ON, ON) 순으로 동작하는 프로그램을 작성하시오(1초 간격으로 무한 반복).

Chapter 5

KEY PAD 모듈 실습

01. KEY PAD 모듈의 하드웨어 살펴보기
02. KEY PAD 프로그램 실습

단 | 원 | 학 | 습 | 개 | 요

FE-PLC-HN System의 구성 모듈 중 하나인 KEY PAD 모듈은 12개의 Tact Switch와 저항, 그리고 한 개의 Buffer Driver IC로 구성되어 있는 모듈이다.
본 단원에서는 KEY PAD 모듈의 하드웨어를 이해하고, 실습 프로그램을 통해 사용법을 학습하고 익힌다.

01 KEY PAD 모듈의 하드웨어 살펴보기

학 | 습 | 목 | 표

- KEY PAD 모듈에서 사용된 부품에 대해 이해한다.
- KEY PAD 모듈의 하드웨어 구조를 이해한다.

(1) KEY PAD 모듈의 부품 살펴보기

1) 74ACT244 IC(Octal Buffer/Line Driver with 3-STATE Outputs)

일반적으로 프로세서의 OUTPUT PORT에 버퍼를 사용하게 되는데, 그 이유는 프로세서의 OUTPUT PORT에서 출력하는 전류가 상당히 적기 때문이다. 프로세서의 OUTPUT PORT에 따라 1mA 이하의 출력 전류를 갖는 경우도 있다. 이런 경우 OUTPUT PORT의 신호를 여러 게이트에서 사용하게 되면 공급되는 전류가 부족하여 출력 전압이 낮아져서 게이트에서 입력 신호를 올바르게 받지 못하는 경우가 발생하게 된다. 이러한 미소 신호에 대한 보안책으로 사용하는 것이 버퍼이다.

74ACT244 IC는 8개의 Buffer/Line Driver를 가지고 있으며 3가지 상태의 출력을 갖는다. 3가지 상태의 출력은 High, Low, High Impedance(Hi Z)이다.

[그림 5-1]과 [그림 5-2]와 같이 $\overline{OE_1}$ 단자와 $\overline{OE_2}$ 단자에 'Low'(0) 신호가 인가되면 입력 신호가 출력으로 그대로 전달된다. $\overline{OE_1}$과 $\overline{OE_2}$에 'High'(1) 신호가 인가되면 High Impedance 상태 즉, 입력과 출력 사이의 저항값이 매우 커져 입력과 출력 사이가 개방된 효과를 나타낸다. $\overline{OE_1}$ 단자와 $\overline{OE_2}$ 단자는 각각 4개의 Buffer/Line Driver를 제어한다.

74ACT244 IC는 ACT(Advanced-CMOS-TTL inputs) Type으로 IC로 입력되는 전압이 2.0V 이상이면 'High'(1) 신호로 해석되며 0.8V 이하이면 'Low'(0) 신호로 해석한다. 출력되는 전압은 'High'(1)일 때 3.7V 이상이며 'Low'(0)일 때 0.5V 이하이다.

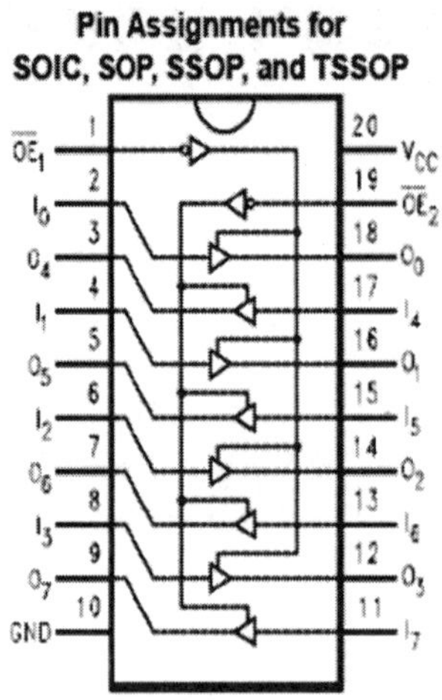

Truth Tables

Inputs		Outputs
$\overline{OE_1}$	I_n	(Pins 12, 14, 16, 18)
L	L	L
L	H	H
H	X	Z

Inputs		Outputs
$\overline{OE_2}$	I_n	(Pins 3, 5, 7, 9)
L	L	L
L	H	H
H	X	Z

H = HIGH Voltage Level
L = LOW Voltage Level
X = Immaterial
Z = High Impedance

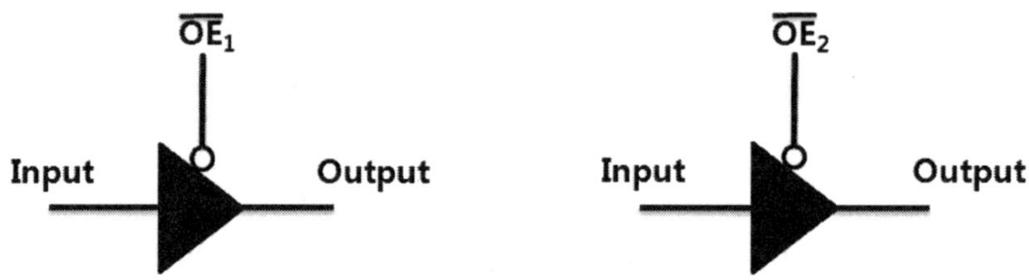

[그림 5-1] 74LCX244 IC의 논리게이트, Truth Tables

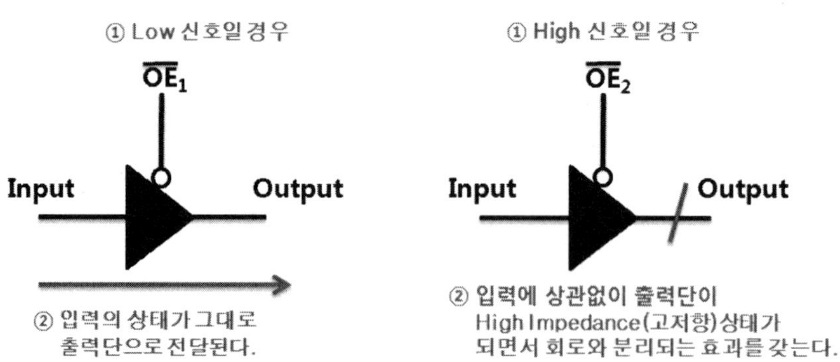

[그림 5-2] 3-State 버퍼의 동작원리

2) Tact Switch

스위치의 종류에는 딥스위치, 토글스위치, 푸시 스위치, Tact 스위치 등이 있다.

본 KEY PAD 모듈에서 사용하고 있는 Tact 스위치(SMD Type)는 마이크로컨트롤러에서 사용자의 입력을 받기 위해 폭 넓게 사용된다. 일반적으로 가전제품, 통신기기 등 전 분야에 걸쳐 사용되고 있는 스위치이다. 버튼을 손으로 누르고 있으면 스위치의 양 단자가 서로 붙어 단락(SHORT)되고 손을 떼면 다시 스위치의 양 단자가 개방(OPEN)된다.

[그림 5-3]은 KEY PAD 모듈에서 사용하는 스위치의 외형과 회로기호를 나타내었다.

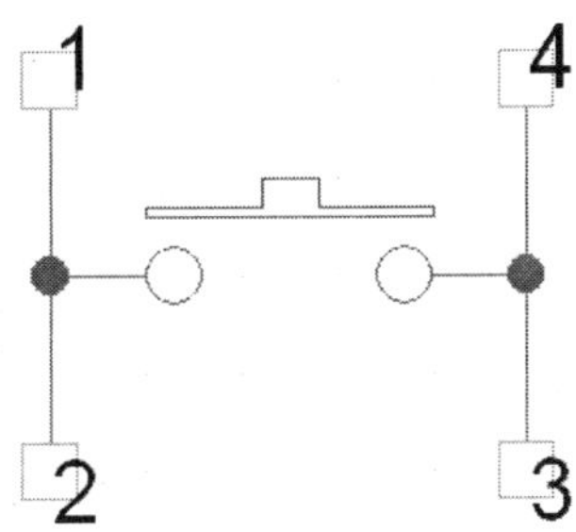

[그림 5-3] Tact Switch의 외형과 회로기호

(2) KEY PAD 모듈 회로 설명

본 시스템의 KEY PAD 모듈은 LED 모듈과 같이 +5V의 공급전압을 사용한다. 12개의 Tact Switch와 74ACT244 IC 한 개, 7개의 저항으로 구성되어 있다. 본 KEY PAD 모듈은 3×4 매트릭스로 구성된 12개의 스위치로 이루어져 있다. 12개의 I/O PORT를 사용하면 쉽게 회로를 구성할 수 있으나 PORT 자원을 절약할 목적으로 일반적으로 KEY 스캔 방식을 사용하여 사용되는 PORT수를 줄인다. 이 KEY PAD 모듈은 MCU 모듈의 4개의 출력 포트와 3개의 입력 포트를 사용하여 [그림 5-4], [그림 5-5]와 같이 구성하였다.

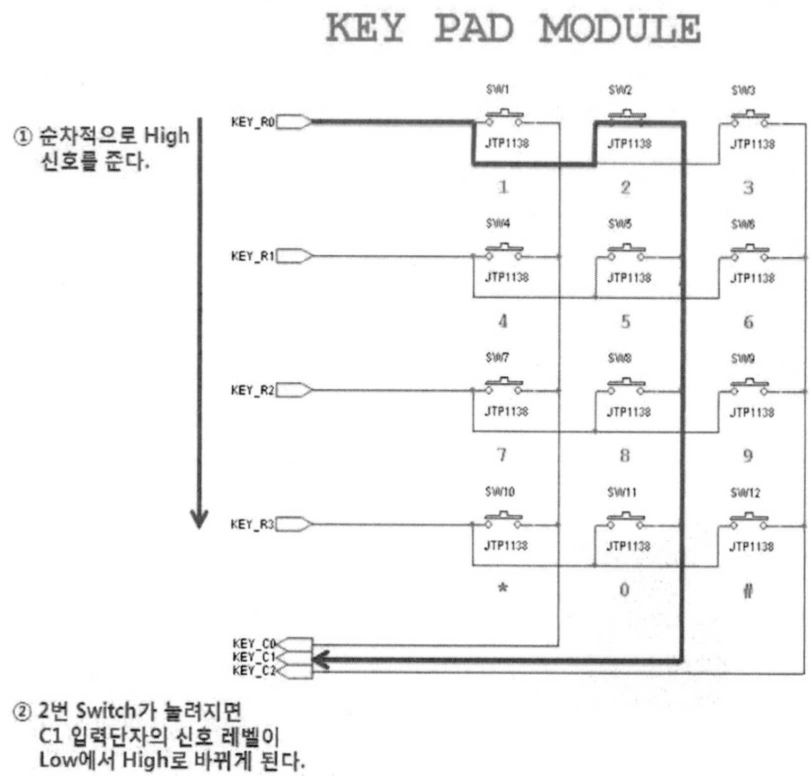

[그림 5-4] KEY PAD 모듈의 회로도(1)

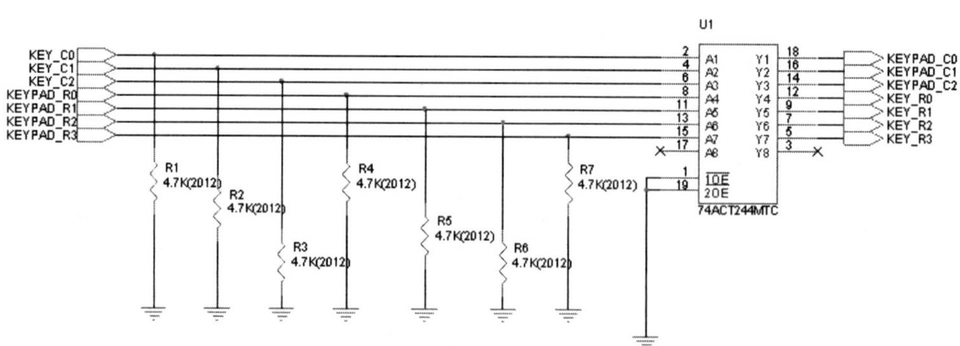

[그림 5-5] KEY PAD 모듈의 회로도(2)

MCU 모듈에서 **'KEY 스캔용 4Bit 데이터 패턴'**을 KEY PAD용 4개의 출력 포트로 내보내면 KEY PAD의 KEY_R0~R3 단자로 전달된다. 이때 사용되는 데이터 패턴은 0001(KEY_R3~R0), 0010(KEY_R3~R0), 0100(KEY_R3~R0), 1000(KEY_R3~R0)으로 순차적으로 반복되어 사용된다. 0001이 사용되는 순간에는 SW1~SW3의 KEY 눌림을 검출할 수 있다. 0010의 경우에는 SW4~SW6의 KEY 눌림을, 0100의 경우에는 SW7~SW9의 KEY 눌림을, 1000의 경우에는 SW10~SW12의 KEY 눌림을 검출할 수 있다. 이때 검출된 값을 '*스캔된 KEY 코드값*'이라 부르기로 하자.

KEY 스캔용 4Bit 데이터 패턴이 매우 빠른 속도로 순환되기 때문에 사용자는 언제나 원하는 KEY를 사용할 수 있다. 예를 들어 0010이 사용되는 동안 2(SW2) 스위치를 누르면 당장은 KEY 눌림 검출이 되지 않는다. 그러나 빠른 속도로 KEY 스캔용 4Bit 데이터 패턴이 순환되므로 수 mSec 후에 0001 패턴이 나타나게 되며, 이때 2(SW2)의 눌림을 검출하게 된다. 이때 생성되는 데이터 패턴 010(KEY_C2~C0)이 *스캔된 KEY 코드값*으로 MCU 모듈의 입력 포트로 전달된다.

〈표 5-1〉에 각 KEY에 대한 KEY 코드값을 보였다.

〈표 5-1〉 KEY 스캔용 데이터 패턴과 KEY 코드값의 관계(1 : High, 0 : Low)

완성된 KEY 코드값							눌려진 KEY
KEY 스캔용 4Bit 데이터 패턴				KEY 코드값			
KEY_R0	KEY_R1	KEY_R2	KEY_R3	KEY_C0	KEY_C1	KEY_C2	
Low	Low	Low	High	Low	Low	High	# (SW12)
Low	Low	Low	High	Low	High	Low	0 (SW11)
Low	Low	Low	High	High	Low	Low	* (SW10)
Low	Low	High	Low	Low	Low	High	9 (SW9)
Low	Low	High	Low	Low	High	Low	8 (SW8)
Low	Low	High	Low	High	Low	Low	7 (SW7)
Low	High	Low	Low	Low	Low	High	6 (SW6)
Low	High	Low	Low	Low	High	Low	5 (SW5)
Low	High	Low	Low	High	Low	Low	4 (SW4)
High	Low	Low	Low	Low	Low	High	3 (SW3)
High	Low	Low	Low	Low	High	Low	2 (SW2)
High	Low	Low	Low	High	Low	Low	1 (SW1)

2(SW2)의 KEY 코드값(010)이 5(SW5), 8(SW7), 0(SW9)의 코드값과 같은 값을 가져 서로 구분할 수 없을 것으로 보이나 MCU 모듈은 KEY 스캔용 4Bit 데이터 패턴을 이용하여 이를 구분할 수 있다. 결과적으로 KEY 스캔용 4Bit 데이터 패턴과 KEY PAD에서 생성된 *스캔된 KEY 코드값*의 조합이 실질적인 KEY 코드값이 되는 것이다. 이 실질적인 KEY 코드값을 '*완성된 KEY 코드값*'이라 부르기로 하자. 평상시 어느 KEY도 눌려지지 않은 경우에는 MCU 모듈의 KEY PAD용 입력 포트가 R1~R7저항들을 사용하여 Full-Down되어 있으므로 000이 MCU 모듈의 입력 포트로 전달된다.

MCU 모듈과 KEY PAD 모듈 간의 연결은 Jumper Cable을 이용하여 연결한다. 이 연결로 발생할 수 있는 신호 감쇄를 보상할 목적으로 위에서 설명된 74ACT244 IC(Buffer)를 사용하였다.

▶ 형성평가

1. 74ACT244 IC의 사용 목적이 무엇인가?

2. 4×5 KEY 매트릭스 회로를 구성하려고 한다. 이때 필요한 최소한 I/O Port의 수와 종류를 쓰시오.

02 KEY PAD 프로그램 실습

학 | 습 | 목 | 표

- 실습 프로그램을 통해 KEY PAD 모듈의 사용법을 익힌다.

(1) KEY PAD 모듈의 1~3번 스위치만을 사용하는 실습

- KEY PAD 모듈 첫 행의 3개(1, 2, 3번) KEY만을 사용하여 실습한다. KEY1번이 눌렸을 때에는 LED0번을 ON, KEY2번이 눌렸을 때에는 LED1번을 ON, KEY3번이 눌렸을 때에는 LED2번을 ON 되도록 실습해 본다.

이번 실습에서는 KEY PAD 모듈의 첫 행의 3개(1, 2, 3번) KEY만을 사용하므로 MCU 모듈의 KEY 스캔용 데이터 패턴용 4개의 출력 포트 중 1개의 출력 포트만이 필요하다.

따라서 MCU 모듈의 PB4 단자와 KEY PAD 모듈의 KEY_R0 단자를 연결한다. PB4 단자로부터 KEY_R0 단자로 항상 'High(1)'값이 가해진다.

다음으로 KEY PAD 모듈의 KEY_C0~KEY_C2 단자와 MCU 모듈의 PA0~PA2 단자를 연결한다. 이 연결로 *스캔된 KEY 코드값*이 MCU 모듈로 전달된다.

〈표 5-2〉, [그림 5-6]에 위에서 설명한 연결을 보였다.

LED 모듈의 LED0~LED2 단자와 MCU 모듈의 PC0~PC2 단자를 연결한다.

〈표 5-2〉 MCU 모듈, KEY PAD 모듈, LED 모듈 간 연결(실습1)

MCU 모듈	——	KEY PAD 모듈	——	LED 모듈
PORTA0	——	C0		
PORTA1	——	C1		
PORTA2	——	C2		
PORTA3	——	연결안함		
PORTB4	——	R0		
PORTB5	——	R1		
PORTC0	——	——	——	LED0
PORTC1	——	——	——	LED1
PORTC2	——	——	——	LED2
PORTC3	——	——	——	LED3

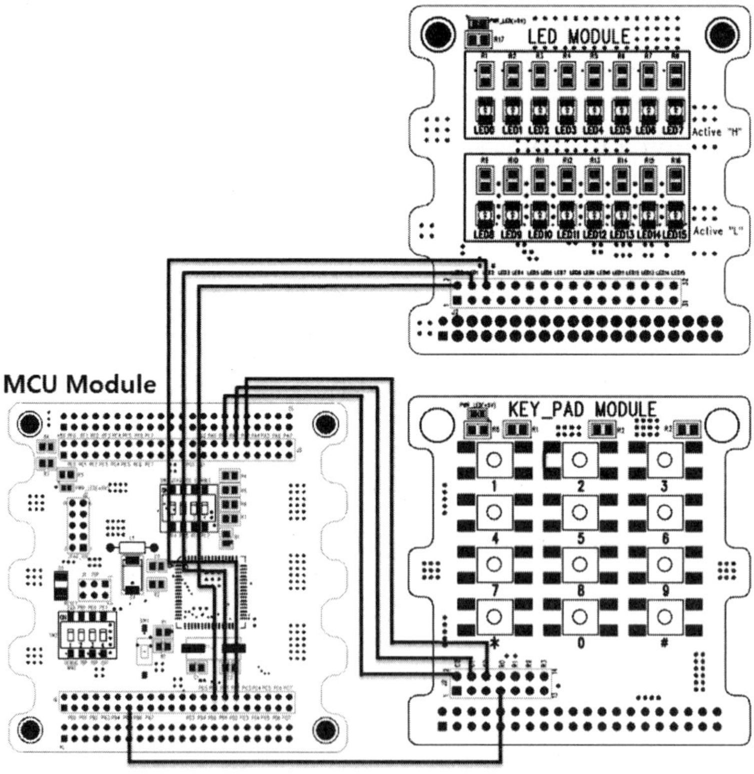

[그림 5-6] MCU 모듈, KEY PAD 모듈, LED 모듈 간 연결(실습1)

연결이 완료되었다면, 다음과 같이 소스코드를 작성한다. 완성된 소스코드를 컴파일한 후 다운로드를 실행하여 KEY PAD 모듈 및 LED 모듈의 동작을 확인한다.

프로그램 코드 내의 PINA는 Port A Input Pins Address의 약자이며 PORTA로 들어오는 외부로부터 들어오는 데이터를 읽기 위한 주소이다.

```
#include <avr/io.h>
#include <util/delay.h>

// 키 패드 값 상수 지정
#define KEY1 0x11        // 완성된 KEY 코드값 =
                         // (KEY 스캔용 데이터 패턴 1Bit) + (스캔된 KEY 코드값)
#define KEY2 0x12
#define KEY3 0x14

// 채터링을 제거한 스캔된 KEY 코드값 얻는 함수
unsigned char getKeycode()
{
   unsigned char input, i;
   input = PINA & 0x07; // PORTA로 들어오는 입력신호 중에서
                        // 하위 3Bit(스캔된 KEY코드)를 저장함
   for(i = 0; i < 10; i++) // 채터링을 검사하기 위한 루프
   {                       // 10회(5mSec) 동안 같은 값이 읽히면 채터링 없이
                           // 안정되게 KEY가 눌러진 상태로 인정함
      _delay_us(500);
      if(input != (PINA & 0x07))  // 채터링 검출
         return 0;  // 이전값과 다른 값이면 채터링으로 간주함
   }
   return input;    // 10회 동안 같은값이 검출된 경우
}

// 완성된 KEY 코드값 얻는 함수
unsigned char key_check()
{
   unsigned char input = 0;

   unsigned char output = 0;
   output = 0x10;      // KEY 스캔용 데이터 패턴 1Bit 준비
   PORTB = output;     // PB4단자 = '1'  -> KEY_R0단자
```

```
    input =  getKeycode(); //스캔된 KEY 코드값 얻기
    if(input != 0)
       return (output | input);  // 완성된 KEY 코드값 형성
          // (KEY 스캔용 데이터 패턴 1Bit) + (스캔된 KEY코드값)

    return 0xFF;       // 채터링 중 또는 키가 눌려지지 않은 상태
}

int main()
{
    unsigned char key_value = 0x00;

    DDRA = 0xF8;      // KEY 코드값을 입력받기 위해 PORTA의
                      // PA0~PA2핀을 입력으로 설정
    DDRB = 0x10;      // KEY 스캔용 데이터 패턴 1Bit를 출력하기
                      // 위해 PORTB의 PB4핀을 출력으로 설정
    DDRC = 0xFF;      // LED로 출력하기 위해 PORTC를 출력으로 설정
    PORTC = 0;        // LED OFF

    while(1)
    {
       key_value = key_check();  // 완성된 KEY 코드값 얻기

       switch(key_value)         // 눌러진 KEY 검사
       {
          case KEY1 :            // KEY1이 눌렸을 경우
             PORTC = 0x01;       // LED0 ON
             break;
          case KEY2 :            // KEY2가 눌렸을 경우
             PORTC = 0x02;       // LED1 ON
             break;
          case KEY3 :            // KEY3이 눌렸을 경우
             PORTC = 0x04;       // LED2 ON
             break;
          default :              // 아무것도 안 누른 경우
             PORTC = 0;          // 모든 LED OFF
             break;
       }
    }
    return 0;
}
```

(2) KEY PAD 모듈의 1~6번 스위치만을 사용하는 실습

- KEY PAD 모듈 2개 행의 6개(1~6번) KEY만을 사용하여 실습한다. KEY1~6번 중 어느 KEY가 눌렸을 때 이에 해당하는 LED(LED0~LED5번)가 ON 되도록 실습해 본다.

이번 실습에서는 KEY PAD 모듈 2개 행의 6개(1, 2, 3, 4, 5, 6번) KEY만을 사용하므로 MCU 모듈의 KEY 스캔용 데이터 패턴용 4개의 출력 포트 중 2개의 출력 포트만이 필요하다. 따라서 실습1에서 사용한 MCU 모듈의 PB4 단자와 KEY PAD 모듈의 KEY_R0 단자는 그대로 사용하면서, 추가로 PB5 단자와 KEY PAD 모듈의 KEY_R1 단자를 연결한다. PB4 단자와 PB5 단자로부터 KEY_R0 단자와 KEY_R1 단자에 각각 '10', '01'이 번갈아 가해진다.

〈표 5-3〉, [그림 5-7]과 같이 MCU 모듈의 PORTC(PC0~PC7) 단자와 LED 모듈의 LED0~LED8 단자를 8Pin짜리 Jumper Cable을 이용하여 연결한다(앞서 실습한 장에서와 같이 이번 실습에선 6개의 Pin만 필요하지만 본 시스템에서 제공하는 Jumper Cable은 8Pin이므로 8개의 핀을 연결하여 사용하도록 한다).

〈표 5-3〉 MCU 모듈, KEY PAD 모듈, LED 모듈 간 연결(실습2)

MCU 모듈	——	KEY PAD 모듈	——	LED 모듈
PORTA0	——	**C0**		
PORTA1	——	**C1**		
PORTA2	——	**C2**		
PORTA3	——	연결안함		
PORTB4	——	**R0**		
PORTB5	——	**R1**		
PORTC0~PORTC5	——	——	——	**LED0~LED5**
PORTC6	——	——	——	LED6
PORTC7	——	——	——	LED7

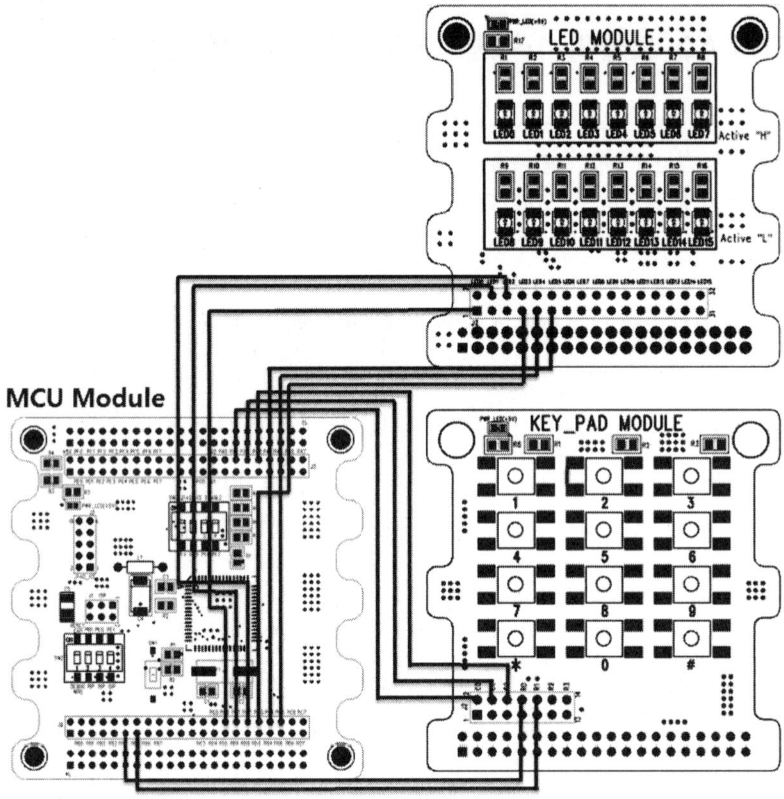

[그림 5-7] MCU 모듈, KEY PAD 모듈, LED 모듈 간 연결(실습2)

연결이 완료되었다면, 다음과 같이 소스코드를 작성한다. 완성된 소스코드를 컴파일한 후 다운로드를 실행하여 KEY PAD 모듈 및 LED 모듈의 동작을 확인한다.

```
#include <avr/io.h>
#include <util/delay.h>

// 키 패드 값 상수 지정
#define KEY1 0x11
#define KEY2 0x12
#define KEY3 0x14
#define KEY4 0x21   // 실습1 참조, 추가된 완성된 KEY 코드값
#define KEY5 0x22
#define KEY6 0x24
```

```
// 키 채터링을 검사하는 함수
unsigned char getKeycode()
{
   unsigned char input, i;
   input = PINA & 0x07;
   for(i = 0; i < 10; i++)
   {
      _delay_us(500);
      if(input != (PINA & 0x07))
         return 0;
   }
   return input;
}

// 키가 눌렸는지 체크하는 함수
unsigned char key_check()
{
   unsigned char input = 0;
   unsigned char output = 0;

   output = 0x10;       // KEY_PAD의 첫 행용
                        // KEY 스캔용 데이터 패턴 2Bit 준비
   PORTB = output;      // PB4단자= '1'   -> KEY_R0단자
   input = getKeycode();
   if(input != 0)
      return (output | input);

   output = 0x20;      // KEY_PAD의 두 번째 행용
                       // KEY 스캔용 데이터 패턴 2Bit 준비
   PORTB = output;     // PB5단자= '1'   -> KEY_R1단자
   input = getKeycode();
   if(input != 0)
      return (output | input);

   return 0xFF;
}


int main()
{
   unsigned char key_value = 0x00;
```

```
    DDRA = 0xF8;    // 실습1 참조
    DDRB = 0xF0;
    PORTB = 0x00;

    DDRC = 0xFF;
    PORTC = 0;

    while(1)
    {
        key_value = key_check();

        switch(key_value)
        {
            case KEY1 :
                PORTC = 0x01;
                break;
            case KEY2 :
                PORTC = 0x02;
                break;
            case KEY3 :
                PORTC = 0x04;
                break;
            case KEY4 :
                PORTC = 0x08;
                break;
            case KEY5 :
                PORTC = 0x10;
                break;
            case KEY6 :
                PORTC = 0x20;
                break;
            default :
                PORTC = 0;
                break;
        }
    }
    return 0;
}
```

(3) KEY PAD 모듈의 모든 스위치를 사용하는 실습

- KEY PAD 모듈 12개 모든 KEY를 MCU 모듈에 연결하고, 각 KEY1~9번이 눌렸을 때에는 해당하는 LED0~LED8이 ON, KEY*번이 눌렸을 때에는 LED9번을 ON, KEY0번이 눌렸을 때에는 LED10번을 ON, KEY#번이 눌렸을 때에는 LED11번이 ON 되도록 실습해 본다.

이번 실습에서는 KEY PAD 모듈 4개 행의 12개(1, 2, ……, *, 0, #)의 모든 KEY를 사용하므로 MCU 모듈의 KEY 스캔용 데이터 패턴용 4개의 출력 포트 모두를 사용한다. 따라서 실습2에서 사용한 MCU 모듈의 PB4 단자와 KEY PAD 모듈의 KEY_R0 단자, PB5 단자와 KEY PAD 모듈 KEY_R1 단자의 연결은 그대로 사용하면서 추가로 PB6 단자와 KEY PAD 모듈의 KEY_R2 단자, PB7 단자와 KEY PAD 모듈의 KEY_R3 단자를 연결한다.

(PB4, PB5, PB6, PB7) 단자로부터 (KEY_R0, KEY_R1, KEY_R2, KEY_R3) 단자에 '1000', '0100', '0010', '0001'이 순서적으로 번갈아 가해진다.

〈표 5-4〉, [그림 5-8]과 같이 추가로 MCU 모듈의 PORTD(PD0~PD7) 단자와 LED 모듈의 LED8~LED15 단자를 8Pin짜리 Jumper Cable을 이용하여 연결한다.

〈표 5-4〉 MCU 모듈, KEY PAD 모듈, LED 모듈 간 연결(실습3)

MCU 모듈	—	KEY PAD 모듈	—	LED 모듈
PORTA0	—	C0		
PORTA1	—	C1		
PORTA2	—	C2		
PORTA3	—	연결안함		
PORTB4~PORTB7	—	R0~R3		
PORTC0~PORTC7	—	—	—	LED0~LED7
PORTD0~PORTD7	—	—	—	LED8~ LED15

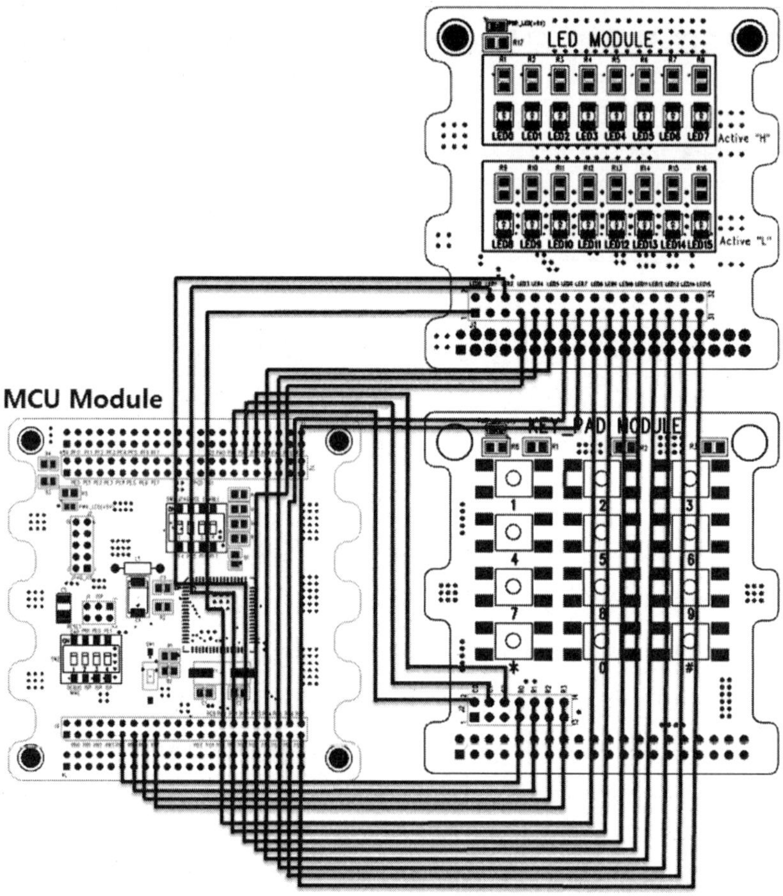

[그림 5-8] MCU 모듈, KEY PAD 모듈, LED 모듈 간 연결(실습3)

연결이 완료되었다면, 다음과 같이 소스코드를 작성한다. 완성된 소스코드를 컴파일한 후 다운로드를 실행하여 KEY PAD 모듈 및 LED 모듈의 동작을 확인한다.

```
#include <avr/io.h>
#include <util/delay.h>
// 키 패드 값 상수 지정
#define KEY1 0x11
#define KEY2 0x12
#define KEY3 0x14
#define KEY4 0x21
#define KEY5 0x22
```

```
#define KEY6 0x24
#define KEY7 0x41
#define KEY8 0x42
#define KEY9 0x44
#define KEY0 0x82
#define KEYA 0x81 // KEY*를 KEYA로 대치
#define KEYB 0x84 // KEY#를 KEYB로 대치

// 키 채터링을 검사하는 함수
unsigned char getKeycode()
{
   unsigned char input, i;
   input = PINA & 0x07;
   for(i = 0; i < 10; i++)
   {
      _delay_us(500);
      if(input != (PINA & 0x07))
         return 0;
   }
   return input;
}


// 키가 눌렸는지 체크하는 함수
unsigned char key_check()
{
   unsigned char input = 0;
   unsigned char output = 0;

   output = 0x10;
   PORTB = output;             // R0에 HIGH 출력
   input = getKeycode();
   if(input != 0)
      return (output | input);

   output = 0x20;
   PORTB = output;             // R1에 HIGH 출력
   input = getKeycode();
   if(input != 0)
      return (output | input);

   output = 0x40;              // R2에 HIGH 출력
   PORTB = output;
```

```
    input = getKeycode();
    if(input != 0)
       return (output | input);
    output = 0x80;                  // R3에 HIGH 출력
    PORTB = output;
    input = getKeycode();
    if(input != 0)
       return (output | input);

    return 0xFF;
}

int main()
{
    unsigned char key_value = 0x00;

    DDRA = 0xF8;    // PA0~PA2 : KEY PAD 입력을 위한 C0~C2
    DDRB = 0xF0;    // PB4~7 : KEY PAD 출력을 위한 R0~R3
    PORTB = 0x00;

    DDRC = 0xFF;    // PORTC에
    PORTC = 0;      // Active High LED 제어를 위한 출력 설정
    DDRD = 0xFF;    // PORTD에
    PORTD = 0xFF;  // Active Low LED 제어를 위한 출력 설정
while(1)
    {
       key_value = key_check();    // KEY PAD 입력 확인

       switch(key_value)           // 눌린 키 검사
       {
        case KEY1 :
             PORTC = 0x01;
             break;
          case KEY2 :
             PORTC = 0x02;
             break;
          case KEY3 :
             PORTC = 0x04;
             break;
          case KEY4 :
             PORTC = 0x08;
             break;
          case KEY5 :
```

```
            PORTC = 0x10;
            break;
        case KEY6 :
            PORTC = 0x20;
            break;
        case KEY7 :
            PORTC = 0x40;
            break;
        case KEY8 :
            PORTC = 0x80;
            break;
        case KEY9 :                // KEY9가 눌렸을 경우
            PORTD = ~0x01;         // Active Low LED8 ON
            break;
        case KEYA :                // KEY0이 눌렸을 경우
            PORTD = ~0x02;         // Active Low LED9 ON
            break;
        case KEY0 :                // KEY*이 눌렸을 경우
            PORTD = ~0x04;         // Active Low LED10 ON
            break;
        case KEYB :                // KEY#이 눌렸을 경우
            PORTD = ~0x08;         // Active Low LED11 ON
            break;
        default :                  // 아무것도 안 눌렸을 경우
            PORTC = 0;             // 모든 LED OFF
            PORTD = 0xFF;
            break;
        }
    }
    return 0;
}
```

(4) KEY PAD 모듈을 이용한 LED Shift 동작

- KEY PAD 모듈 12개의 모든 KEY를 MCU 모듈에 연결하고, 각 KEY가 눌렸을 때 해당하는 LED가 동작이 되도록 실습해 본다.
- LED의 동작은 각 서브루틴에 프로그램하고 각 KEY가 눌렸을 때 해당 LED 서브루틴을 사용하여 프로그램 한다.

위 (3)번 실습과 같이 Jumper Cable 연결을 하고, 다음과 같이 소스코드를 작성한다. 완성된 소스코드를 컴파일한 후 다운로드를 실행하여 KEY PAD 모듈 및 LED 모듈의 동작을 확인한다.

```
#include <avr/io.h>
#include <util/delay.h>
// 키 패드 값 상수 지정
#define KEY1 0x11
#define KEY2 0x12
#define KEY3 0x14
#define KEY4 0x21
#define KEY5 0x22
#define KEY6 0x24
#define KEY7 0x41
#define KEY8 0x42
#define KEY9 0x44
#define KEY0 0x82
#define KEYA 0x81    // KEY*를 KEYA로 대치
#define KEYB 0x84    // KEY#를 KEYB로 대치
// LED 동작 서브 루틴 함수
void led_right_shift();
void led_left_shift();
void led_clock();
void led_clock_reverse();
void led_up_down();
void led_harf();
void led_cross_harf();
void led_tooth();
void led_tooth_cross();
```

```
void led_cross_clock();
void led_cross_clock_reverse();
void led_OFF();
void led_ON();
void _delay(int s)
{
   int i;
   for(i = 0; i < s; i++)
      _delay_ms(1);
}
// 키 채터링을 검사하는 함수
unsigned char getKeycode()
{
   unsigned char input, i;
   input = PINA & 0x07;
   for(i = 0; i < 10; i++)
   {
      _delay_us(500);
      if(input != (PINA & 0x07))
         return 0;
   }
   return input;
}
// 키가 눌렸는지 체크하는 함수
unsigned char key_check()
{
   unsigned char input = 0;
   unsigned char output = 0;

   output = 0x10;
   PORTB = output;              // R0에 HIGH 출력
   input = getKeycode();
   if(input != 0)
      return (output | input);

   output = 0x20;
   PORTB = output;              // R1에 HIGH 출력
   input = getKeycode();
   if(input != 0)
      return (output | input);

   output = 0x40;               // R2에 HIGH 출력
```

```
    PORTB = output;
    input = getKeycode();
    if(input != 0)
        return (output | input);
    output = 0x80;                  // R3에 HIGH 출력
    PORTB = output;
    input = getKeycode();
    if(input != 0)
        return (output | input);
    return 0xFF;
}

int main()
{
    unsigned char key_value = 0x00;

    DDRA = 0xF8;
    DDRB = 0xF0;
    PORTB = 0x00;

    DDRC = 0xFF;
    PORTC = 0;
    DDRD = 0xFF;
    PORTD = 0xFF;
while(1)
    {
        key_value = key_check();

        switch(key_value)
        {
            case KEY1 :
                led_right_shift();
                break;
            case KEY2 :
                led_left_shift();
                break;
            case KEY3 :
                led_clock();
                break;
            case KEY4 :
                led_clock_reverse();
                break;
```

```
        case KEY5 :
            led_up_down();
            break;
        case KEY6 :
            led_harf();
            break;
        case KEY7 :
            led_cross_harf();
            break;
        case KEY8 :
            led_tooth();
            break;
        case KEY9 :
            led_tooth_cross();
            break;
       case KEYA :
            led_cross_clock();
            break;
         case KEY0 :
            led_cross_clock_reverse();
            break;
        case KEYB :
            led_ON();
            break;
        default :
            led_OFF();
            break;
      }
   }
   return 0;
}

/********************/
/* ■□□□□□□□ */
/* ■□□□□□□□ */
/*  →→→→→→→  */
/********************/
void led_right_shift()
{
   unsigned char i, led;

   i = 0;
   led = 0x01;
```

```
    PORTC = led;
    PORTD = ~led;

    while(i < 8)
    {
        _delay(100);
        led <<= 1;
        PORTC = led;
        PORTD = ~led;
        i++;
    }
}

/********************/
/* □□□□□□□□■ */
/* □□□□□□□□■ */
/*  ←←←←←←←←  */
/********************/
void led_left_shift()
{
    unsigned char i, led;

    i = 0;
    led = 0x80;
    PORTC = led;
    PORTD = ~led;

    while(i < 8)
    {
        _delay(100);
        led >>= 1;
        PORTC = led;
        PORTD = ~led;
        i++;
    }
}

/**********************/
/*  →→→→→→→→     */
/* ■□□□□□□□□↓ */
/* □□□□□□□□□   */
/*  ←←←←←←←←     */
/**********************/
```

```
void led_clock()
{
   unsigned char i, led;

   i = 0;
   led = 0x01;

   PORTC = led;
   PORTD = 0xFF;

   while(i < 8)
   {
      _delay(100);
      led <<= 1;
      PORTC = led;
      i++;
   }
  i = 0;
   led = 0x80;
   PORTC = 0;
   PORTD = ~led;

   while(i < 8)
   {
      _delay(100);
      led >>= 1;
      PORTD = ~led;
      i++;
   }
}
/**********************/
/*    ←←←←←←←    */
/* ↓□□□□□□□■ */
/*   □□□□□□□□ */
/*    →→→→→→→    */
/**********************/
void led_clock_reverse()
{
   unsigned char i, led;

   i = 0;
   led = 0x80;
```

```
    PORTC = led;
    PORTD = 0xFF;

    while(i < 8)
    {
        _delay(100);
        led >>= 1;
        PORTC = led;
        i++;
    }
    i = 0;
    led = 0x01;
    PORTC = 0;
    PORTD = ~led;

    while(i < 8)
    {
        _delay(100);
        led <<= 1;
        PORTD = ~led;
        i++;
    }
}

/****************************************/
/* □□□□□□□□□  ■■■■■■■■■ */
/* ■■■■■■■■■  □□□□□□□□□ */
/****************************************/
void led_up_down()
{
    unsigned char i, led;
    i = 0;
    led = 0;

    PORTC = led;
    PORTD = led;

    while(i < 8)
    {
        _delay(500);
        led ^= 0xFF;
        PORTC = led;
        PORTD = led;
```

```
        i++;
    }
}
/**************************************/
/* □□□□■■■■  ■■■■□□□□ */
/* □□□□■■■■  ■■■■□□□□ */
/**************************************/
void led_harf()
{
    unsigned char i, led;
    i = 0;
    led = 0x0F;
    PORTC = led;
    PORTD = ~led;
    while(i < 8)
    {
        _delay(500);
        led ^= 0xFF;
        PORTC = led;
        PORTD = ~led;
        i++;
    }
}
/**************************************/
/* □□□□■■■■  ■■■■□□□□ */
/* ■■■■□□□□  □□□□■■■■ */
/**************************************/
void led_cross_harf()
{
    unsigned char i, led;
    i = 0;
    led = 0x0F;
    PORTC = led;
    PORTD = led;
    while(i < 8)
    {
        _delay(500);
        led ^= 0xFF;
        PORTC = led;
        PORTD = led;
        i++;
    }
}
```

```
/*************************************/
/* ■□■□■□■□ □■□■□■□■ */
/* ■□■□■□■□ □■□■□■□■ */
/*************************************/
void led_tooth()
{
    unsigned char i, led;
    i = 0;
    led = 0xAA;
    PORTC = led;
    PORTD = ~led;

    while(i < 8)
    {
        _delay(500);
        led ^= 0xFF;
        PORTC = led;
        PORTD = ~led;
        i++;
    }
}

/*************************************/
/* ■□■□■□■□ □■□■□■□■ */
/* □■□■□■□■ ■□■□■□■□ */
/*************************************/
void led_tooth_cross()
{
    unsigned char i, led;
    i = 0;
    led = 0xAA;

    PORTC = led;
    PORTD = led;

    while(i < 8)
    {
        _delay(500);
        led ^= 0xFF;
        PORTC = led;
        PORTD = led;
        i++;
    }
}
```

```
/********************/
/*  →→→→→→→→  */
/* ■□□□□□□□ */
/* □□□□□□□■ */
/*  ←←←←←←←←  */
/********************/
void led_cross_clock()
{
   unsigned char i, led1, led2;
   i = 0;
   led1 = 0x01;
   led2 = 0x80;
   PORTC = led1;
   PORTD = ~led2;
   while(i < 8)
   {
      _delay(100);
      led1 <<= 1;
      led2 >>= 1;
      PORTC = led1;
      PORTD = ~led2;
      i++;
   }
}
/********************/
/*  ←←←←←←←←  */
/* □□□□□□□■ */
/* ■□□□□□□□ */
/*  →→→→→→→→  */
/********************/
void led_cross_clock_reverse()
{
   unsigned char i, led1, led2;
   i = 0;
   led1 = 0x80;
   led2 = 0x01;

   PORTC = led1;
   PORTD = ~led2;

   while(i < 8)
   {
```

```
        _delay(100);
        led1 >>= 1;
        led2 <<= 1;
        PORTC = led1;
        PORTD = ~led2;
        i++;
    }
}

/********************/
/* □□□□□□□□□ */
/* □□□□□□□□□ */
/********************/
void led_OFF()
{
    PORTC = 0x00;
    PORTD = 0xFF;
}
/********************/
/* ■■■■■■■■■ */
/* ■■■■■■■■■ */
/********************/
void led_ON()
{
    PORTC = 0xFF;
    PORTD = 0x00;
}
```

▶ 형성평가

1. 본 실습에서 만들어진 key_check() 프로그램은 서로 다른 행에 있는 KEY가 동시에 눌려졌을 때 어떤 행에 있는 KEY에 우선순위가 있는가?

2. 본 실습에서 만들어진 key_check() 프로그램은 같은 행에 있는 KEY가 복수개가 동시에 눌려졌을 때 어떤 현상이 일어나는가?

3. 2번 문제의 해결책을 제시하여 보시오.

Chapter 6

INTERFACE 모듈 실습

01. INTERFACE 모듈의 하드웨어 살펴보기
02. INTERFACE 모듈 프로그램 실습

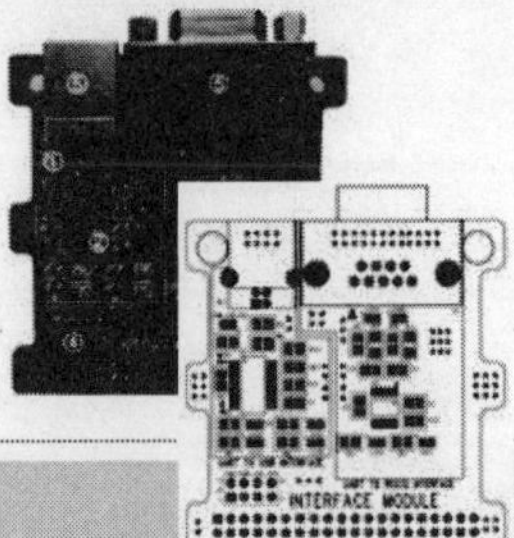

단 | 원 | 학 | 습 | 개 | 요

FE-PLC-HN System의 구성 모듈 중 하나인 INTERFACE 모듈은 RS-232 Drivers/Receivers IC와 USB UART IC로 구성되어 있는 모듈이다.
본 단원에서는 INTERFACE 모듈의 하드웨어를 이해하고, 실습 프로그램을 통해 사용법을 학습하고 익힌다.

01 INTERFACE 모듈의 하드웨어 살펴보기

학 | 습 | 목 | 표

- INTERFACE 모듈에서 사용된 부품에 대해 이해한다.
- INTERFACE 모듈의 하드웨어 구조를 이해한다.

(1) INTERFACE 모듈의 부품 살펴보기

1) ADM3202ARU IC(RS-232 Drivers/Receivers)

MCU 모듈과 PC의 RS-232 포트와 통신하기 위해서는 상호간의 신호 규격이 동일하여야 한다. PC의 RS-232 신호 규격과 MCU 모듈의 UART 신호 규격이 서로 다르기 때문에 별도로 신호 규격을 변환해 주는 IC가 필요하다. 이 기능을 하는 것이 ADM3202ARU IC이다. 동작 전압은 3V～5.5V로 넓은 범위를 가지고 있다.

[그림 6-1]과 같이 MCU 모듈에서 보내는 UART 신호 레벨의 송신 데이터가 CMOS INPUTS(T1IN, T2IN)핀으로 입력되면, EIA/TIA-232 OUTPUTS(T1OUT, T2OUT)핀에서 RS-232 신호(±12V) 레벨로 변환하여 출력한다.
반대로 PC의 RS-232 포트에서 보내는 RS-232 신호(±12V) 레벨의 송신 데이터가 EIA/TIA-232 INPUTS(R1IN, R2IN)핀으로 입력되면, CMOS OUTPUTS(R1OUT, R2OUT)핀에서 TTL[24] 신호 레벨로 변환하여 출력한다.

[그림 6-2]는 MCU 모듈의 UART 신호 레벨과 RS-232 신호(±12V) 레벨을 나타낸 그림이다.

24) TTL(Transistor-Transistor Logic) : 트랜지스터-트랜지스터 논리

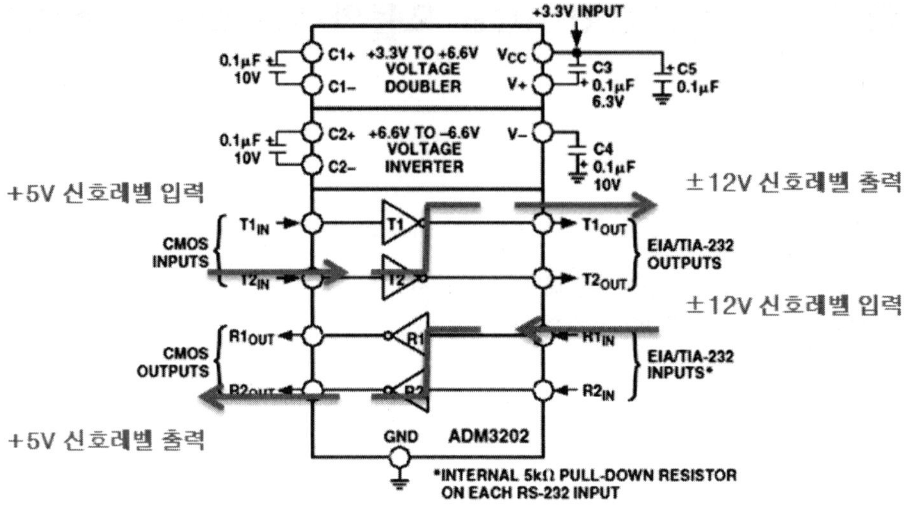

[그림 6-1] ADM3202ARU IC의 기능 블록도

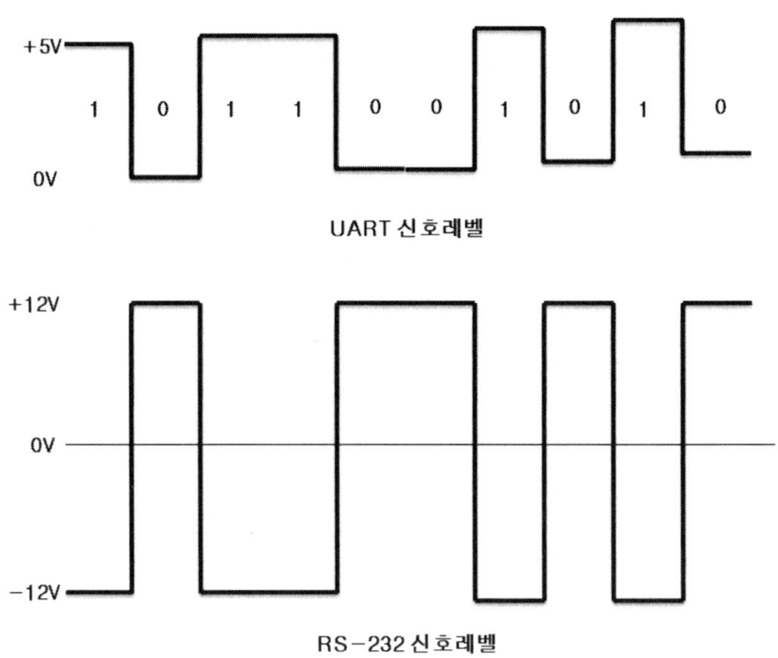

[그림 6-2] MCU 모듈의 UART와 RS-232에서의 신호 전압 레벨

2) FT232RL IC(USB UART Interface Circuit Devices)

USB(Universal Serial Bus)는 범용 직렬 버스의 약자로 직렬 포트의 일종으로서 프린터, 키보드, 마우스 등과 같은 주변기기와 컴퓨터 간의 플러그 앤 플레이[25] 인터페이스이다.

일반적으로 PC에서는 USB 포트를 널리 사용한다. USB의 통신 속도는 RS-232의 통신 속도보다 매우 빠른 480Mbps까지 제공한다. MCU 모듈과 PC의 USB 포트와 통신하기 위해서는 상호간의 신호 규격이 동일하여야 한다. PC의 USB 신호 규격과 MCU 모듈의 UART 신호 규격이 서로 다르기 때문에 별도로 신호 규격을 변환해 주는 IC가 필요하다. 이 기능을 하는 것이 FT232RL IC이다.

[그림 6-3]과 같이 MCU 모듈에서 보내는 UART 신호의 송신 데이터가 RXD핀으로 입력되면, FT232RL IC 내부에서 USB 프로토콜 및 USB 신호 변환을 하여 USBDP(USB Data Signal＋)핀과 USBDM(USB Data Signal－)핀으로 출력한다.

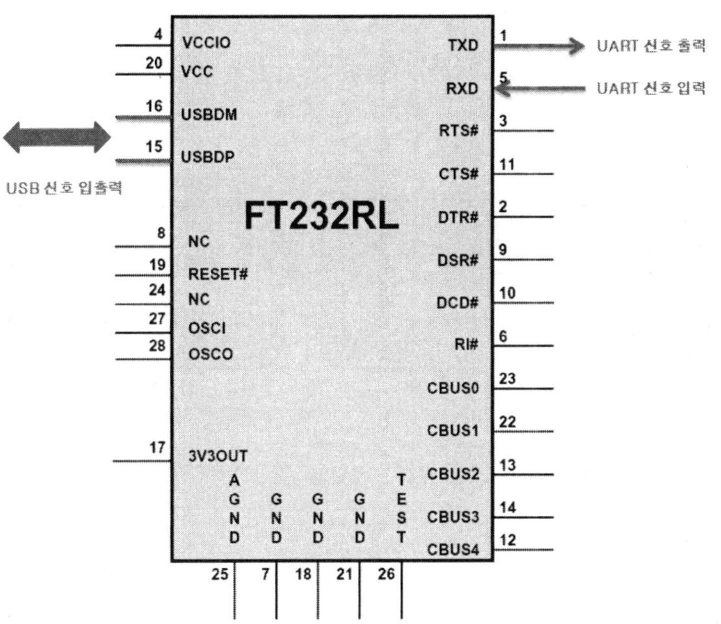

[그림 6-3] FT232RL의 Schematic Symbol

25) 플러그 앤 플레이(Plug and Play) : 꽂으면 실행된다는 뜻으로, 컴퓨터 실행 중에 주변 장치를 부착해도 별다른 설정 없이 작동함을 말한다.

반대로 PC의 USB 포트에서 보내는 USB 송신 데이터가 USBDP핀과 USBDM핀으로 입력되면, FT232RL IC 내부에서 UART 프로토콜 및 신호 변환을 하여 TXD핀으로 출력한다. 3V3OUT핀은 외부 회로에 3.3V 전압을 공급할 수 있으며 공급 전류는 50mA로 제한한다. VCCIO핀은 UART Interface(1~3, 5, 6, 9~11)핀과 CUSB 그룹(12~14, 22, 23)핀에 공급되는 전압으로 신호 레벨을 결정한다.

(2) INTERFACE 모듈 회로 설명

본 모듈에는 UART TO RS-232 INTERFACE 회로와 UART TO USB 회로가 있다. 이 두 회로에 대한 회로 설명을 다음에 보인다.

1) UART TO RS-232 INTERFACE 회로 설명

[그림 6-4]와 같이 MCU 모듈과 PC 간의 통신을 하기 위해서는 INTERFACE 모듈이 필요하다. PC의 RS-232포트와 통신을 하기 위해서는 INTERFACE 모듈의 UART TO RS-232 INTERFACE 회로가 필요하게 된다.

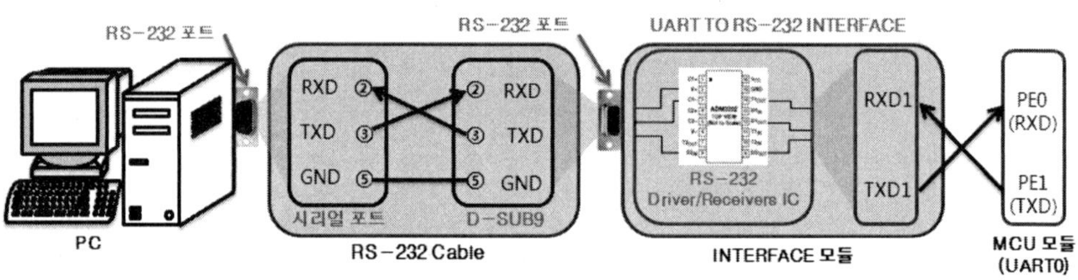

[그림 6-4] PC와 MCU 모듈 간의 연결을 위한 INTERFACE 모듈(RS-232)

[그림 6-5]는 INTERFACE 모듈 중에 UART TO RS-232 INTERFACE 회로도이다.

LED5는 MCU 모듈에서 Data를 보내는 경우 점멸하며, LED7은 MCU 모듈에서 Data를 받는 경우 점멸하도록 설계하였다. C2~C5는 ADM3202ARU IC 외부에 추가적으로 연결하여 설계하여야 한다. P1은 PC의 RS-232 포트와 연결하기 위해 사용된다.

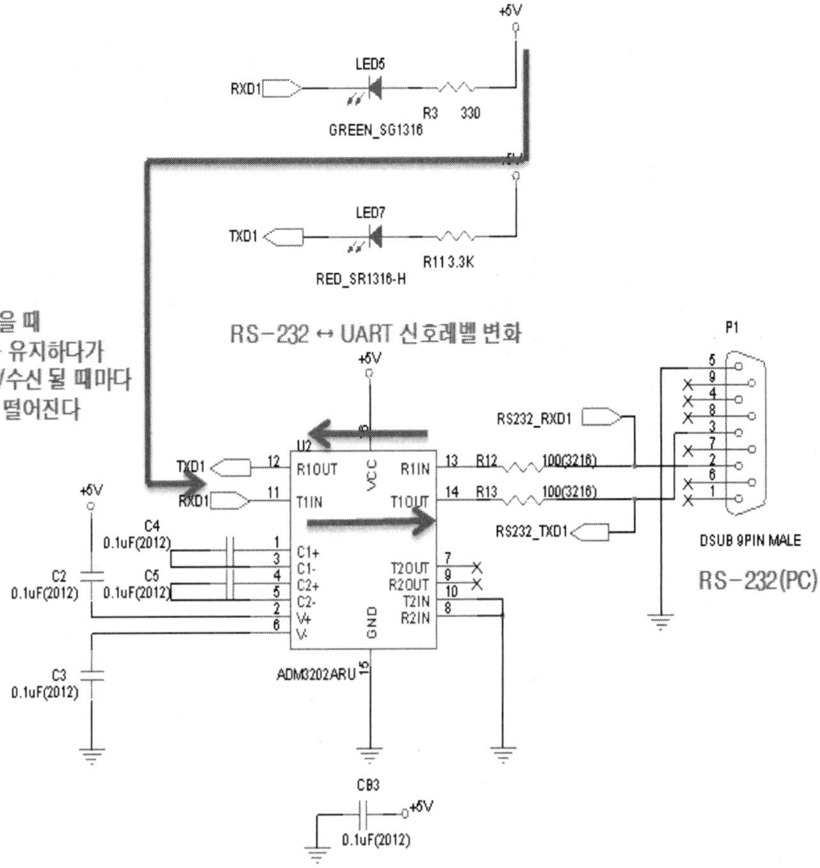

[그림 6-5] UART TO RS-232 INTERFACE 회로도

PC의 RS-232 포트와 INTERFACE 모듈 P1의 연결은 9핀 규격의 커넥터를 사용한다. RS-232 9핀 커넥터의 핀 배열 및 기능과 연결방법은 [그림 6-6]과 같다. PC에는 흔히 9핀 규격을 사용하게 되는데, 특별한 경우가 아니면 9핀 모두 사용하지 않고, 3회선(송신, 수신, GND)만 사용하게 된다. PC의 RS-232 2번(RXD)핀과 INTERFACE 모듈의 RS-232 3번(TXD)핀과 연결하고 PC의 RS-232 3번(TXD)핀과 INTERFACE 모듈의 RS-232 2번(RXD)핀과 연결한다.

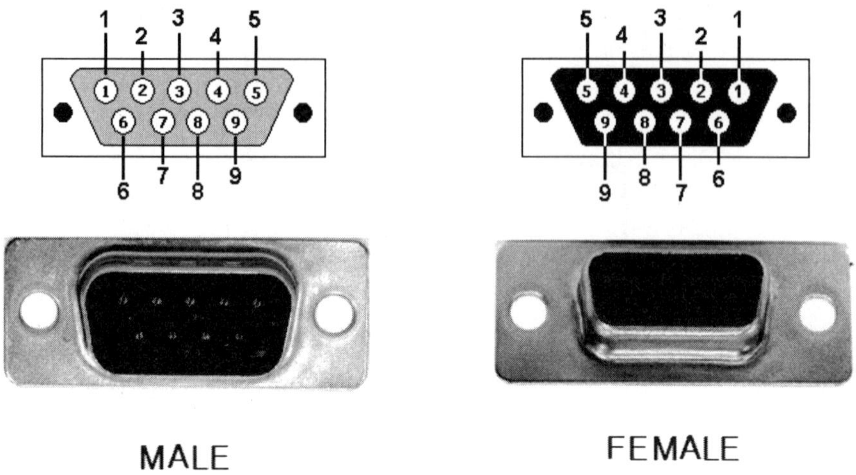

핀 번호	이름	기 능
1	DCD	Data Carrier Detect.
2	RXD	Receive Data. 통신 데이터 입력 신호
3	TXD	Transmit Data. 통신 데이터 출력 신호
4	DTR	Data Terminal Ready.
5	GND	Ground.
6	DSR	Data Set Ready.
7	RTS	Ready To Send.
8	CTS	Clear To Send.
9	RI	Ring Indicator.

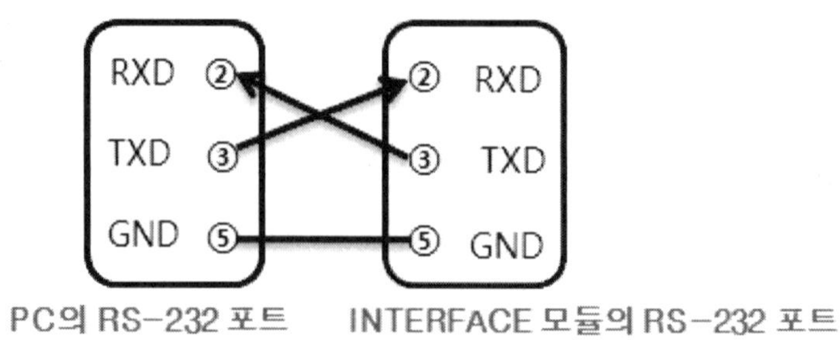

[그림 6-6] 9핀 커넥터의 핀 배열 및 결선도

2) UART TO USB INTERFACE 회로 설명

[그림 6-7]과 같이 MCU 모듈이 PC의 USB 포트와 통신을 하기 위해서는 INTERFACE 모듈의 UART TO USB 회로가 필요하게 된다.

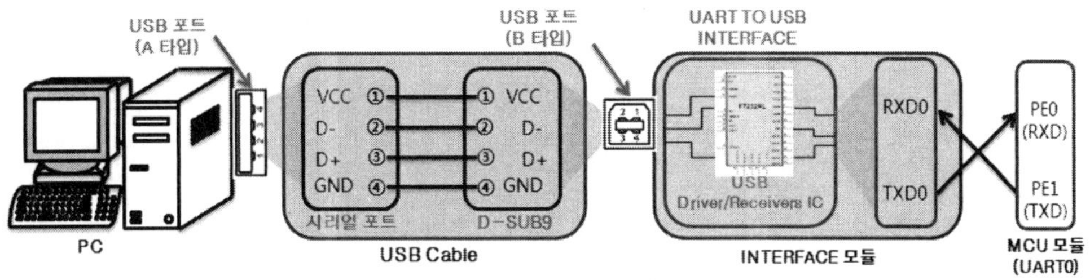

[그림 6-7] PC와 INTERFACE 모듈, MCU 모듈 간의 연결(USB)

[그림 6-8]은 INTERFACE 모듈 중에 UART TO USB 회로도이다. LED1은 MCU 모듈에서 Data를 보내는 경우 점멸하며, LED8은 MCU 모듈에서 Data를 받는 경우 점멸하도록 설계하였다.

R14와 R15는 FT232RL의 RESET회로에 연결되어 PC의 USB 포트가 연결되지 않으면 'LOW(0)' 신호가 인가되어 RESET된다. PC의 USB 포트가 연결되면 PC로부터 +5V의 전압이 인가되어 RESET되지 않는다.

VCCIO핀에 +5V를 연결하여 UART Interface(1~3, 5, 6, 9~11)핀과 CBUS 그룹(12~14, 22, 23)핀에 신호 레벨을 +5V로 한다. LED2와 LED3는 FT232RL의 UART Interface에서 Data 송수신이 진행 중임을 알리는 표시 LED로 사용된다. RL1은 PC의 USB 포트와 연결하기 위해 사용된다.

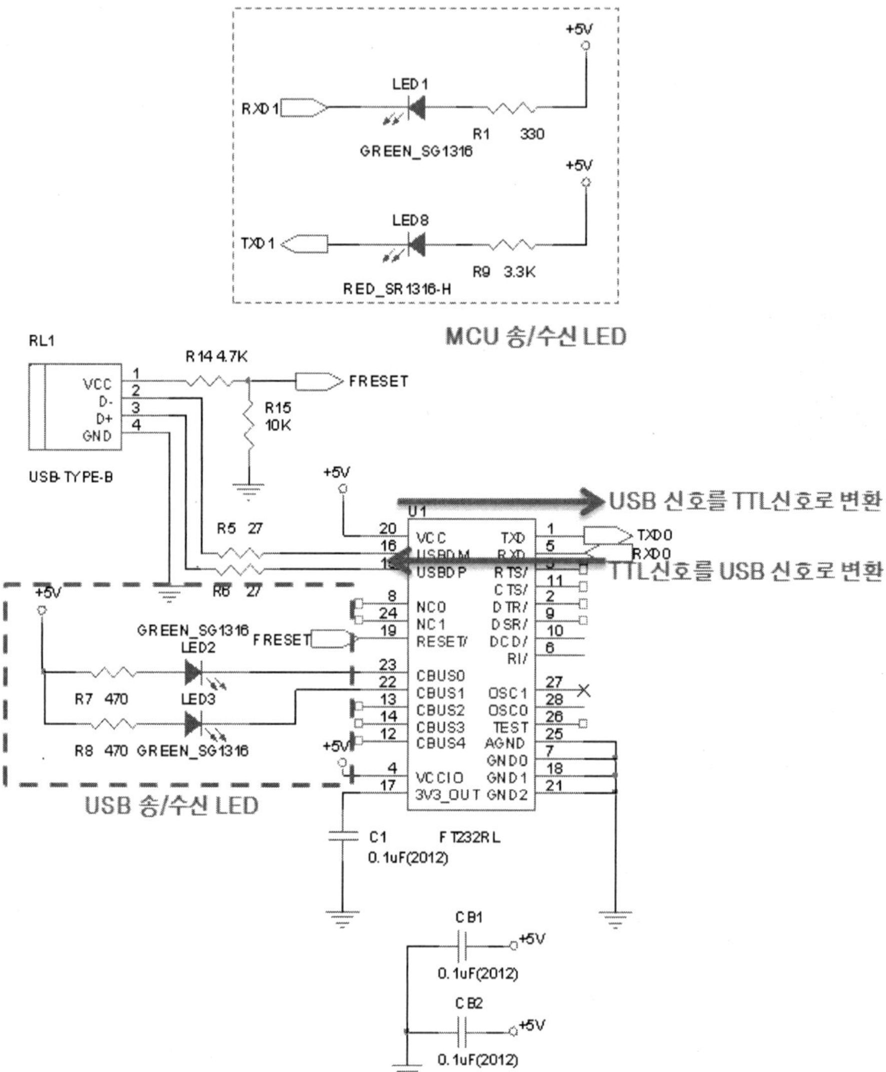

[그림 6-8] UART TO USB INTERFACE의 회로도

본 시스템에서 PC의 USB 포트는 A타입의 커넥터를 사용하며 INTERFACE 모듈의 USB 포트는 B타입의 커넥터를 사용한다. USB 커넥터 A와 B타입의 모양과 핀 배열 및 기능은 [그림 6-9]와 같다.

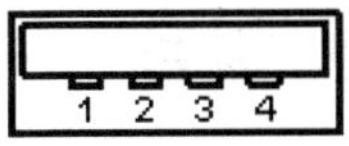

A타입 USB 커넥터

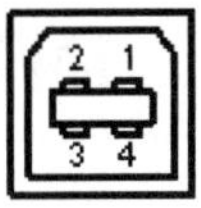

B타입 USB 커넥터

핀 번호	케이블 색	기능
1	Red	Vcc
2	White	D-
3	Green	D+
4	Black	Ground

[그림 6-9] USB 커넥터 타입과 핀 배열 및 기능

▶ 형성평가

1. ADM3202ARU IC의 사용 목적은 무엇인가?

2. FT232RL IC의 사용 목적은 무엇인가?

02 INTERFACE 프로그램 실습

학 | 습 | 목 | 표

- 실습 프로그램을 통해 INTERFACE 모듈의 사용법을 익힌다.

(1) MCU 모듈과 PC 사이의 통신(INTERFACE 모듈 중 RS-232부분 사용)

- MCU 모듈의 PORTE의 PE0과 PE1을 INTERFACE 모듈의 TXD1과 RXD1에 연결하고, PC의 RS-232 포트와 INTERFACE 모듈의 RS-232포트를 RS-232 Cable로 연결한다.
- MCU 모듈 USART(PE0/PE1) 포트의 통신 속도가 9,600bps로 동작하도록 관련 제어 레지스터를 프로그램 한다. PC에서 실행되는 통신 프로그램인 하이퍼터미널의 통신 속도를 9,600bps로 설정한다. PC의 키보드에서 누른 문자를 MCU 모듈이 받아서 ASC코드상의 다음 문자를 리턴하는 프로그램을 실습해 본다.

[그림 6-10], 〈표 6-1〉과 같이 2Pin짜리 Jumper Cable을 이용하여 MCU 모듈의 PE0 단자와 INTERFACE 모듈의 TXD1 단자, MCU 모듈의 PE1 단자와 INTERFACE 모듈의 RXD1 단자에 각각 서로 연결한다.

PC의 RS-232 포트와 INTERFACE 모듈의 RS-232 포트를 본 시스템에서 제공한 RS-232 Cable로 연결한다.

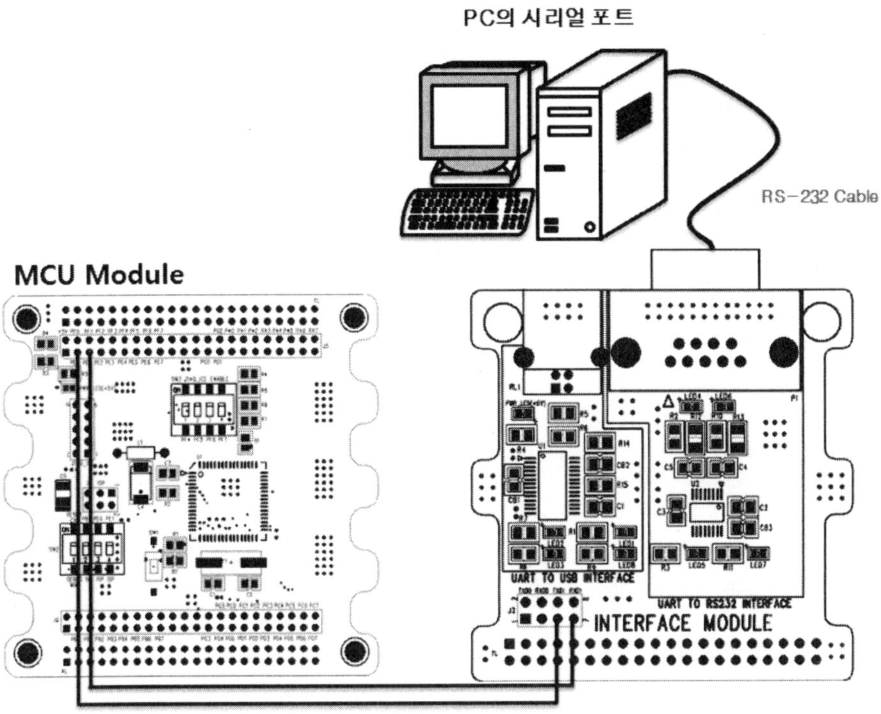

[그림 6-10] MCU 모듈, INTERFACE 모듈, PC의 RS-232 포트와의 연결

〈표 6-1〉 MCU 모듈, INTERFACE 모듈, PC의 RS-232 포트와의 연결

MCU 모듈	——	INTERFACE 모듈	——	PC
PORTE0	——	TXD1		
PORTE1	——	RXD1		
		RS-232	——	RS-232

연결이 완료되었다면, 다음과 같이 소스코드를 작성한다.

완성된 소스코드를 컴파일한 후 다운로드한 후, 하이퍼터미널을 실행하여 키보드를 눌러 화면에 표시되는 문자를 확인한다.

```
#include<avr/io.h>

// UART로부터 한 문자 수신
char getch(void)
{
    unsigned char data;

   while(!(UCSR0A & 0x80));  // 수신완료 플래그 비트 검사
                             // 데이터를 수신 받을 때까지 대기
   data=UDR0;                // 수신 받은 데이터를 읽어오면
                             // 수신완료 플래그 자동 클리어

   return(data);             // 수신 받은 데이터 반환
}

// UART로 한 문자 전송
void putch(unsigned char data)
{
   while(!(UCSR0A & 0x20)) ; // 전송 가능할 때까지 대기

   UDR0 = data;              // 데이터 전송

}

int main(void)
{
   unsigned char data;

DDRE=0xFE;     // PE1(TXD)을 출력 포트로 PE0(RXD)을 입력 포트로 설정

UCSR0A=0x00;   // U2X=0 (16분주)

UCSR0B=0x18;   // Receiver enable, Transmitter enable, data(8bit)

UCSR0C=0x06;   // 비동기 방식, No parityt, 1 stop bit data(8bit)

UBRR0H=0x00;
UBRR0L=0x67;   // 통신 속도(BAUD)를 9,600bps으로 설정
               // 자세한 내용은 본문 참조

while(1)       // 무한 루프
  {
```

```
      data=getch();     // PC의 키보드에서 눌려진 데이터를 받음
      data= data+1;     // 다음 문자를 생성
      putch(data);      // 다음 문자를 PC로 전송
   }
   return 0;
}
```

ATmega128에는 2개의 USART(Universal Synchronous and Asynchronous serial Receiver and Transmitter) 직렬 통신 포트 USART0 및 USART1이 있다. USART 직렬 통신 포트는 동기 및 비동기 전송 모드를 지원한다. 본 실습에서는 비동기 전송모드를 사용하며 USART0 직렬 통신 포트를 사용한다. USART0을 사용하려면 4개의 레지스터를 설정하여야 한다.

[그림 6-11]에 UCSRnA(USART Control and Status Register A)를 보였다. 'n'의 의미는 USART의 번호를 나타낸다. n이 '0'인 경우는 USART0 직렬 통신 포트에 해당되며 '1'인 경우에는 USART1 직렬 포트를 의미한다.

[그림 6-11]의 RXCn(USART Receive Complete)은 UDRn의 수신 버퍼로부터 읽지 않은 데이터가 있을 때 '1'로 되며 UDRn의 수신버퍼가 비어 있을 때에는 '0'으로 클리어 된다. 본 실습에서는 이 비트를 검사하여 수신된 읽지 않은 Data가 있는지를 확인한다.

TXCn(USART Transmit Complete)은 UDRn의 송신 버퍼에서 송신 시프트 레지스터로 이동이 완료되고 UDRn의 송신 버퍼에 새로운 Data가 없는 경우에 '1'로 된다. 전송 완료 인터럽트 서비스 루틴이 실행되면 자동으로 클리어('0') 된다. 또는 이 비트에 '1'로 쓰는 경우에도 '0'으로 클리어 된다.

Bit	7	6	5	4	3	2	1	0	
	RXCn	TXCn	UDREn	FEn	DORn	UPEn	U2Xn	MPCMn	UCSRnA
Read/Write	R	R/W	R	R	R	R	R/W	R/W	
Initial Value	0	0	1	0	0	0	0	0	

[그림 6-11] UCSRnA(USART Control and Status Register A)

UDREn(USART Data Register Empty)은 UDRn의 송신 버퍼에 새로운 Data를 받을 준비가 되어 있는지를 표시하는 비트이다. 버퍼가 비어 있고 쓸 준비가 완료되면 '1'이 된다. 본 실습에서는 이 비트를 검사하여 '1'이면 송신 Data를 UDRn의 송신 버퍼에 쓴다.

FEn(Frame Error : 프레임 에러), DORn(Data Over Run : 데이터 오버런), UPEn (Parity Error : 패리티 에러)는 Datasheet를 참조하기 바란다.

U2Xn(Double the USART Transmission Speed)은 비동기 모드에서 사용하는 것이다. '0'으로 설정 시 비동기 모드, 16분주비를 의미한다. '1'로 설정 시 비동기 통신의 전송속도를 16분주비에서 8분주비로 하여 전송속도를 2배 높인다. 본 실습에서는 '0'으로 하여 비동기 모드, 16분주비로 설정하였다.

MPCMn(Multi-Processor Communication Mode)는 멀티프로세서 통신으로 설정 시 '1'로 설정하며 본 실습에서는 사용하지 않는다.

[그림 6-12]에 UCSRnB(USARTn Control and Status Register B)를 보였다.

RXCIEn(RX Complete Interrupt Enable)은 수신 완료 인터럽트 활성화/비활성화를 설정하는 데 사용된다. 본 실습에서는 '0'으로 설정하여 활성화하지 않는다.

TXCIEn(TX Complete Interrupt Enable)은 송신 완료 인터럽트 활성화/비활성화를 설정하는 데 사용된다. 본 실습에서는 '0'으로 설정하여 활성화하지 않는다.

UDRIEn(USART Data Register Empty Interrupt Enable)은 UDREn bit의 값이 '1'로 설정되면 인터럽트가 발생할 수 있도록 기능을 수행한다. 본 실습에서는 '0'으로 설정하여 UDREn bit의 값이 '1'로 설정되더라도 인터럽트가 발생하지 않도록 하였다.

RXENn(Receiver Enable)은 USARTn의 수신기를 활성화/비활성화를 설정하는 데 사용된다. 본 실습에서는 '1'로 설정하여 USARTn의 수신기를 활성화한다.

TXENn(Transmitter Enable)은 USARTn의 송신기를 활성화/비활성화를 설정하는 데 사용된다. 본 실습에서는 '1'로 설정하여 USARTn의 송신기를 활성화한다.

Bit	7	6	5	4	3	2	1	0	
	RXCIEn	TXCIEn	UDRIEn	RXENn	TXENn	UCSZn2	RXB8n	TXB8n	UCSRnB
Read/Write	R/W	R/W	R/W	R/W	R/W	R/W	R	R/W	
Initial Value	0	0	0	0	0	0	0	0	

[그림 6-12] UCSRnB(USARTn Control and Status Register B)

Bit	7	6	5	4	3	2	1	0	
	–	UMSELn	UPMn1	UPMn0	USBSn	UCSZn1	UCSZn0	UCPOLn	UCSRnC
Read/Write	R/W	R/W	R/W	R/W	R/W	R/W	R/W	R/W	
Initial Value	0	0	0	0	0	1	1	0	

[그림 6-13] UCSRnC(USART Control and Status Register C)

[그림 6-13]에 UCSRnC(USART Control and Status Register C)를 보였다.

UMSELn(USART Mode Select)은 '1'로 설정 시 동기 모드이며 '0'으로 설정 시 비동기 모드이다. 본 실습에서는 '0'으로 설정하여 비동기 모드로 사용한다.

UPMn1:0(Parity Mode)은 패리티 모드를 설정하는 것으로 본 실습에서는 '00'으로 설정하여 패리티 모드를 사용하지 않는다.

USBSn(Stop Bit Select)은 송신 시 Stop bit의 수를 설정하는 것으로 '0'이면 Stop bit의 수가 1개이며 '1'이면 Stop bit의 수가 2개이다. 본 실습에서는 '0'으로 설정하며 Stop bit의 수가 1개이다.

UCSZn1:0(Character Size)은 UCSRnB의 UCSZn2 bit와 함께 송수신에 사용되는 Frame의 Data bits의 수를 설정한다. 본 실습에서는 '011'로 설정하여 Data bits의 수를 8-bit로 한다.

[그림 6-14]에 UBRRnL과 UBRRnH(USART Baud Rate Registers)를 보였다. Bit 15:12는 미래의 사용을 위한 예비 비트로 '0'으로 설정하여야 한다.

UBRRn11:0(USARTn Baud Rate Register)은 12-bits 레지스터로 USARTn의 통신 속도를 설정하는 데 사용된다. 본 실습에서는 9,600bps를 사용하므로 아래의 수식에 대입하여 레지스터 값을 정할 수 있다.

Bit	15	14	13	12	11	10	9	8	
	–	–	–	–	UBRRn[11:8]				UBRRnH
	UBRRn[7:0]								UBRRnL
	7	6	5	4	3	2	1	0	
Read/Write	R	R	R	R	R/W	R/W	R/W	R/W	
	R/W	R/W	R/W	R/W	R/W	R/W	R/W	R/W	
Initial Value	0	0	0	0	0	0	0	0	
	0	0	0	0	0	0	0	0	

[그림 6-14] UBRRnL과 UBRRnH(USART Baud Rate Registers)

본 시스템의 f_{osc} =16MHz이며 본 실습에서는 U2Xn을 '0'으로 설정하여 16분주를 사용하므로 다음과 같이 계산된다.

$$\text{UBRRn}=\frac{f_{osc}}{16\times BAUD}-1=\frac{16,000,000}{16\times 9,600}-1=104.166\cdots \quad (\text{U2Xn=0일 때})$$

이때 UBRRn의 값은 십진수 104이며 16진수로 바꾸면 0x67이다. 따라서 본 실습에서는 이 레지스터에 '0x67'로 설정하였다.

하이퍼터미널은 통신 프로그램으로 윈도우에 내장된 프로그램이다. 경로는 [프로그램]−[보조프로그램]−[통신]에 있다.

하이퍼터미널을 실행하면 [그림 6-15]와 같은 화면이 나타난다. 연결 이름을 입력하고 '확인'을 클릭한다(연결 이름은 사용자가 임의로 지정할 수 있다.).

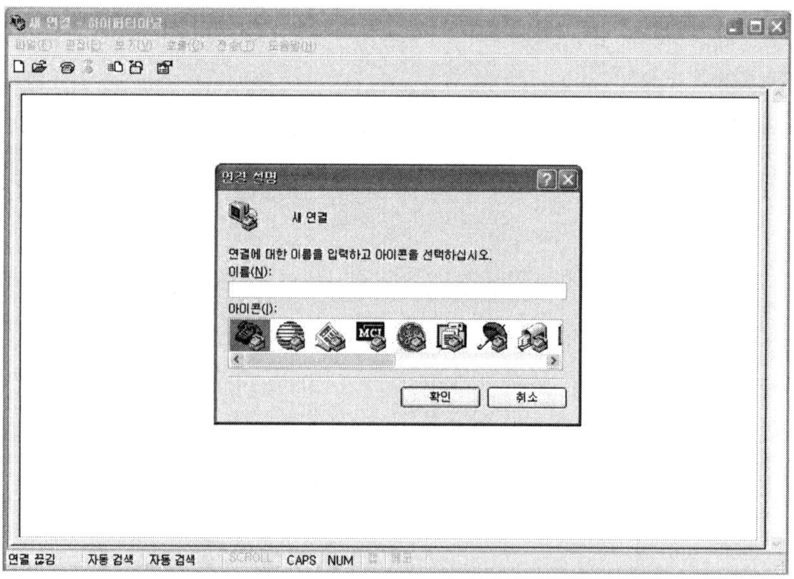

[그림 6-15] 하이퍼터미널의 시작화면

[그림 6-16]과 같은 화면에서 INTERFACE 모듈과 연결된 PC의 RS-232 포트의 COM PORT를 지정하는 화면이 나오게 된다. INTERFACE 모듈과 연결된 PC의 RS-232 포트를 확인하여 COM PORT를 선택하고 확인을 클릭한다.

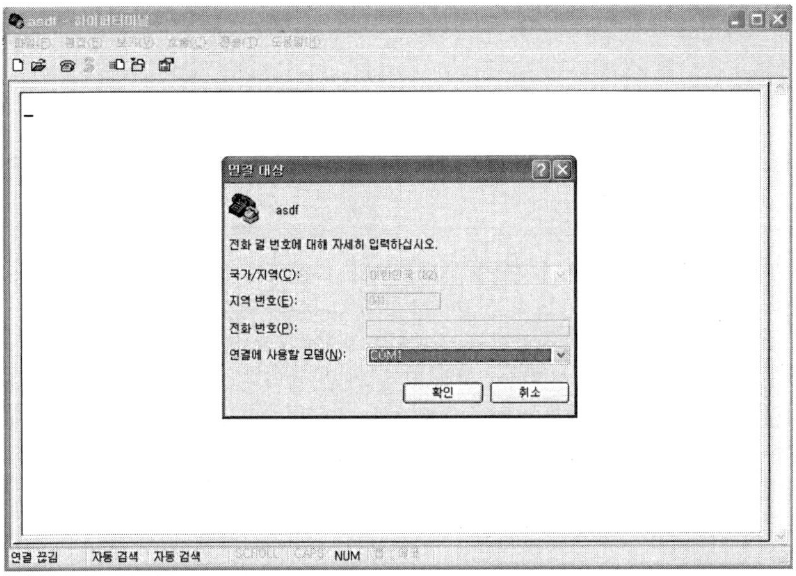

[그림 6-16] COM 포트 지정 화면

COM 포트를 지정하였다면, [그림 6-17]과 같은 포트 설정 화면이 나오게 된다. 이번 실습에선 9,600bps의 속도로 통신을 하기 때문에 '비트/초'를 9,600으로 선택하고, 흐름 제어는 하지 않도록 설정한다.

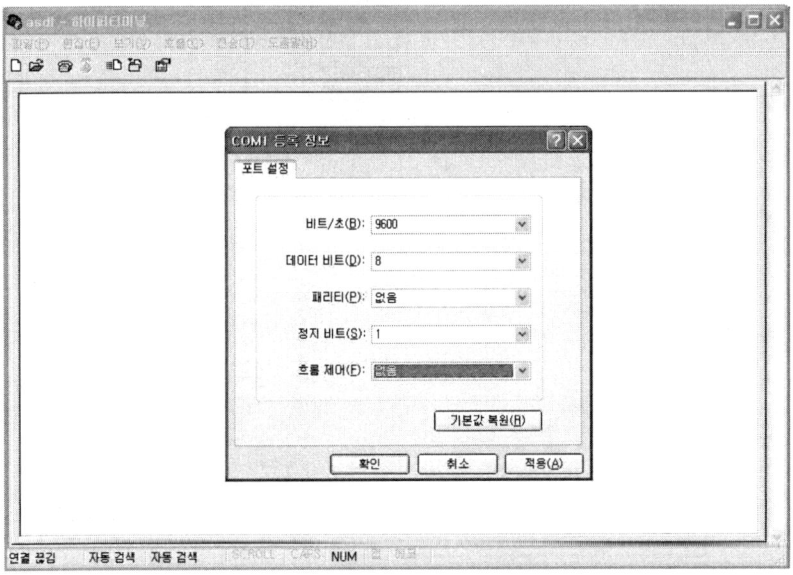

[그림 6-17] 포트의 설정

설정까지 완료되었다면, 키보드에서 누른 값이 하이퍼터미널에 표시되는지 확인한다.

(2) MCU 모듈과 PC 사이의 통신(INTERFACE 모듈 중 USB 부분 사용)

- MCU 모듈의 PORTE의 PE0과 PE1을 INTERFACE 모듈의 TXD0과 RXD0에 연결하고, PC의 USB포트와 INTERFACE 모듈의 USB 포트를 USB Cable로 연결한다.
- MCU 모듈 USART(PE0/PE1) 포트의 통신 속도가 9,600bps로 동작하도록 관련 제어 레지스터를 프로그램 한다. PC에서 실행되는 통신 프로그램인 하이퍼터미널의 통신 속도를 9,600bps로 설정한다. PC의 키보드에서 누른 문자를 MCU 모듈이 받아서 ASC코드상의 다음 문자를 리턴하는 프로그램을 실습해 본다.

[그림 6-18], 〈표 6-2〉와 같이 2Pin짜리 Jumper Cable을 이용하여 MCU 모듈의 PE0 단자와 INTERFACE 모듈의 TXD0 단자, MCU 모듈의 PE1 단자와 INTERFACE 모듈의 RXD0 단자에 각각 서로 연결한다. PC의 USB 포트와 INTERFACE 모듈의 USB 포트를 본 시스템에서 제공한 USB Cable로 연결한다.

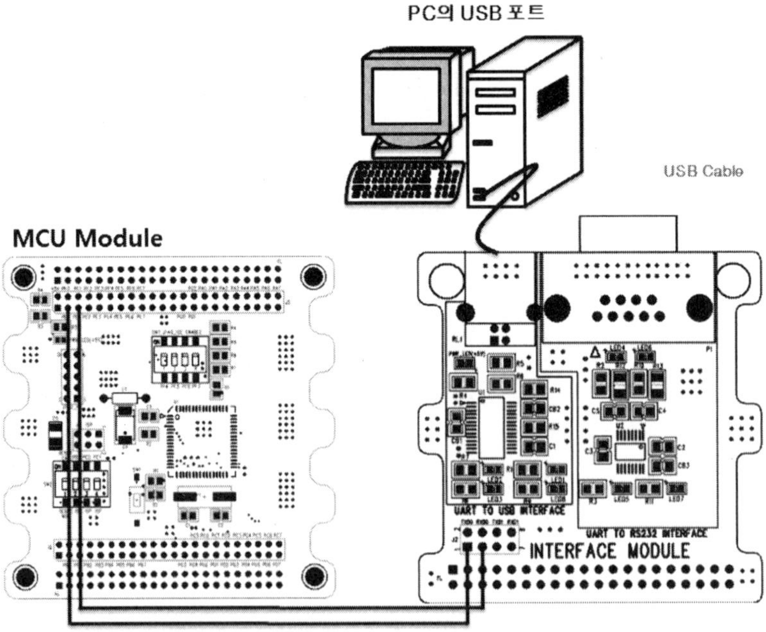

[그림 6-18] MCU 모듈, INTERFACE 모듈, PC의 USB 포트와의 연결

〈표 6-2〉 MCU 모듈, INTERFACE 모듈, PC의 USB 포트와의 연결

MCU 모듈	——	INTERFACE 모듈	——	PC
PORTE0	——	TXD0		
PORTE1	——	RXD0		
		USB PORT	——	USB PORT

실습(1)에서 MCU 모듈과 PC의 RS-232 포트와 연결하기 위해 INTERFACE 모듈의 UART TO RS-232부분을 사용하였지만 이번 실습(2)에서는 PC의 USB 포트와 연결하기 위해 INTERFACE 모듈의 UART TO USB 부분을 사용한다. 하드웨어 연결만이 다르고 프로그램은 실습(1)에서 사용한 프로그램을 그대로 이용할 수 있다.

연결이 완료되었다면, 실습(1)의 완성된 소스코드를 컴파일한 후 다운로드하고, 하이퍼터미널을 실행하여 키보드를 눌러 화면에 표시되는 문자를 확인한다.

▶ **형성평가**

1. PC의 키보드에서 자신의 이름(XYZ)을 입력하면 화면에 "XYZ씨 안녕하세요." 라는 문장이 표시되도록 프로그램 하시오.

2. PC에서 숫자를 입력하면 입력된 숫자만큼 LED를 ON하도록 프로그램 하시오.

Chapter 7

SENSOR 모듈 실습 I

01. CdS Cell/Photo Diode의 하드웨어 살펴보기
02. CdS Cell/Photo Diode 프로그램 실습

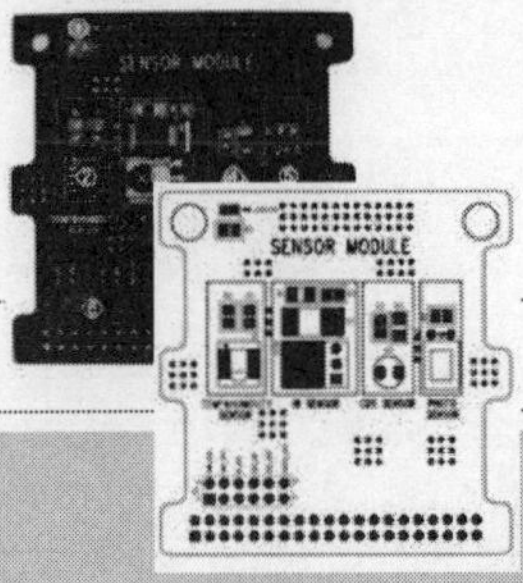

단 | 원 | 학 | 습 | 개 | 요

FE-PLC-HN System의 구성 모듈 중 하나인 SENSOR 모듈은 CdS Cell, Photo Diode, 온/습도 센서, IR센서로 구성되어 있는 모듈이다.
본 단원에서는 먼저 SENSOR 모듈의 CdS Cell과 Photo Diode 하드웨어를 이해하고, 실습 프로그램을 통해 사용법을 학습하고 익힌다.

01 CdS Cell/Photo Diode 하드웨어 살펴보기

학 | 습 | 목 | 표

- CdS Cell과 Photo Diode 부품에 대해 이해한다.
- CdS Cell과 Photo Diode 구동회로의 하드웨어 구조를 이해한다.

(1) Cds Cell과 Photo Diode 부품 살펴보기

1) CdS Cell

CdS Cell은 황화카드뮴(Cd-카드뮴, S-황)을 주성분으로 하는 광전도 소자이다. 황화카드뮴에 빛을 쪼이면 전기 전도도(도전율)가 변화하고 이에 따라 저항값이 변화한다.

일반적으로 CdS Cell은 빛에너지가 전혀 없을 때는 거의 절연체에 가깝게 되어 전류를 흘려보내지 못하게 되고, 빛을 받으면 그 빛에너지에 대응하여 내부 저항이 작아져 전류를 흘려보낼 수 있게 된다. 이 외에도 CdSe(셀렌화 카드뮴), CdSSe(황화 셀렌화 카드뮴)등을 사용한 소자가 있다.

[그림 7-1]은 본 시스템의 SENSOR 모듈에서 사용한 CdS Cell(부품 번호 : GL5537)의 외형과 회로기호를 나타내었다.

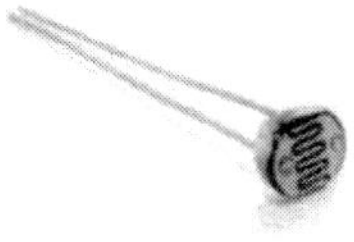

CdS Cell의 외형

CdS Cell의 회로기호

[그림 7-1] CdS Cell의 외형과 회로기호

2) Photo Diode

Photo Diode는 반도체 다이오드의 일종으로 반도체의 접합부에 빛이 닿으면 전류가 발생하는 성질을 이용한 소자이다.

응답속도가 빠르고, 감도 파장이 넓으며, 광전류의 직진성이 양호한 특징이 있다. 주로 CD 플레이어, 리모컨 수신부와 같은 전자제품 소자에 사용되며, 빛의 세기를 정확하게 측정하기 위해서 활용되기도 한다.

[그림 7-2]는 본 시스템의 SENSOR 모듈에서 사용한 Photo Diode(Sharp사의 BS520)의 외형과 회로기호를 나타내었다.

Photo Diode의 외형

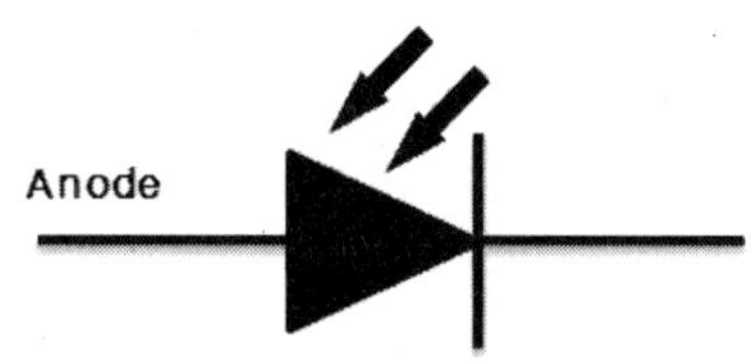

Photo Diode의 회로기호

[그림 7-2] Photo Diode의 외형과 회로기호

Photo Diode가 Cds Cell에 비해 빛의 변화를 정밀하게 측정할 수 있으나 가격면에서는 비싸다. 따라서 밤과 낮을 구분하는 용도에는 Cds Cell이 주로 사용된다.

(2) CdS Cell과 Photo Diode의 구동회로 설명

1) CdS Cell 구동회로 설명

[그림 7-3]과 같이 CdS Cell을 이용한 회로는 빛의 세기에 따라 저항값(R1)이 변하는 특징을 이용한 전압 분배 회로이다. CDS_INT 핀으로부터 +5V의 전압이 인가되면, 빛의 세기에 따라 CDS_OUT 핀에 출력 전압이 변하게 된다. 이때 출력되는 전압값은 다음 수식에 의해 계산된다.

$$V_{out} = \left(\frac{R_2}{R_2 + R_1} \right) V_{cc} \tag{7.1}$$

빛의 세기가 강해지면 CdS Cell의 내부저항(R1)값은 작아져서 저항 R2에 걸리는 출력 전압(V_{out})이 커진다. 반대로 빛의 세기가 약해지면 CdS Cell의 내부저항(R1)이 증가하고, 출력 전압(V_{out})은 감소한다. 커패시터 C3은 전원의 노이즈를 제거하기 위해 사용하였다.

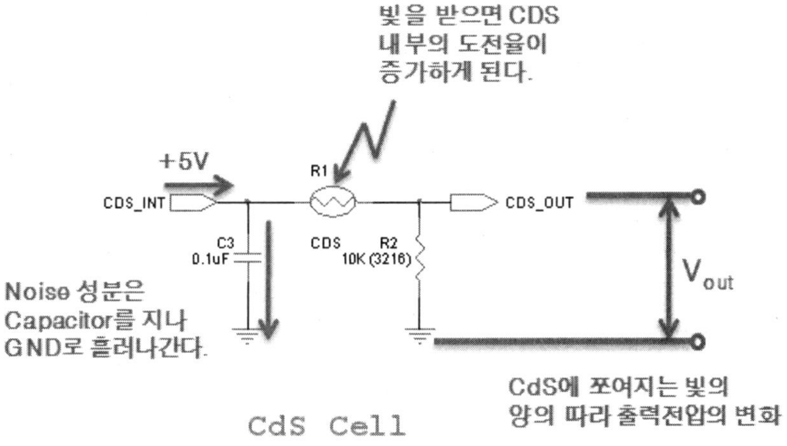

[그림 7-3] CdS Cell의 구동회로도

2) Photo Diode 구동회로 설명

[그림 7-4]의 Photo Diode에 흐르는 전류의 양은 빛의 세기에 비례한다. 따라서 이때 발생되는 전류의 값이 μA단위이기 때문에 본 모듈의 출력 전압은 0V~0.4V 범위를 갖는다. 본 회로에서 사용한 방식은 0 바이어스(광기전 방식)이나 역 바이어스(광전도 방식)로 사용하면 빛에 더 민감한 회로를 구성할 수 있다. 이 방식은 Photo Diode에 역방향으로 전원을 가해야 한다.

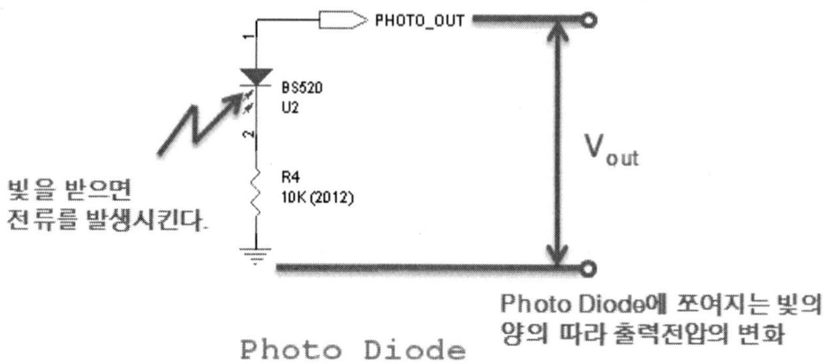

[그림 7-4] Photo Diode의 구동회로도

▶ 형성평가

1. [그림 7-3]의 회로에서 CdS Cell이 0[Lux]일 때 저항값이 2[MΩ]이고 10[Lux]일 때 저항값이 10[KΩ]이라고 가정한다. 0[Lux]와 10[Lux]일 때 출력 전압은 얼마인가?

2. CdS Cell과 Photo Diode의 회로기호를 쓰시오.

3. 빛의 세기를 정밀하게 측정하기 위해서는 CdS Cell과 Photo Diode 중 어떤 소자를 사용하는 것이 좋은가?

02 CdS Cell/Photo Diode 프로그램 실습

학 | 습 | 목 | 표

- 실습 프로그램을 통해 CdS Cell과 Photo Diode의 사용법을 익힌다.

(1) CdS Cell에서 측정된 전압을 LED로 표시

- CdS Cell에 +5V의 입력 전압을 주고, 빛의 세기에 따라 변화하는 출력 전압값을 ADC변환하고, ADC 변환값을 LED로 표시하는 실습을 해보도록 한다.
- 빛의 세기가 밝아질수록 출력 전압값이 커지며, ADC 변환값의 상위 8bit를 LED0~LED7번에 표현한다.

〈표 7-1〉, [그림 7-5]와 같이 MCU 모듈의 PORTC(PC0~PC7) 단자와 LED 모듈의 LED0~LED8 단자를 8Pin짜리 Jumper Cable을 이용하여 연결한다.

2Pin짜리 Jumper Cable을 이용하여 MCU 모듈의 +5V 단자와 SENSOR 모듈의 CDS_IN 단자, MCU 모듈의 PF0 단자와 SENSOR 모듈의 CDS_OUT 단자에 각각 서로 연결한다.

〈표 7-1〉 MCU, SENSOR(CdS Cell), LED 모듈의 연결(실습 1)

MCU 모듈	——	SENSOR 모듈	——	LED 모듈
+5V	——	CDS_IN		
PORTF0	——	CDS_OUT		
PORTC0~PORTC7	——	——	——	LED0~LED7

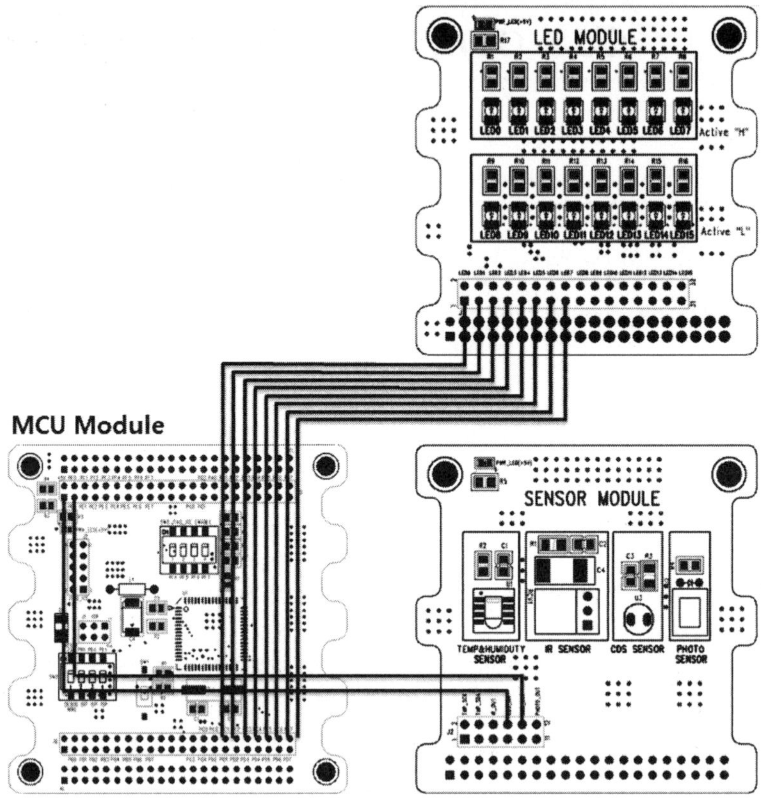

[그림 7-5] MCU, SENSOR(CdS Cell), LED 모듈의 연결(실습 1)

연결이 완료되었다면, 다음과 같이 소스코드를 작성한다. 완성된 소스코드를 컴파일한 후 다운로드를 실행하여 Cds Cell의 동작을 LED 모듈의 동작을 통해 확인한다.

```
#include<avr/io.h>
#include<util/delay.h>

void _delay(unsigned int s)
{
    int i;
    for(i=0; i<s; i++)
        _delay_ms(1);
}
int main(void)
{
```

```
    unsigned char lowValue=0;
    unsigned char highValue=0;
    DDRC=0xFF;      // LED 동작용 포트 방향 결정(출력)
    PORTC=0x00;     // LED 전부 OFF
    DDRF = 0;       // PF0를 ADC0의 입력 포트로 사용하기 위한 설정

    ADMUX=0x20;     // 단일 변환 모드의 ADC0 입력 사용,
                    // 결과값 좌측 정렬
    ADCSRA=0x87;    // ADC 인에이블, 폴링(인터럽트 디스에이블),
                    // 128분주.
    while(1)
    {
      ADCSRA |= 0x40; //설정을 유지하면서 "변환시작' 설정 추가
      _delay(1);        //ADCSRA 설정에 소요되는 시간
       while((ADCSRA & 0x40) == 1);//변환이 끝날 때까지 대기
       // lowValue = ADCL;
       // ADCL : AD변환된 값의 하위바이트,
       // 항상 하위 바이트부터 먼저 읽어야 한다.
       // 본 실습에서는 상위 바이트만을 LED에 표시하므로 하위 바이트는
       // 읽지 않는다. 따라서 결과값을 좌측 정렬하는 설정을 사용하였다.
       highValue = ADCH;
       // ADCH : AD변환된 값의 상위 바이트
       PORTC = highValue;    // 상위 8비트만 LED동작에 사용

       _delay(200);
    }
}
```

ATmega128에 내장된 ADC를 사용하려면 2개의 레지스터를 설정하여야 한다. [그림 7-6]에 ADMUX(ADC Multiplexer Selection Register)를 보였다.

Bit	7	6	5	4	3	2	1	0	
	REFS1	REFS0	ADLAR	MUX4	MUX3	MUX2	MUX1	MUX0	ADMUX
Read/Write	R/W	R/W	R/W	R/W	R/W	R/W	R/W	R/W	
Initial Value	0	0	0	0	0	0	0	0	

[그림 7-6] ADMUX(ADC Multiplexer Selection Register)

REFS1, RES0는 ADC 기준 전압 선택에 사용된다. 본 시스템에서는 '00'으로 설정하여 AREF 단자 전압을 기준 전압으로 사용한다.

ADLAR(ADC Left Adjust Result)은 A/D 변환값(10Bits)을 16Bit의 ADC Data 레지스터에 저장할 때 우측 정렬로 할 것인지 좌측 정렬로 할 것인지를 설정하는 데 사용한다. 8Bit 이상의 정밀도를 필요로 하지 않을 경우 좌측 정렬로 설정하고 ADC Data레지스터의 상위 바이트(ADCH)만을 읽어 사용하는 방법을 쓴다. 10Bit 모두를 사용할 경우는 우측정렬로 설정하고 ADC Data레지스터를 읽을 때 하위 바이트(ADCL)를 먼저 읽고 다음으로 상위 바이트(ADCH)를 읽어 들인다. 이 읽는 순서를 지켜야 한다.

MUX4~0는 변환 모드 및 입력 채널을 설정하는 데 사용된다. 본 시스템에서는 '00000'로 설정하여 단일 변환 모드 중의 하나인 단극성 입력 ADC0를 사용한다. 다른 변환 모드 및 입력 채널 설정은 Datasheet를 참조하기 바란다.

[그림 7-7]에 ADCSRA(ADC Control and Status Register A)를 보였다.

ADEN(ADC Enable)은 ADC의 활성화/비활성화를 설정하는 데 사용된다. 본 실습에서는 '1'로 설정하여 ADC를 활성화한다.

ADSC(ADC Start Conversion)를 '1'로 설정하면 A/D 변환을 시작한다. 변환이 완료되면 '0'으로 바뀌게 된다. 폴링 모드에서는 이 비트를 이용하여 A/D 변환값을 얻을 수 있다. 프로그래머는 이 비트를 '1'로 설정한 후 '0'이 되기를 기다린다. '0'이 되면 A/D 변환값을 ADC Data레지스터로부터 읽어 들인다.

다시 이 비트를 '1'로 설정하여 새로운 A/D 변환을 시작시키는 방법으로 계속적으로 A/D 변환값을 얻을 수 있다.

ADFR(ADC Free Running Select)를 '1'로 설정하면 Free Running Mode로 동작한다. Free Running Mode에서는 연속적으로 A/D 변환이 일어나 새로운 값으로 ADC Data 레지스터의 값을 갱신한다. 이번 실습에서는 '0'으로 설정한다.

Bit	7	6	5	4	3	2	1	0	
	ADEN	ADSC	ADFR	ADIF	ADIE	ADPS2	ADPS1	ADPS0	ADCSRA
Read/Write	R/W	R/W	R/W	R/W	R/W	R/W	R/W	R/W	
Initial Value	0	0	0	0	0	0	0	0	

[그림 7-7] ADCSRA(ADC Control and Status Register A)

ADIF(ADC Interrupt Flag)는 A/D 변환이 완료되고 새로운 값으로 ADC Data 레지스터의 값이 갱신되면 '1'로 설정된다. SREG의 I-bit와 ADCSRA의 ADIE bit가 '1'로 설정되어 있으면 A/D 변환 완료 인터럽트가 발생한다. 해당하는 인터럽트 서비스 루틴이 실행되면 자동적으로 ADIF bit가 '0'으로 클리어 된다. 이 비트는 폴링 방식이 아닌 인터럽트 방식으로 A/D 변환값을 얻는 경우에 인터럽트가 진행되고 있는지를 확인하는 정보로 활용할 수 있다.

ADIE(ADC Interrupt Enable)를 '1'로 설정하면 A/D 변환 완료 인터럽트를 활성화한다. 인터럽트 방식으로 A/D 변환값을 얻으려는 경우에 이 비트를 '1'로 설정한다. 프로그래머는 해당 인터럽트 서비스 루틴에 ADC Data레지스터의 값을 읽는 코드를 작성하여야 한다.

ADPS2~0(ADC Prescaler Select Bits)는 XTAL 주파수를 분주하는 비를 결정한다. ADPS2~0에 결정된 분주비에 의해 XTAL 주파수가 분주되어 A/D 변환기에 입력된다. 분주비는 설정에 따라 2, 4, 6, 8, 16, 32, 64, 128로 선택할 수 있으며 분주비가 적을수록 샘플링 rate가 높다.

다음 프로그램은 ADSC 비트를 이용하여 폴링 방식으로 A/D변환값을 얻는 프로그램이다.

단일 변환 모드 방식으로 아날로그 입력으로 ADC0를 사용하며 분주비는 128 분주를 사용하였다.

(2) Photo Diode에서 측정된 전압을 LED로 표시

- Photo Diode를 이용하여 빛의 세기에 따라 변화하는 출력 전압값을 ADC변환하고, ADC변환값을 LED로 표시하는 실습을 해보도록 한다.
- CdS Cell과 마찬가지로 빛의 세기가 밝아질수록 출력 전압값이 커지며, ADC 변환값의 하위 8bit를 LED0~LED7번에 표현한다. 이번 실습에서는 폴링 방식이 아닌 인터럽트 방식을 사용한다.

[그림 7-8], 〈표 7-2〉와 같이 MCU 모듈의 PORTC(PC0~PC7) 단자와 LED 모듈의 LED0~LED7 단자를 8Pin짜리 Jumper Cable을 이용하여 연결한다.

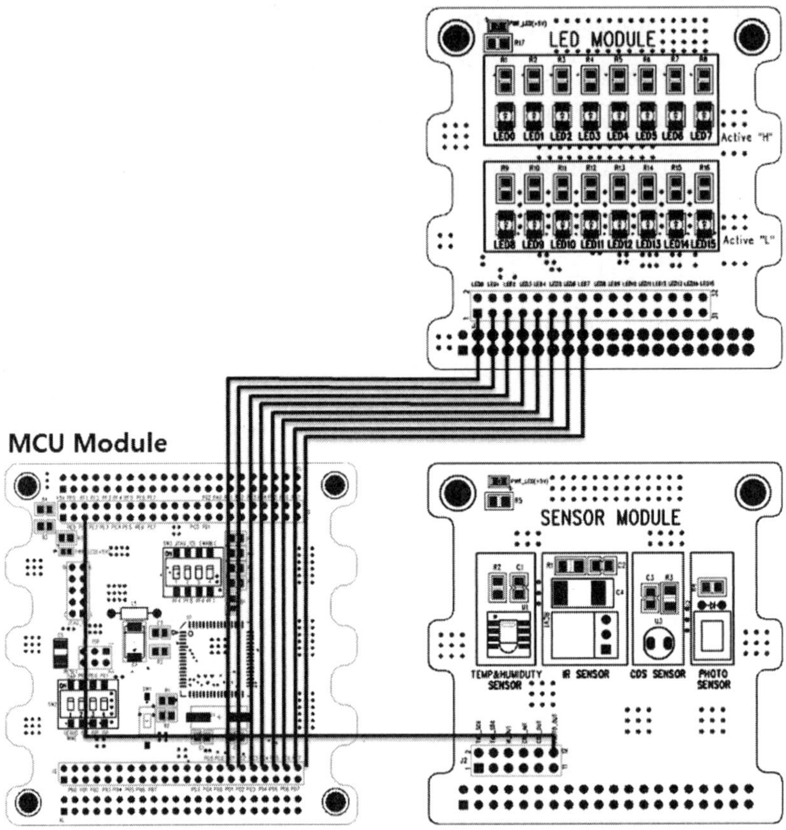

[그림 7-8] MCU, SENSOR(Photo Diode), LED 모듈의 연결(실습 2)

〈표 7-2〉 MCU, SENSOR(Photo Diode), LED 모듈의 연결(실습 2)

MCU 모듈	——	SENSOR 모듈	——	LED 모듈
PORTF1	——	PHOTO_OUT		
PORTF0	——	CDS_OUT		
PORTC0～PORTC7	——	——	——	LED0～LED7

2Pin짜리 Jumper Cable을 이용하여 MCU 모듈의 PF1 단자와 SENSOR 모듈의 PHOTO_OUT 단자, MCU 모듈의 PF0 단자와 SENSOR 모듈의 CDS_OUT 단자에 각각 서로 연결한다. MCU 모듈의 PF0 단자와 SENSOR 모듈의 CDS_OUT 단자의 연결은 이번 실습에서는 사용하지 않는다.

```
#include<avr/io.h>
#include<util/delay.h>
#include<avr/interrupt.h>

void _delay(unsigned int s)
{
   int i;
   for(i=0; i<s; i++)
      _delay_ms(1);
}

int main(void)
{
   sei(); // 헤더 파일 <avr/interrupt.h>에 정의된 함수
         // SREG 레지스터의 I-bit를 "1"로 설정(전역 인터럽트 인에이블)

   DDRC=0xFF;
   PORTC=0x00;
   DDRF = 0;

   ADMUX=0x01;  // 단일 변환 모드의 ADC1 입력, 결과값 우측 정렬
   ADCSRA=0xCC; // 16분주, 인터럽트, ADC 인에이블, A/D 변환 시작
   while(1)
      ;
}

// A/D 변환 완료 인터럽트 서비스루틴
SIGNAL(SIG_ADC)
{
   unsigned char lowValue=0;
   unsigned char highValue=0;

   lowValue = ADCL;
   highValue = ADCH;  // ADC가 ADC Data레지스터 갱신을 허용

   PORTC = lowValue;  // 하위 8비트만을 LED에 출력에 사용

   _delay(200);

    ADCSRA |= 0x40;   //설정을 유지하면서 "변환시작" 설정 추가

}
```

▶ 형성평가

1. 1번 실습과 2번 실습에서 분주비의 변화는 무엇을 의미하는가?

2. 위 1번 CdS Cell 실습에서 8개의 LED를 사용하여 실습하였다. 이번에는 빛의 세기 따라 변화하는 ADC값을 10개의 LED를 사용하여 프로그램 하시오.

3. 2번의 실습의 경우 출력 전압의 범위가 0V～0.4V이다. 한 개의 LED를 ON하여 Photo Diode에 비춰지는 빛의 세기가 밝아질수록 LED7 쪽으로 이동하도록 하고, 반대로 빛의 세기가 어두워지면 LED0 쪽으로 이동하도록 프로그램 하시오(0.2V일 때 LED3 ON기준).

4. 앞장에서 실습한 INTERFACE 모듈을 이용하여 CDS에서 입력되는 전압값(XY.Z)을 화면에 줄을 바꾸면서 계속해서 'XY.Z V'로 표시되도록 프로그램 하시오.

Chapter 8

SENSOR 모듈 실습 Ⅱ

01. 적외선 센서의 하드웨어 살펴보기
02. 적외선 센서의 프로그램 실습

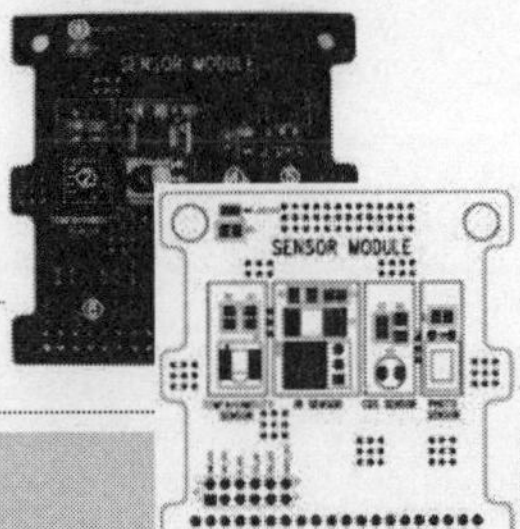

단 | 원 | 학 | 습 | 개 | 요

FE-PLC-HN System의 구성 모듈 중 하나인 적외선 센서는 가시광보다 파장이 긴 영역의 적외선 검출에 이용되는 센서이다.
본 단원에서는 적외선 센서의 하드웨어를 이해하고, 실습 프로그램을 통해 사용법을 학습하고 익힌다.

01 적외선 센서의 하드웨어 살펴보기

학 | 습 | 목 | 표

- 적외선 센서 부품에 대해 이해한다.
- 적외선 센서 구동회로의 하드웨어 구조를 이해한다.

(1) 적외선 센서 부품 살펴보기

1) 적외선 센서

적외선 센서란 가시광선보다 파장이 긴 영역의 적외선 검출에 이용되는 센서이다. 적외선은 물체가 연소 시 발생하는 경우가 많아 적외선 온도센서, 적외선을 이용한 화상처리, 물체인식, 리모컨 수신부 등에 많이 이용된다. 적외선은 가시광선 이외의 영역에서 발생되는 빛 에너지로, 육안 검출이 불가능하고, 낮은 온도의 물체에서 방사된다. 파장이 길며, 물체에 대한 흡수 계수가 큰 특징이 있다. [그림 8-1]에 적외선 센서(KM-603LM)와 적외선 다이오드(CL-1L5)를 보였다.

적외선 다이오드에서 나온 적외선이 직접 또는 간접적으로 얼마나 많이 적외선 센서에 의해 검출되느냐에 따라 적외선 센서의 출력 전압이 결정된다.

[그림 8-1] 적외선 센서와 적외선 다이오드

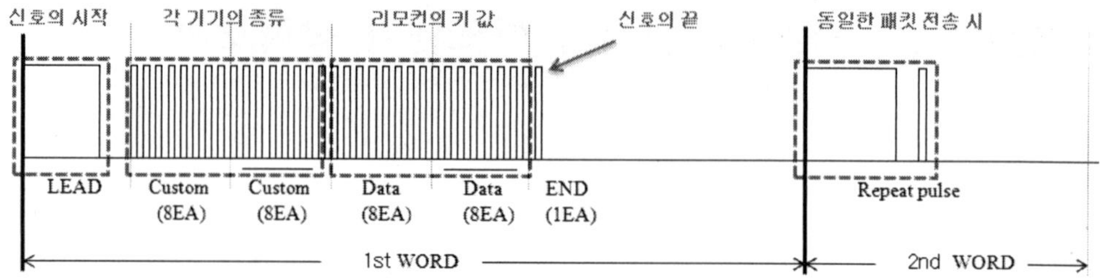

[그림 8-2] 리모컨 신호의 전송 포맷

[그림 8-2]는 본 시스템에서 사용하는 리모컨 신호의 포맷을 나타낸 것이다. 적외선 다이오드가 내장된 리모컨의 키를 누르면, SENSOR 모듈의 적외선 센서는 [그림 8-2]와 같은 포맷으로 데이터를 수신하게 된다. 리모컨 신호 포맷은 LEAD, Custom Code, Data Code, END 신호로 구성된다. LEAD는 전송 시작을 알리며 뒤따르는 2Byte는 Custom Code로서 제조사의 고유 코드값이다. 뒤따르는 2Byte는 Data Code로서 리모컨 키 값을 나타내고 Data Code 뒤에는 신호의 끝을 알리는 END 코드가 있다. Repeat pulse 신호는 앞에 보낸 신호와 동일하게 반복하는 것을 의미한다.

'High'(1)의 지속시간과 'Low'(0) 지속시간의 조합으로 [그림 8-3]과 같은 리모컨 신호 펄스의 종류를 구분한다.

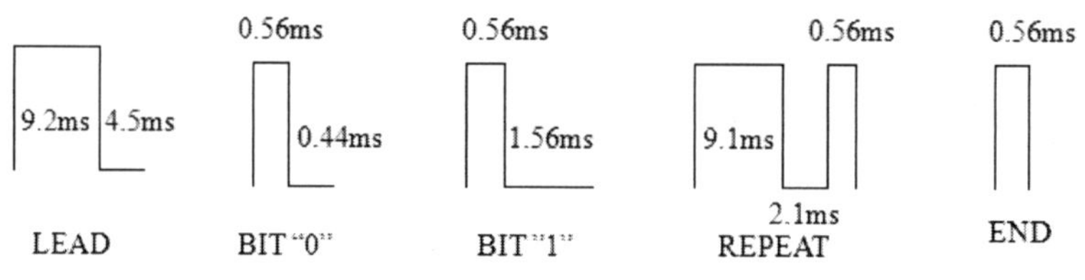

[그림 8-3] 리모컨 신호 펄스의 종류

[그림 8-4]는 오실로스코프를 이용하여 리모컨 키 2번을 눌렀을 때 신호를 측정한 것이다(신호반전).

2번 키를 계속 누르고 있으면, 모든 신호를 다 전송하는 것이 아니라 Repeat pulse만 전송하여 이전과 동일한 데이터의 반복임을 알린다.

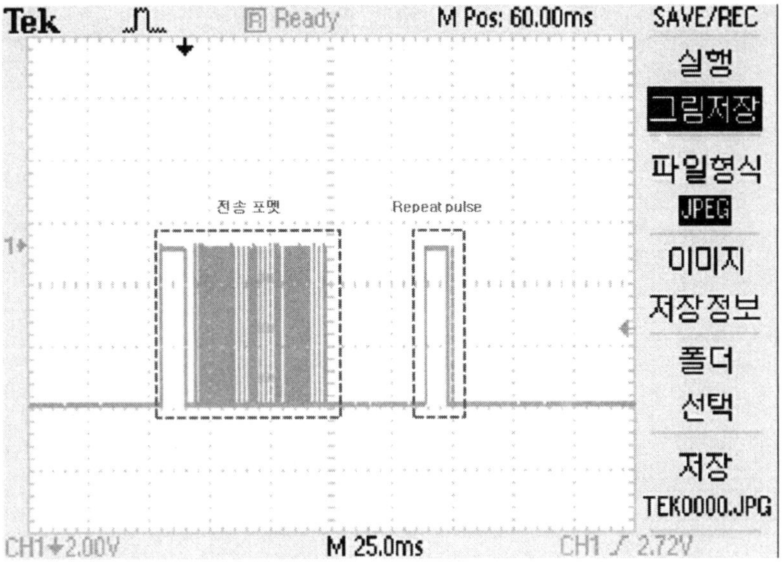

[그림 8-4] 리모컨 신호를 받은 적외선 센서의 출력 신호의 측정

[그림 8-5]는 신호의 파형을 좀 더 자세히 보기 위해 Data Code의 일부를 확대한 것이다. 앞서 설명한 것과 같이 BIT '1'과 BIT '0'의 신호의 폭이 서로 상이한 것을 알 수 있다.

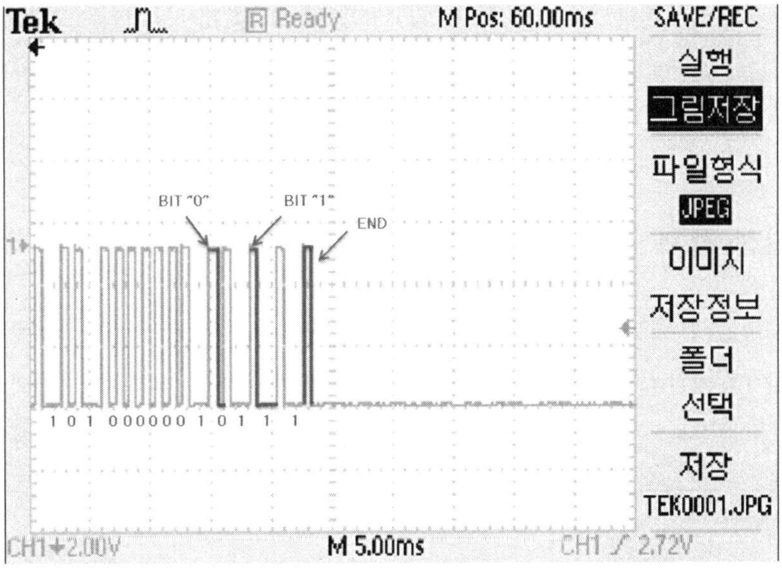

[그림 8-5] 리모컨 신호를 받은 적외선 센서의 출력 신호의 분석

〈표 8-1〉은 본 시스템에서 사용하는 리모컨 신호의 Custom Code 및 Data Code 이다.

리모컨에서 전송 시 바이트 단위로 전송하며 LSB를 먼저 보낸다.

〈표 8-1〉 리모컨 신호의 Custom Code, Data Code

구분	Custom Code (16진수)	Data Code(16진수)
NUM 1	FE 01	F4 0B
NUM 2	FE 01	E8 17
NUM 3	FE 01	E4 1B
NUM 4	FE 01	F8 07
NUM 5	FE 01	AF 50
NUM 6	FE 01	AB 54
NUM 7	FE 01	B7 48
NUM 8	FE 01	B3 4C
NUM 9	FE 01	A7 58
NUM *	FE 01	E9 16
NUM 0	FE 01	FC 03
NUM #	FE 01	F5 0A

(2) 적외선 센서 구동회로 설명

[그림 8-6]과 같이 적외선 센서는 적외선 다이오드(리모컨)로부터 적외선 신호를 수신 받아 IR_OUT핀으로 해당 전압을 출력한다. 전해 커패시터(C4)와 세라믹 커패시터(C2)가 병렬로 연결되어 있는데, 이는 센서로 공급하는 전원의 안정화와 노이즈 제거를 위해 사용되었다.

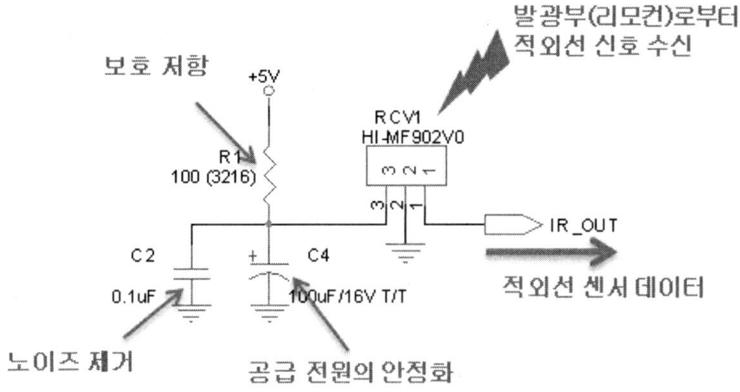

[그림 8-6] 적외선 센서의 회로도

▶ **형성평가**

1. 적외선 센서의 IR_OUT 단자에 오실로스코프를 연결하고 리모컨 1번 키를 눌러 파형을 관찰한다. 이때 얻어지는 코드값을 〈표 8-1〉과 비교하여 보시오.

02 적외선 센서의 프로그램 실습

학 | 습 | 목 | 표

- 실습 프로그램을 통해 적외선 센서의 사용법을 익힌다.

(1) 적외선 센서의 측정된 신호를 분석하여 LED 표시

- SENSOR 모듈의 적외선 센서를 MCU 모듈에 연결하고, MCU 모듈의 PORTB에는 LED0～LED7까지 연결한다.
- 리모컨에서 누른 키의 번호 각 KEY1～8번을 눌렀을 때 에는 해당하는 LED0～LED7가 ON되도록 실습해 본다.

〈표 8-2〉, [그림 8-7]과 같이 MCU 모듈의 PORTE(PE5) 단자를 SENSOR 모듈의 IR_OUT 단자에 2Pin짜리 Jumper Cable을 이용하여 연결한다. 8Pin짜리 Jumper Cable을 이용하여 MCU 모듈의 PORTB(PB0～PB7) 단자를 LED 모듈의 LED0～LED7 단자에 연결한다.

〈표 8-2〉 MCU 모듈, SENSOR(적외선) 모듈, LED 모듈의 연결

MCU 모듈	——	SENSOR 모듈	——	LED 모듈
PORTE5	——	IR_OUT		
PORTB0 ～PORTB7	——	——	——	LED0 ～LED7

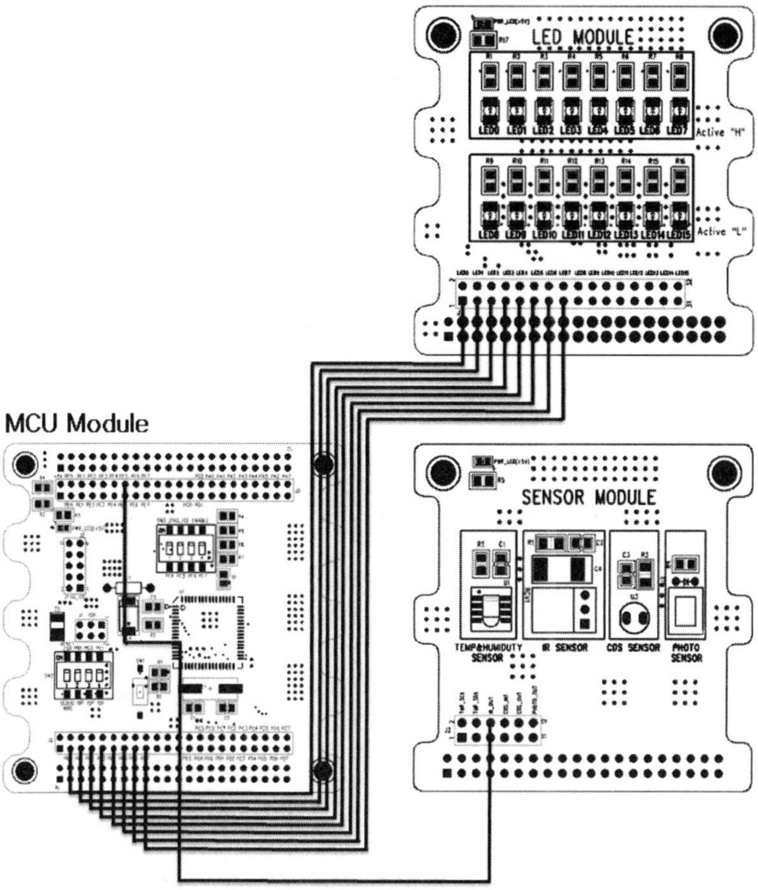

[그림 8-7] MCU 모듈, SENSOR(적외선) 모듈, LED 모듈의 연결

SENSOR 모듈의 IR_OUT 단자를 MCU 모듈의 외부 인터럽트 PORT에 연결하여 리모컨 신호를 분석한다.

연결이 완료되었다면, 다음과 같이 소스코드를 작성한다. 완성된 소스코드를 컴파일한 후 다운로드하여 리모컨을 누를 때마다 LED가 변화하는지 확인한다.

```
#include <avr/io.h>
#include <util/delay.h>
#include <avr/interrupt.h> // 인터럽트를 사용하기 위한 헤더 파일
#include "ir.h"              // IR 센서를 사용하기 위한 사용자 정의 헤더 파일
#define CUSTOM  0xFE01     //리모컨 Custom code값 정의(표 8-1 참조)
```

```
#define NUM1    0xF40B  //리모컨 Data code값 정의(표 8-1 참조)
#define NUM2    0xE817
#define NUM3    0xE41B
#define NUM4    0xF807
#define NUM5    0xAF50
#define NUM6    0xAB54
#define NUM7    0xB748
#define NUM8    0xB34C

void _delay(int s)
{
   int i;
   for(i = 0; i < s; i++)
      _delay_ms(1);
}

int main()
{
   unsigned int datacode;
   unsigned int customcode;

   DDRB = 0xFF; // LED 사용을 위한 설정
   PORTB = 0;   //        "

   DDRE = 0;    // 인터럽트 신호를 받기 위해 입력 설정

   init_IR();   // 헤더 파일 "ir.h"에 정의된 함수
                // 타이머/카운터 초기화(타이머/카운터2)
                // 외부인터럽트 인에이블(INT5)
   sei();       // 헤더 파일 <avr/interrupt.h>에 정의된 함수
                // SREG 레지스터의 I-bit를 "1"로 설정(전역 인터럽트 인에이블)
   while(1)
  {
      customcode=get_ir_custom(); // get_ir_custom 함수는 "ir.h"에서 정의됨
                        // 인터럽트 서비스루틴에서 검출된 리모컨 custom Code값
     if (customcode==CUSTOM)
      {
       datacode=get_ir_data();  // get_ir_data함수는 "ir.h" 에서 정의됨
                        // 인터럽트 서비스루틴에서 검출된 리모컨 Data Code값
      switch( datacode )
      { // 숫자 버튼 누를 경우 해당 LED 점등, 나머지 LED 소등
         case NUM1: PORTB = 0x01;
         case NUM2: PORTB = 0x02;
```

```
            case NUM3: PORTB = 0x04;
            case NUM4: PORTB = 0x08;
            case NUM5: PORTB = 0x10;
            case NUM6: PORTB = 0x20;
            case NUM7: PORTB = 0x40;
            case NUM8: PORTB = 0x80;

        }}
        _delay(100);
    }
    return 0;
}
```

소스 프로그램 내의 헤더 파일 'ir.h'는 리모컨 신호를 분석하여 Custom Code값과 Data Code값을 얻기 위한 헤더 파일이다. 간단히 설명하면 SENSOR 모듈의 IR_OUT 단자는 MCU 모듈의 외부 인터럽트 PORT에 연결하여 리모컨 신호를 분석한다. 신호의 상승 에지와 하강 에지에 각각 인터럽트가 발생하도록 한다.

인터럽트 서비스 루틴에서는 타이머를 이용하여 'High'와 'Low' 구간의 지속시간을 검출하고 코드값을 해석한다. init_IR() 함수는 인터럽트 관련 레지스터 설정 및 타이머 관련 레지스터를 설정한다.

get_ir_custom()함수는 리모컨 신호의 Custom Code값을 unsingned int형으로 반환한다. 리모컨 신호의 Custom Code값을 얻기 위해서는 'unsingned int형 변수명=get_ir_custom();'를 main 프로그램에 추가하여 얻을 수 있다. int get_ir_data()함수는 리모컨 신호의 Data Code값을 unsingned int형으로 반환한다. 리모컨 신호의 data Code값을 얻기 위해서는 'unsingned int형 변수명= get_ir_data();'를 main 프로그램에 추가하여 얻을 수 있다.

헤더 파일 'ir.h'의 소스는 부록에 있다. 자세한 내용은 부록을 참조하기 바란다.

▶ 형성평가

1. 실습에서 사용하지 않은 리모컨 KEY에 대해서 LED를 추가로 연결하여 표시하시오.
2. 리모컨 KEY '1'과 '*'를 차례로 누를 경우 LED0번과 릴레이 1번에 연결된 LED8번을 ON하고 '1'과 '#'을 차례로 누를 경우 LED0번과 릴레이 1번에 연결된 LED8번을 OFF하도록 하는 프로그램을 작성하시오.

Chapter 9

SENSOR 모듈 실습 Ⅲ

01. 온/습도 센서의 하드웨어 살펴보기
02. 온/습도 센서의 프로그램 실습

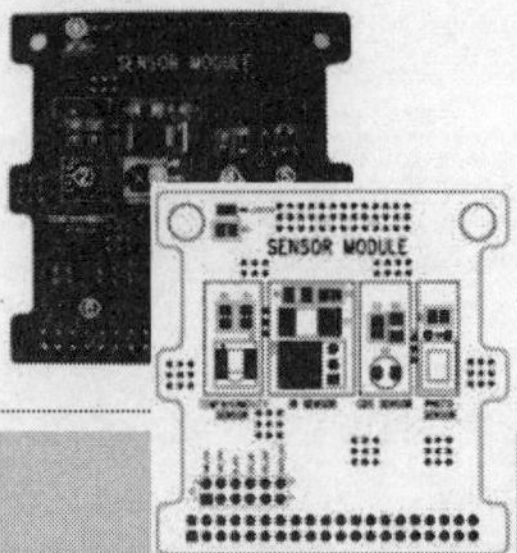

단 | 원 | 학 | 습 | 개 | 요

FE-PLC-HN System의 구성 모듈 중 하나인 온/습도 센서는 SENSIRION사의 SHT11 제품의 센서로 구성되어 있다.
본 단원에서는 먼저 온/습도 센서의 하드웨어를 이해하고, 실습 프로그램을 통해 사용법을 학습하고 익힌다.

01 온/습도 센서의 하드웨어 살펴보기

학 | 습 | 목 | 표

- 온/습도 센서 부품에 대해 이해한다.
- 온/습도 센서 회로의 하드웨어 구조를 이해한다.

(1) 온/습도 센서 부품 살펴보기

1) 온/습도 SENSOR(SHT11)

온/습도 센서란 현재 공기 중의 온도와 습도를 측정하는 센서이다. 본 시스템에서 사용한 온/습도 센서(SHT11)는 [그림 9-1]과 같이 온도센서와 습도센서가 일체형으로 되어 있으며, 앞서 7장에서 설명한 CdS Cell과 Photo Diode와는 달리 측정한 값을 디지털 신호로 출력한다.

따라서 ATmega128의 A/D Converter 기능을 사용하지 않고, 일반 범용 I/O PORT를 사용하여 온/습도 데이터 값을 읽어올 수 있다.

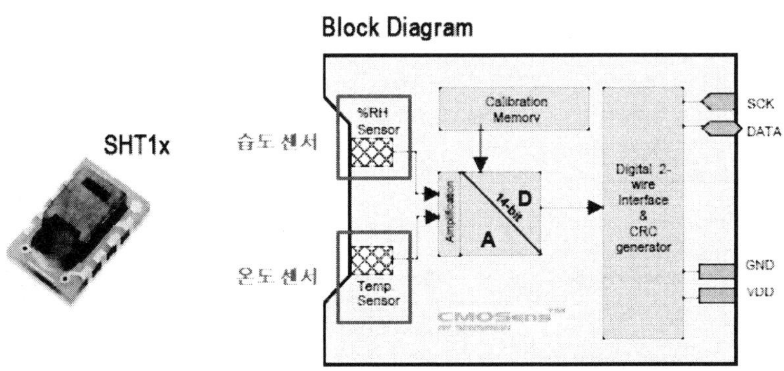

[그림 9-1] 온/습도 센서의 외형과 블록도

온/습도 센서의 VDD와 GND 사이는 2.4~5.5V의 전압을 사용한다. 온/습도 센서는 MCU 모듈과 데이터를 주고받기 위해 'DATA' Line과 클록 펄스를 공급을 받기 위한 'SCK' Line을 가지고 있다. 온/습도 센서에 전원이 인가된 후 11ms의 대기 시간 이후 사용할 수가 있으며, 그전에는 센서에 다른 명령어를 입력하지 않아야 한다. MCU 모듈에서 온/습도 센서로 Data를 전송하기 전에 MCU 모듈에서 온/습도 센서로 전송 시작을 알리는 [그림 9-2]와 같은 '전송 시작' 펄스를 입력해야 한다. 온/습도 센서가 '전송 시작' 펄스를 입력 받으면, 그 다음 MCU 모듈에서 보내는 명령어를 입력 받아 수행하게 된다.

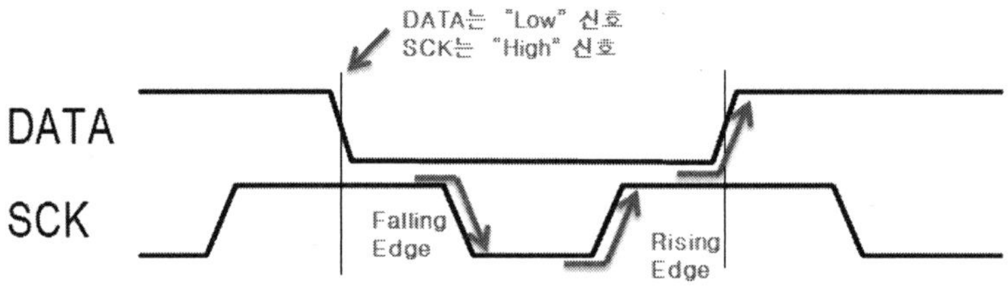

[그림 9-2] '전송 시작'을 알리는 펄스 신호

[그림 9-3]은 MCU 모듈에서 온/습도 센서로 '전송 시작' 펄스 신호와 측정 명령어를 출력한 후, 온/습도 센서에서 응답 신호를 받은 순간까지의 신호 그림이다.

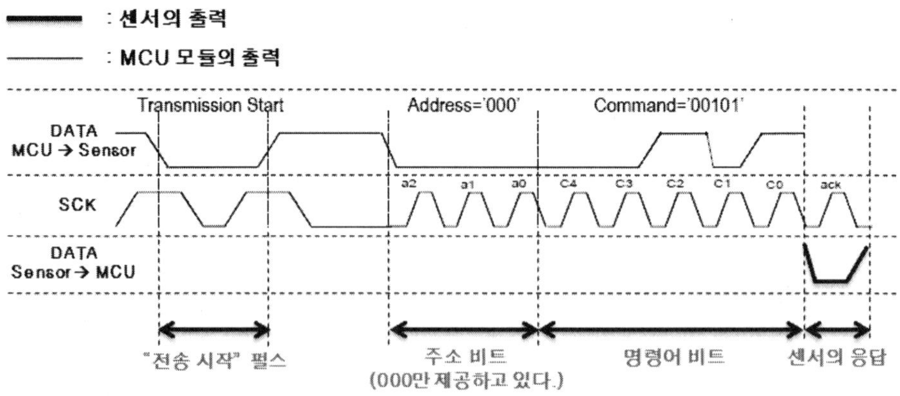

[그림 9-3] MCU 모듈에서 온/습도 센서로 명령어를 전송하는 과정

자세히 설명하면, 온/습도 센서는 MCU 모듈로부터 '전송 시작' 펄스 신호를 입력받은 후, 온/습도 측정 명령어나 센서의 상태 레지스터의 Read/Write 명령어를 입력 받는다.

MCU 모듈이 'DATA' Line에 DATA를 싣는 타이밍을 자세히 설명하면 다음과 같다. MCU 모듈은 전송할 DATA bit를 SCK 신호의 Falling Edge 신호 후에 실은 후 다음 Falling Edge 시작 전까지 유지해야 한다.

센서는 SCK 신호의 Rising Edge에서 검출하여 사용한다. 센서가 MCU 모듈로부터 8bit의 데이터를 입력받았다면, 온/습도 센서는 응답 신호(Falling Edge)를 MCU 모듈로 출력한다. 센서가 응답 신호(Ack)를 출력 후, 센서는 온/습도 측정을 시작하게 되며 이때 'DATA' Line을 'High'(1) 신호로 출력하여 MCU 모듈이 기다리도록 한다.

[그림 9-4]는 센서가 측정을 완료한 후 측정한 값을 MCU 모듈로 출력하는 과정까지의 신호 그림이다. 측정을 완료한 센서는 'DATA' Line을 'Low'(0) 신호로 출력한다.

이것으로 측정이 완료되었음을 MCU 모듈에게 알리게 된다.

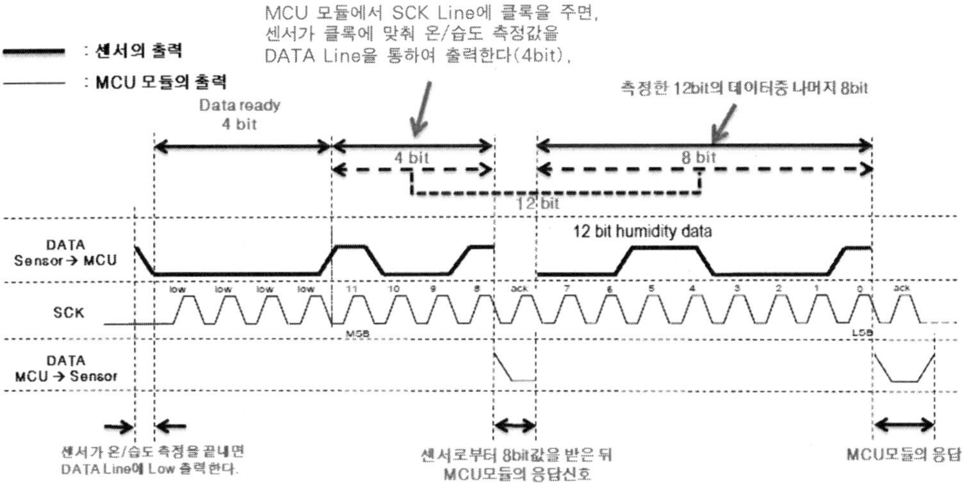

[그림 9-4] 온/습도 센서에서 측정한 습도값을 MCU 모듈이 읽어 들이는 과정

MCU 모듈이 'SCK' Line에 다시 클록 펄스 신호를 보내주면, 센서는 클록 펄스에 동기되어 4bit의 'Data ready'(0000) 신호를 출력한다(측정값은 12bit이지만 MCU 모듈과 센서 간 8bit 단위로 통신을 하기 때문에 앞의 4bit를 0000비트로 채운다).

센서는 4bit의 'Data ready'를 출력 후, 측정한 데이터 값을 MCU 모듈에 출력한다. 앞에서 설명한 바와 같이 센서가 MCU 모듈로부터 8bit의 데이터를 입력받은 후, 응답 신호(Ack)를 출력한 것처럼 MCU 모듈도 센서로부터 8bit의 데이터를 전송받은 후, 응답 신호(Ack)를 출력해 주어야 센서가 그 다음 8bit의 데이터를 출력한다.

〈표 9-1〉에서 온/습도 센서의 상태 레지스터를 나타내었다. 상태 레지스터의 0번 bit를 설정함으로써 습도 8bit/온도 12bit로 측정하거나 습도 12bit/온도 14bit로 측정할 수 있다. 본 시스템에서 기본값인 '0'을 그대로 사용하여 습도 12bit/온도 14bit로 측정한다.

〈표 9-1〉 온/습도 센서의 상태 레지스터

Bit	Type	Description
7		reserved
6	R	low voltage detection '0' for Vdd > 2.47 '1' for Vdd < 2.47
5		reserved
4		reserved
3		For Testing only, do not use
2	R/W	Heater
1	R/W	no reload from OTP
0	R/W	'1'= 8bit RH/12bit Temperature resolution '0'=12bit RH/14bit Temperature resolution

〈표 9-2〉는 온도, 습도, 센서의 상태 레지스터의 Read/Write 명령어를 나타낸 Command List Code 표이다.

〈표 9-2〉 Command List

Command	Code
온도 측정	00011
습도 측정	00101
상태 레지스터 Read	00111
상태 레지스터 Write	00110

MCU 모듈은 센서에서 측정한 값을 아래의 식 (9-1)~(9-3)에 대입하여 계산을 통해 구할 수 있다. 측정된 습도값은 식 (9-1)에 의해 센서의 비선형이 보정되고 식 (9-2)에 의해 주변 온도(25℃)의 영향이 보상되어 정확한 상대 습도로 변환된다. 온도센서는 선형성이 매우 좋게 설계되어 측정된 온도값은 식 (9-3)에 의해 정확한 온도로 변환된다.

아래의 식 (9-1)은 비선형을 보정하는 식이며 RH_{linear}는 비선형이 보정된 상대 습도이고 SO_{RH}는 센서의 습도 측정값이다.

$$RH_{linear} = c_1 + c_2 \cdot SO_{RH} + c_3 \cdot SO_{RH}{}^2 \quad \text{식 (9-1)}$$

〈표 9-3〉 습도 변환 계수

SO_{RH}	c_1	c_2	c_3
12bit	-4	0.0405	$-2.8*10^{-6}$
8bit	-4	0.648	$-7.2*10^{-4}$

다음의 식 (9-2)는 정확한 상대 습도를 구하는 식이며 RH_{true}는 주변온도의 영향을 보상한 정확한 상대 습도이고 RH_{linear}는 비선형이 보정된 상대 습도이며 SO_{RH}는 센서의 습도 측정값이다.

$$RH_{true} = (T_{℃} - 25) \cdot (t_{1+}t_2 \cdot SO_{RH}) + RH_{linear} \quad \text{식 (9-2)}$$

〈표 9-4〉 온도 보상 계수

SO_{RH}	t_1	t_2
12bit	0.01	0.00008
8bit	0.01	0.00128

다음의 식 (9-3)은 측정된 온도값을 실제 온도로 변환하는 식이며 $T_{emperature}$는 실제 온도이고 SO_T는 센서의 온도 측정값이다.

$$Temperature = d_1 + d_2 \cdot SO_T \quad \text{식 (9-3)}$$

〈표 9-5〉 온도 변환 계수

VDD	d_1[℃]	d_1[°F]
5V	−40.00	−40.00
4V	−39.75	−39.50
3.5V	−39.66	−39.35
3V	−39.60	−39.28
2.5V	−39.55	−39.23

SO_T	d_2[℃]	d_2[°F]
14bit	0.01	0.018
12bit	0.04	0.072

(2) 온/습도 센서 구동회로 설명

온/습도 센서는 풀업저항과 노이즈 제거용 커패시터를 사용하여 [그림 9-5]와 같은 회로를 구성하면 동작된다. 센서의 공급 전압은 5V이다.

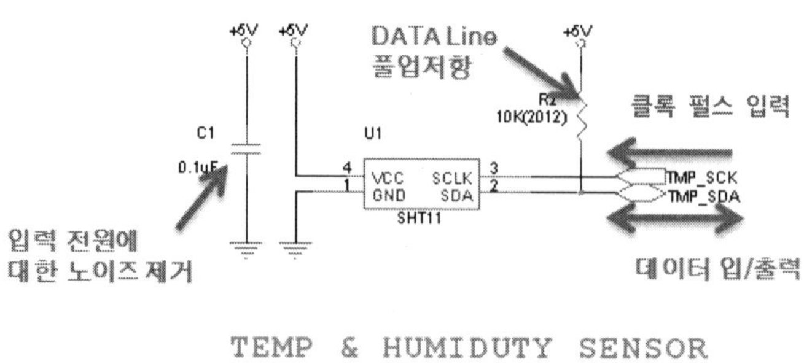

[그림 9-5] 온/습도 센서의 회로

▶ 형성평가

1. 온/습도 센서(SHT11)에 온도 측정을 위해 사용하는 명령어 코드는 무엇인가?

2. 온/습도 센서가 온도나 습도의 측정이 끝났다는 것을 무엇으로 알 수 있는지 설명하시오.

3. 온/습도 센서와 MCU 모듈 사이에 Data를 보내거나 받을 경우에 몇 bit마다 응답 신호를 보내야 하는가?

4. 온/습도 센서를 이용하여 실생활의 가전제품에 적용된 사례의 예를 들어 보시오.

02 온/습도 센서의 프로그램 실습

학 | 습 | 목 | 표

- 실습 프로그램을 통해 온/습도 센서의 사용법을 익힌다.

(1) 온/습도 센서에서 측정된 온/습도를 LED로 표시

- SENSOR(온/습도) 모듈의 온/습도 센서를 MCU 모듈에 연결하고, PORTB에는 LED0～LED7까지 연결, PORTC에는 LED8～LED15까지 연결한다.
- LED0～LED7까지는 온도가 표시되고, LED8～LED15까지는 절대 습도가 2진수로 표시되도록 실습해 본다.

〈표 9-6〉, [그림 9-6]과 같이 MCU 모듈의 PORTD(PD0, PD1) 단자를 SENSOR 모듈의 TMP_SCK, TMP_SDA 단자에 2Pin짜리 Jumper Cable을 이용하여 연결한다. 8Pin짜리 Jumper Cable을 이용하여 MCU 모듈의 PORTB(PB0～PB7) 단자를 LED 모듈의 LED0～LED7 단자에 연결하고, PORTC(PC0～PC7) 단자를 LED 모듈의 LED8～LED15 단자에 각각 연결한다.

〈표 9-6〉 MCU 모듈, SENSOR(온/습도) 모듈, LED 모듈의 연결

MCU 모듈	——	SENSOR 모듈	——	LED 모듈
PORTD0	——	TMP_SCK		
PORTD1	——	TMP_SDA		
PORTB0～PORTB7	——	——	——	LED0～LED7
PORTC0～PORTC7	——	——	——	LED8～LED15

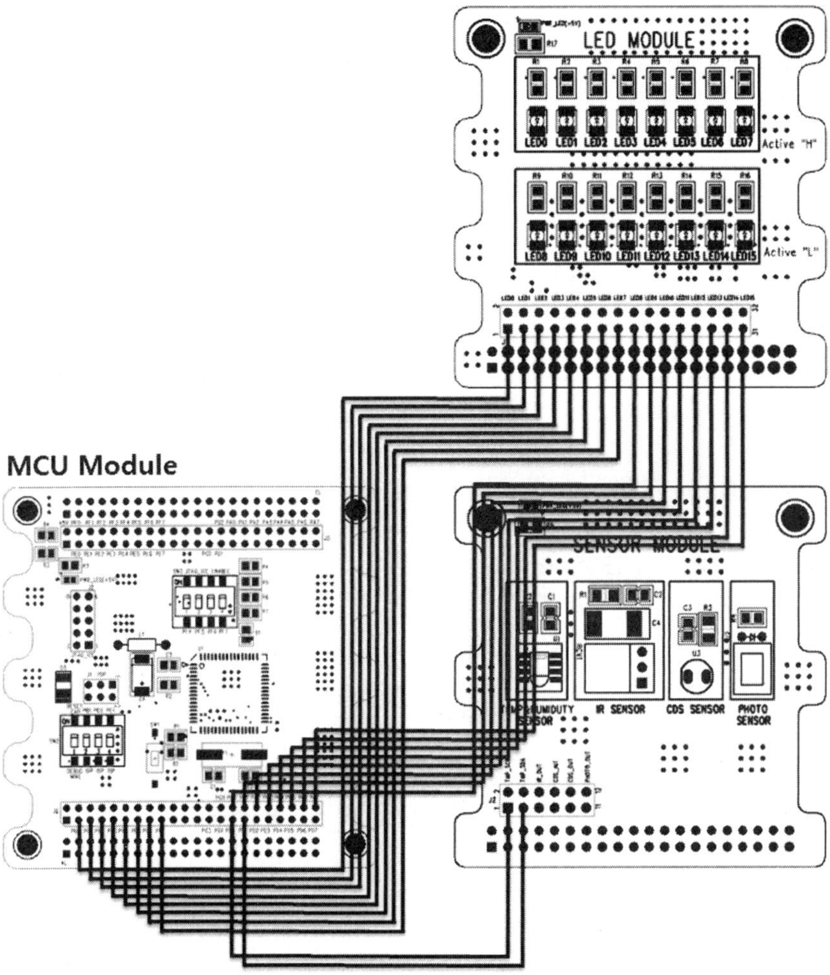

[그림 9-6] MCU 모듈, SENSOR(온/습도) 모듈, LED 모듈의 연결

SENSOR 모듈의 TMP_SCK('SCK' Line)과 TMP_SDA('DATA' Line)는 MCU 모듈의 I/O PORT에 연결하여 SENSOR 모듈과 통신을 통해 온/습도 측정 명령을 보내고 측정값을 받는다.

연결이 완료되었다면, 다음과 같이 소스코드를 작성한다. 완성된 소스코드를 컴파일한 후 다운로드하여 온/습도 변화에 따라 LED의 표시도 변화하는지 확인한다.

```
#include <avr/io.h>
#include <util/delay.h>
#include "sht11.h"    // 온습도 센서를 사용하기 위한 헤더
void _delay(int s)
{
   int i;
   for(i = 0; i < s; i++)
      _delay_ms(1);
}

int main()
{
   unsigned char error;  // 에러 체크를 위한 변수

   DDRB = 0xFF;  // LED용 출력 포트B 설정
   DDRC = 0xFF;  // LED용 출력 포트C 설정

   PORTB = 0;    // LED 초기화
   PORTC = 0xFF; // LED 초기화 (Comon Cathode)
   while(1)
   {
      s_connection_reset();  // 온습도 센서 초기화 함수, 헤더 파일(sht11.h) 참조
      error = 0;
      // 습도 측정
      error += s_measure((unsigned char*) &humi_val.i, HUMI);
      // 온도 측정
      error += s_measure((unsigned char*) &temp_val.i, TEMP);

      if(error != 0)      // 에러가 있을 경우 센서 초기화, 0일 경우 에러 없음
      {
         s_connection_reset();
      }
      else                // 에러가 없을 경우
      {
         humi_val.f = (float) humi_val.i;    // 습도 측정 데이터 실수로 변환
         temp_val.f = (float) temp_val.i;    // 온도 측정 데이터 실수로 변환

       //  정확한 상대습도와 실제 온도로 변환
         calc_sth11(&humi_val.f, &temp_val.f);
      }
```

```
        PORTB = (unsigned char)temp_val.f;      // Active High LED 온도 표시
        PORTC = ~((unsigned char)humi_val.f); // Active Low LED 습도 표시

        _delay(500);
    }

    return 0;
}
```

소스 프로그램 내의 헤더 파일 'sht11.h'는 온/습도 센서로 온/습도 측정 명령을 보내고 그 측정값을 얻기 위한 헤더 파일이다. MCU 모듈의 I/O PORT에 SENSOR 모듈의 TMP_SCK 단자('SCK' Line)와 TMP_SDA 단자('DATA' Line)를 연결하여 온/습도 센서와 통신한다.

MCU 모듈은 TMP_SCK 단자('SCK' Line)의 클록을 공급하면서 이에 동기하여 TMP_SDA 단자('DATA' Line)로 명령을 보내며, 온/습도 센서로부터 TMP_SCK 단자('SCK' Line)의 클록에 동기하여 동일한 TMP_SDA 단자('DATA' Line)로 측정된 값을 받는다. 즉 MCU 모듈은 출력 포트로 센서 모듈의 TMP_SCK('SCK' Line)에 클록을 공급하고 공급된 클록에 맞추어 명령을 보내거나 측정값을 얻는다. 필요한 신호 타이밍은 시간 지연(Time Delay) 함수를 이용하여 처리한다.

s_connection_reset()함수는 온/습도 센서와 연결을 재시작하기 위한 함수이다. 이 함수는 온/습도 센서와 처음 연결 시 사용하며 error 발생 시 이 함수를 이용하여 재시작할 수 있다.

s_measure()함수는 온/습도 센서에게 온/습도 측정 명령을 전송하고 측정값을 얻는 함수이다. 온/습도 센서의 습도 측정값을 얻기 위해서는 'error+= s_measure ((unsigned char*) &humi_val.i, HUMI);'를 main 프로그램에 추가하여 얻을 수 있다. humi_val.i 변수는 온/습도 센서의 습도값이 저장되는 변수이다. HUMI상수는 습도 명령 전송 및 습도 측정값을 요구하기 위한 상수이다. error변수는 명령 전송 성공 여부를 저장하는 변수로 '0'인 경우 명령 전송 성공이며 그 외의 값이면 명령 전송 실패이다.

온/습도 센서의 온도 측정값을 얻기 위해서는 'error+= s_measure((unsigned char*) &temp_val.i, TEMP);'를 main 프로그램에 추가하여 얻을 수 있다. temp_val.i

변수는 온/습도 센서의 온도값이 저장되는 변수이다. TEMP상수는 온도 명령 전송 및 온도 측정값을 요구하기 위한 상수이다.

calc_sth11() 함수는 측정된 습도값과 온도값을 각각 정확한 상대 습도와 실제 온도로 변환하여 주는 함수이다. 이를 위해서는 'calc_sth11 (&humi_val.f, &temp_val.f);'를 main 프로그램에 추가하여야 한다. 정확한 상대 습도값은 humi_val.f 변수에 저장되며 실제 온도의 값은 temp_val.f 변수에 저장된다. 정확한 상대 습도값을 얻기 위해 식 (9-2)에서 온도값이 필요하기 때문에 온도값의 측정이 함께 이루어진다.

(2) 온/습도 센서에서 측정된 온도에 따라 RELAY 제어

- SENSOR(온/습도) 모듈의 온/습도 센서를 MCU 모듈에 연결하고, PORTB에는 LED0～LED7까지 연결, PORTC(PC0)에는 RELAY1번을 연결한다.
- 온/습도 센서에서 측정한 온도가 28도 이상일 경우 릴레이를 ON시키도록 실습한다.

〈표 9-7〉, [그림 9-7]과 같이 MCU 모듈의 PORTD(PD0, PD1) 단자를 SENSOR 모듈의 TMP_SCK, TMP_SDA 단자에, PORTC(PC0), PORTG(PG5) 단자를 RELAY 모듈의 RELAY1 단자에 2Pin짜리 Jumper Cable을 이용하여 연결한다(RELAY와 연결하기 위해 실제로 1개의 핀만 연결해도 되지만 1Pin짜리 Jumper Cable은 없기 때문에 PC0 단자와 근접한 PG5에도 연결하는 것이다). 8Pin짜리 Jumper Cable을 이용하여 MCU 모듈의 PORTB(PB0～PB7)를 LED 모듈의 LED0～LED7에 연결한다.

〈표 9-7〉 MCU 모듈, SENSOR 모듈(온/습도), LED 모듈, RELAY 모듈의 연결

MCU 모듈	——	SENSOR 모듈	——	LED 모듈	RELAY 모듈
PORTD0	——	TMP_SCK			
PORTD1	——	TMP_SDA			
PORTC0	——				RELAY1
PORTB0～PORTB7	——			LED0～LED7	

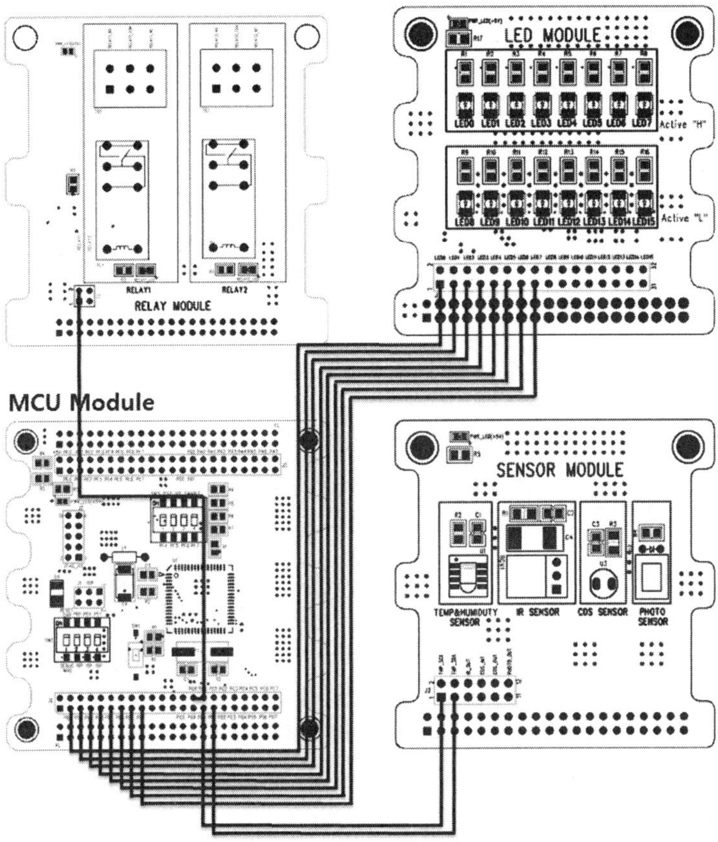

[그림 9-7] MCU 모듈, SENSOR 모듈(온/습도), LED 모듈, RELAY 모듈의 연결

연결이 완료되었다면, 다음과 같이 소스코드를 작성한다. 완성된 소스코드를 컴파일한 후 다운로드한다. 센서에 입김이나 손으로 온도를 높여 LED에 28℃ 이상 표시됐을 때 RELAY가 ON되는지 확인한다.

```
#include <avr/io.h>
#include <util/delay.h>
#include "sht11.h"  // 온/습도 센서를 사용하기 위한 사용자 정의 헤더 파일

void _delay(int s)
{
   int i;
   for(i = 0; i < s; i++)
      _delay_ms(1);
}
```

```
int main()
{
    unsigned char error;

    DDRB = 0xFF;
    DDRC = 0xFF;
    PORTB = 0;
    PORTC = 0;

    while(1)
    {
        s_connection_reset();
        error = 0;
        error += s_measure((unsigned char*) &temp_val.i, TEMP);

        if(error != 0)
        {
            s_connection_reset();
        }
        else
        {
            temp_val.f = (float) temp_val.i;
            calc_sth11(&humi_val.f, &temp_val.f);
        }

        PORTB = (unsigned char)temp_val.f;
        // Active High LED 온도 표시
        if(temp_val.f > 28)    // 온도가 28도 이상일 경우 릴레이 ON
        {
            PORTC = 0x01;
        }
        else                   // 온도가 28도 미만일 경우 릴레이 OFF
        {
            PORTC = 0;
        }
        _delay(500);
    }
    return 0;
}
```

▶ **형성평가**

1. INTERFACE 모듈을 사용하여 측정된 습도의 값을 PC화면에 표시하는 프로그램을 작성하여 실습하시오.

Chapter 10

PLC 모듈 실습

01. PLC 모듈의 하드웨어 살펴보기
02. PLC 프로그램 실습

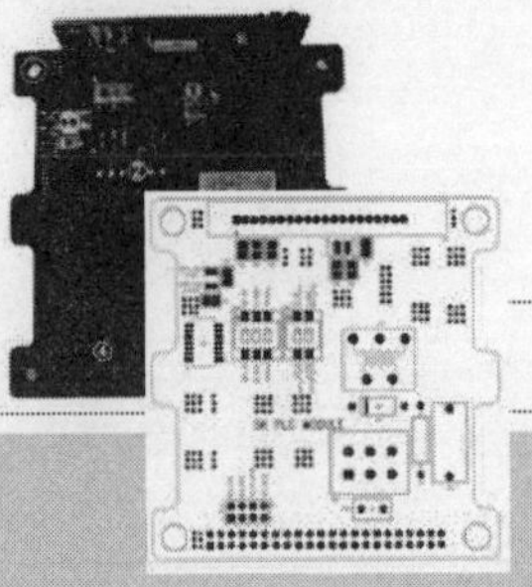

단 | 원 | 학 | 습 | 개 | 요

FE-PLC-HN System의 구성 모듈 중 하나인 PLC 모듈은 PLC CHIP과 CMOS Buffer(TC74HC07AF)를 이용하여 구성된 모듈이다.
본 단원에서는 PLC 모듈의 하드웨어를 이해하고, 실습 프로그램을 통해 사용법을 학습하고 익힌다.

01 PLC 모듈의 하드웨어 살펴보기

학 | 습 | 목 | 표

- PLC 모듈에서 사용된 부품에 대해 이해한다.
- PLC 모듈의 하드웨어 구조를 이해한다.

(1) PLC(전력선통신)의 개념

전력선 통신(Power Line Communication : PLC)이란 [그림 10-1]과 같이 100kHz~30MHz의 고주파 신호로 표현된 Data를 가정이나 사무실에 포설되어 있는 전력선을 통하여 통신신호를 전송하고 이를 고주파 필터를 이용하여 원하는 Data를 수신하는 방식이다.

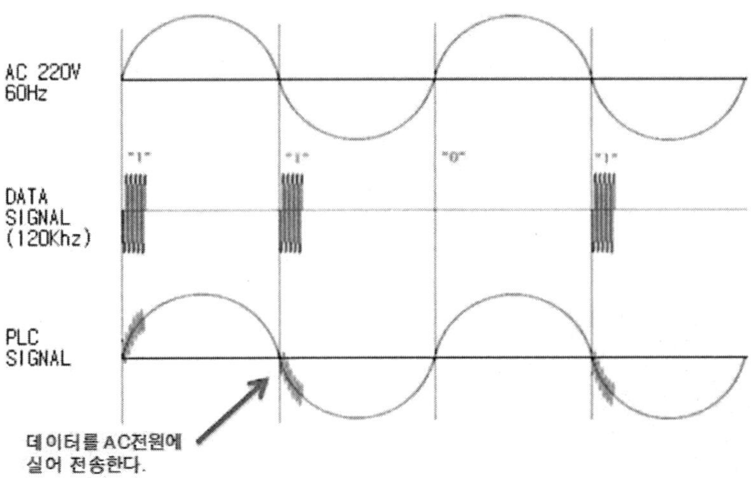

[그림 10-1] 전력선통신의 원리

별도의 랜선이나 광케이블 등의 배선 작업이 필요 없이 기존에 설치된 전기선만을 사용하여 통신을 하게 된다. 따라서 인터넷 설비를 위한 광케이블이나, 통신 장비들을 설치하기가 힘든 지역(산간지역)에서는 전기선을 통한 전력선통신이 유리하게 작용할 수 있다. 하지만 우리나라의 경우 다른 국가에 비해 랜 설비가 매우 잘되어 있어 현재 전기나 수도 등의 사용량을 원격으로 검침하는 원격 검침 등이 추가 배선이 어려운 곳에 주로 사용되고 있다.

전력선통신의 단점으로는 '제한된 전송 전력', '높은 부하 간섭과 잡음', '가변하는 신호 감쇄 및 임피던스 특성', '주파수 선택적 특성', '가전기기에서 발생되는 Noise에 영향' 등이 있다.

(2) PLC 모듈의 부품 살펴보기

1) PSM20H-02

PLC 모듈은 PLC CHIP을 사용하여 구성된 모듈로 전기선에 연결되는 것만으로 PLC 모듈 간 통신이 가능하며, 내장된 UART 인터페이스를 이용하여 MCU 모듈과 통신이 가능하다.

본 시스템에서 사용하는 PLC CHIP은 PSM20H-02로 [그림 10-2]와 같다.

PSM20H-02는 총 20핀으로 구성되어 있으며, 〈표 10-1〉은 PSM20H-02에 대한 핀 설명이다.

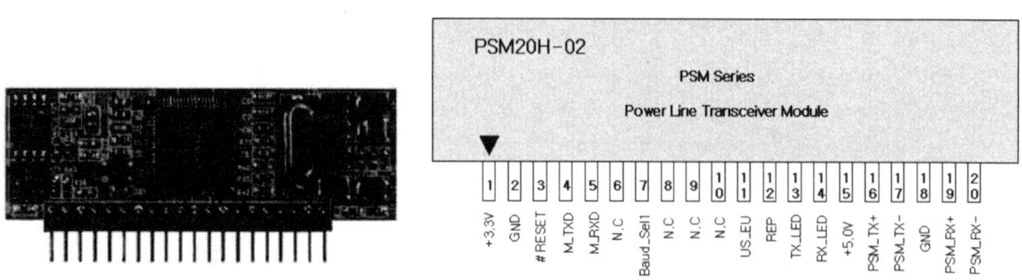

[그림 10-2] PLC 모뎀의 외형과 핀 배열

〈표 10-1〉 PSM20H-PM02 핀 설명

NO	PIN NAME	Type	REMARK
1	Vcc	Power	+3.3V 전원
2	GND	Power	그라운드
3	/RESET	Input	리셋
4	M_TXD	Output	UART TX(+3.3 Level)
5	M_RXD	Input	UART RX(+3.3 Level)
6	N.C	-	사용하지 않음
7	BAUD_SEL	Input	Baud Rate Setting '1' : 9,600bps / '0' : 19,200bps
8	N.C	-	사용하지 않음
9	N.C	-	사용하지 않음
10	N.C	-	사용하지 않음
11	US_EU	Input	Carrier Frequency Select '1' : US (for Outdoor : 120k~400kHz) '0' : EU (for Indoor : 95k~125kHz)
12	REP	Input/Output	Repeater Select '1' : application / '0' application+Reapeater
13	PSM_TX_LED	Output	TX State LED out (or TX/RX State LED out)
14	PSM_RX_LED	Output	RX State LED out
15	Vdd	Power	+5V 전원
16	PSM_TX+	Output	Power Line Signal +TX
17	PSM_TX−	Output	Power Line Signal −TX
18	GND	Power	그라운드
19	PSM_RX+	Input	Power Line Signal +RX
20	PSM_RX−	Input	Power Line Signal −RX

① PIN 4, 5

MCU 모듈과 통신하는 핀이다. 4번 핀은 송신(TX)핀, 5번 핀은 수신(RX)핀으로 사용된다.

② PIN 7

이 핀은 MCU 모듈과 PLC 모듈 사이의 통신속도를 설정하는 핀이다. High Impedance 상태(회로가 끊어져 있는 상태)로 설정했을 시 9,600bps 속도이며, 'Low'(0) 상태(GND와 연결된 상태)로 설정했을 시 19,200bps의 속도로 설정된다. 최초 전원 ON 시 인식되며 운영 중에 변경하여도 변경되지 않는다.

③ PIN 11

US(Outdoor) 모드, EU(Indoor) 모드를 설정하는 핀이다. 전력선통신에서 사용하는 주파수를 선택한다. High Impedance 상태로 설정했을 시 US(Outdoor) 모드(120kHz～400kHz의 캐리어 주파수 사용)이며, 'Low'(0) 상태로 설정했을 시 EU(Indoor) 모드(95kHz～125kHz의 캐리어 주파수 사용)이다. PLC 모듈 사이에 통신하기 위해서는 PLC 모듈 간의 사용 주파수가 같아야 한다. 운용 중에 변경하여도 변경된다. 본 시스템에서는 US(Outdoor) 모드로 사용한다.

④ PIN 12

PLC 모듈의 중계기(Repeater) 모드 사용 여부를 설정하는 핀이다. 외부 환경에 의해 전력선통신이 원활한 통신이 되지 않을 경우 중계기(Repeater) 모드를 선택한다. 'Low'(0) 상태로 설정했을 시 중계기(Repeater) 모드로 동작하며 High Impedance 상태로 설정했을 시 중계기(Repeater) 모드가 동작하지 않는다. 운용 중에 변경하여도 변경된다. 본 시스템에서는 중계기(Repeater) 모드를 사용하지 않는다.

⑤ PIN 13, 14

PLC 신호의 송수신 상태를 나타내기 위해 사용되는 핀이다. PLC 신호의 송신 시 13번 핀이 'Low'(0) 상태가 되고, 수신 시 14번 핀이 'Low'(0) 상태가 된다.

⑥ PIN 16, 17, 19, 20

AC(전기선)선을 통해서 PLC 모듈 간 통신을 하는 핀이다(PLC 신호를 송수신하기 위한 핀이다). 16, 17번 핀은 송신, 19, 20번 핀은 수신으로 사용된다. PLC 통신을 하기 위해서는 외부에 커플링 회로가 필요하다([그림 10-4]의 PLC 모듈의 회로도 참조).

※ 주의 : PSM20H-02는 최초 Power 인가 후 10~15초(초기화 및 EEPROM Access 시간) 이후에 동작이 가능하다.

PLC 모듈을 사용하여 전력선통신을 하기 위해선 서로간의 통신 프로토콜을 정의하여야 한다. 본 시스템에서 사용하는 PLC 모듈의 통신 프로토콜은 〈표 10-2〉와 〈표 10-3〉과 같다.

〈표 10-2〉 PLC 통신의 패킷 구조

STX	LEN	MSG	ETX
1Byte	1Byte	nByte	1Byte

〈표 10-3〉 패킷 설명

구분	설명	크기	값
STX	패킷의 시작	1Byte	0x02
LEN	패킷의 길이	1Byte	STX~ETX
MSG	Data (보내고자 하는 Data)	NByte	최소 : 1Byte 최대 : 117Byte
ETX	패킷의 끝	1Byte	0x03

패킷의 시작을 나타내는 STX는 0x02로 고정되어 있으며 패킷의 길이를 나타내는 LEN(길이)는 패킷의 시작점인 STX에서 패킷의 끝인 ETX까지의 패킷의 길이를 표시한다. MSG 부분은 최소 1Byte에서 최대 117Byte로 구성하여 사용자가 전송하고자 하는 Data를 전송할 수 있다.

2) CMOS Buffer TC74HC07AF

[그림 10-3]에 CMOS Buffer(TC74HC07AF)의 블록도와 진리표를 보였다. 이 Buffer의 특징은 진리표에서 보는 바와 같이 입력이 'L'인 경우 'L'을 출력하며 입력이 'H'인 경우 출력이 High Impedance 상태를 유지한다.

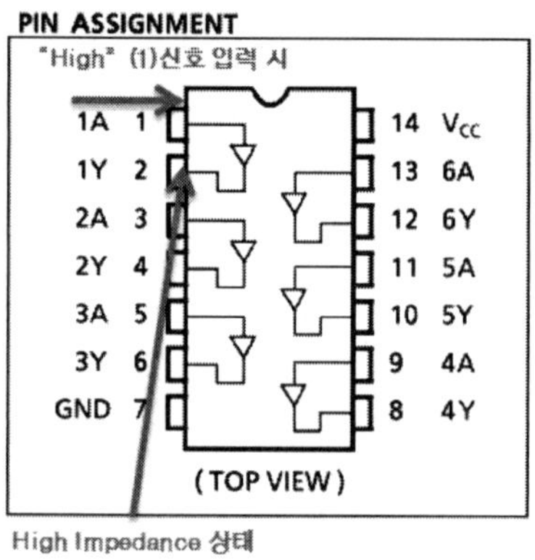

TRUTH TABLE

A	Y
L	L
H	Z

Z : High Impedance

[그림 10-3] TC74HC07AF IC의 블록도와 진리표

본 시스템에서 사용하는 PLC 모듈의 입력 핀인 11번 핀과 12번 핀의 설정에는 'L' 또는 High Impedance 상태가 사용된다. 이 설정을 위해 CMOS Buffer가 사용된다.

(3) PLC 모듈 회로 설명

[그림 10-4]는 PLC 모듈의 회로도이다.

[그림 10-4-①]의 커플링 회로는 C1, R7, T1로 구성되어 있으며 AC신호를 제거하거나 AC 신호에 PLC 신호를 싣기 위해 사용된다. 커플링 회로를 통과해서 한 쌍의 핀(PSM－TX＋/RX＋핀, PSM－TX－/RX－핀)으로 수신된 신호는 PLC CHIP에서 처리되어 디지털 데이터로 변환된다.

이 데이터는 [그림 10-4-②]의 M_TXD로 출력되어 MCU 모듈로 전송된다.

반대로 MCU 모듈에서 보내고자 하는 Data는 PLC CHIP의 MCU_RXD핀으로 입력되어 PLC 신호로 변환된다. 이 변환된 신호는 한 쌍의 핀(PSM－TX＋/RX＋핀, PSM－TX－/RX－핀)으로 출력되어 커플링 회로를 통해서 전기선으로 송신된다.

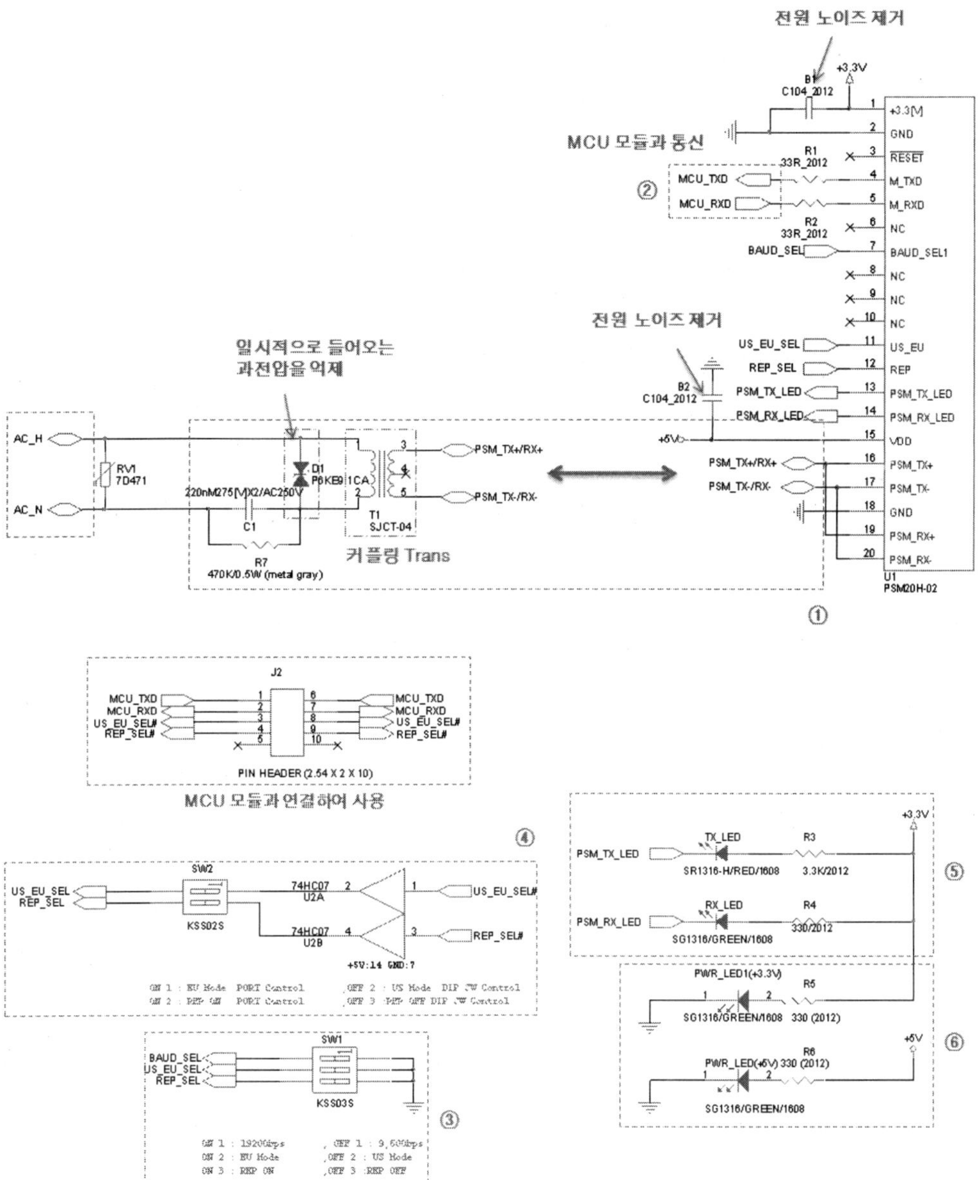

[그림 10-4] PLC 모듈의 회로도

[그림 10-4-③]의 SW1은 통신속도, US/EU Mode 선택, 중계기 사용 여부를 선택할 수 있다. SW1의 1번은 MCU 모듈과 PLC 모듈 간의 통신속도를 선택하는 것으로 ON 시 19,200bp이며 OFF 시 9,600bps이다.

SW1의 2번은 통신 주파수를 선택하는 것으로 ON 시 EU(Indoor) 모드(95kHz~125kHz의 캐리어 주파수 사용)이며 OFF 시 US(Outdoor) 모드(120kHz~400kHz의 캐리어 주파수 사용이다. SW1의 3번은 중계기 사용 여부를 선택하는 것으로 ON 시 중계기 사용이며 OFF 시 중계기를 사용하지 않는다.

[그림 10-4-④]의 SW2는 MCU 모듈을 통해 US/EU Mode 선택, 중계기 사용 여부를 선택할 수 있다. 이때 SW1의 2번과 3번은 OFF하여야 한다. SW2의 1번은 통신 주파수를 선택하는 것으로 ON 시 MCU 모듈로부터 신호를 받아 선택되며 OFF 시 SW1을 통해 제어된다. SW2의 2번은 중계기 사용 여부를 선택하는 것으로 ON 시 MCU 모듈로부터 신호를 받아 선택되며 OFF 시 SW1을 통해 제어된다.

[그림 10-4-⑤]의 TX_LED와 RX_LED는 전력선으로 송신/수신 시 점등된다.

[그림 10-4-⑥]는 전원 표시 LED로서 PLC 모듈에 +3.3V 공급 시 POWER_LED(+3.3V)가 점등되며 +5V 공급 시 POWER_LED(+5V)가 점등된다. PLC CHIP은 +3.3V와 +5V를 사용하므로 LED 2개가 모두 점등되어야 정상 동작한다.

▶ 형성평가

1. 전력선통신이란 무엇인가?

2. TC74HC07AF IC를 사용하는 이유는 무엇인가?

02 PLC 프로그램 실습

학 | 습 | 목 | 표

- 실습 프로그램을 통해 PLC 모듈의 사용법을 익힌다.

(1) PLC 모듈을 이용하여 PC 간의 통신 실습

- 이번 실습에서는 PLC 통신을 위해 두 대의 실습장비를 사용하며 실습장비 A와 실습장비 B는 동일한 구성이다. 각 장비의 MCU 모듈, INTERFACE 모듈, PLC 모듈을 사용한다.
- PLC 프로토콜은 STX – 1Byte, LEN – 1Byte, MSG – 2Byte(Check sum포함), ETX – 1Byte로 사용하며 통신속도는 19,200bps이다.
- USB의 통신속도는 19,200bps이다.
- 하이퍼터미널을 이용하여 실습장비 A와 B에 연결된 PC 사이에 전력선통신을 실습한다.

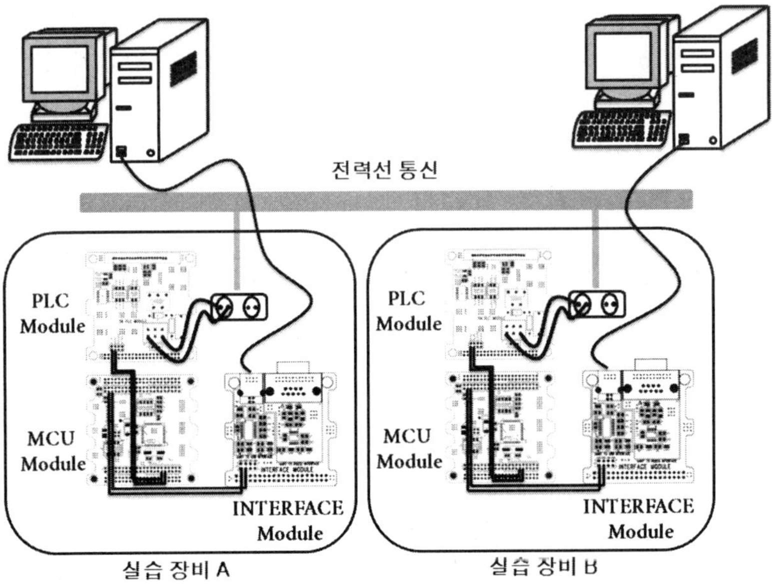

[그림 10-5] 실습 구성도(1)

2개의 실습장비 A와 B를 [그림 10-5]와 같이 연결한다. PC와 INTERFACE 모듈 사이는 USB 포트로 연결한다.

본 실습에서 사용하는 PLC 통신 프로토콜은 〈표 10-4〉와 같다. 본 실습의 MSG 필드는 1Byte Data와 1Byte Check sum으로 구성된다.

〈표 10-4〉 PLC 통신 프로토콜

STX	LEN	MSG	ETX
1Byte	1Byte	2Byte	1Byte

Data - 1Byte (ASCII 값)	Check sum - 1Byte

Data 1Byte는 키보드를 누른 ASCII 형태의 데이터 값을 가지며, Check sum 1Byte는 STX, LEN, MSG의 Data Byte까지를 Exclusive OR한 값을 갖는다. 수신측에서는 수신한 패킷에서 STX, LEN, MSG의 Data Byte까지를 Exclusive OR하여 0인지를 비교한다(0이면 Error 없음, 이외의 값이면 Error 발생).

〈표 10-5〉와 [그림 10-6]과 같이 2Pin짜리 Jumper Cable을 이용하여 MCU 모듈의 PORTE(PE0, PE1) 단자를 INTERFACE 모듈의 TXD0와 RXD0에 연결하고 MCU 모듈의 PORTD(PD2, PD3) 단자는 PLC 모듈의 MCU_TXD와 MCU_RXD에 연결한다.

〈표 10-5〉 MCU 모듈, INTERFACE 모듈, PLC 모듈, PC, 콘센트의 연결

MCU 모듈	PLC 모듈	INERFACE 모듈	콘센트	PC
PORTD2 ――	MCU_TXD			
PORTD3 ――	MCU_RXD			
PORTE0 ――――	――――	TXD0		
PORTE1 ――――	――――	RXD0		
		USB PORT ――――	――――	USB PORT
	TERMINAL BLOCK ――――	――――	콘센트	

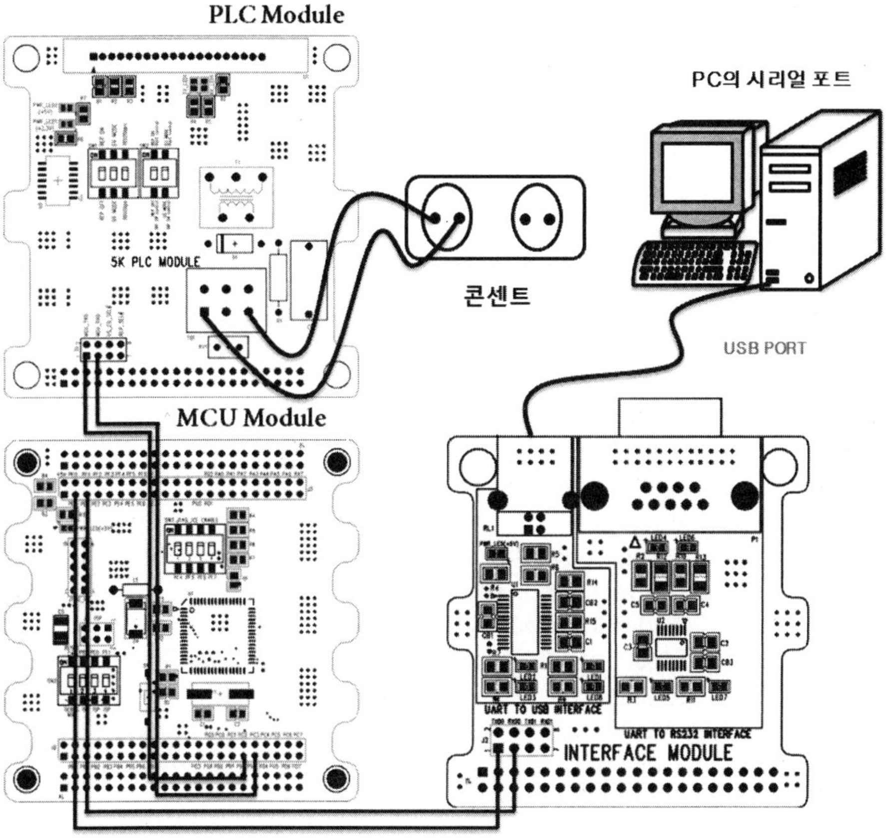

[그림 10-6] MCU 모듈, INTERFACE 모듈, PLC 모듈, PC, 콘센트의 연결

즉, MCU 모듈의 PORTE의 PE0와 PE1 단자는 USART0로 설정되어 INTERFACE 모듈과 연결된다. PORTD의 PD2와 PD3 단자는 UASRT1로 설정되어 PLC 모듈과 연결된다.

PLC 모듈의 터미널 블록의 양끝 단자는 전기 콘센트에 연결하고(방향은 상관없다), INTERFACE 모듈과 PC는 USB Cable을 이용하여 연결한다.

연결이 완료되었다면, 다음과 같이 소스코드를 작성한다. 완성된 소스코드를 컴파일한 후 다운로드하여 실습장비 A와 B에 연결된 PC 간의 통신이 이루어지는지 확인한다.

```
#include<avr/io.h>
#include<avr/interrupt.h>

unsigned char plc;  // PLC 통신의 패킷이 정상적인 패킷인지 확인하는 상태 변수
unsigned char plc_data;  // PLC로부터 수신 받은 데이터를 저장할 변수

int main(void)
{
   DDRE=0xFE;  // PE1(TXD0) 출력(1)포트로 설정, PE0(RXD0) 입력(0)포트로 설정
               // INTERFACE 모듈과 MCU 모듈 사이의 통신 설정(USART0)
   UCSR0A=0x00;  // U2X=0 (16분주)
   UCSR0B=0x98;  // Receive enable, Transmitter enable, data(8bit),
                 // RX 인터럽트사용
   UCSR0C=0x06;  // 비동기 방식, No parity bit, 1 stop bit
   UBRR0H=0x00;
   UBRR0L=0x33; // 통신속도(BAUD)를 19,200 bps로 설정
                // (자세한 내용은 6장 참조)
                // 외부 사용 클록 주파수 16MHz, 설정값 0x33(10진수 51)
   DDRD=0xFB;    // PD3(TXD1) 출력(1)포트로 설정, PD2(RXD1) 입력(0)포트로 설정
              // PLC 모듈과 MCU 모듈 사이의 통신 설정(USART1)
   UCSR1A=0x00; // U2X=0 (16분주)
   UCSR1B=0x98; // Receive enable, Transmitter enable, data(8bit),
                // RX 인터럽트 사용
   UCSR1C=0x06; // 비동기 방식, No parity bit, 1 stop bit

   UBRR1H=0x00;
   UBRR1L=0x33; // 통신속도(BAUD)를 19,200 bps로 설정
                // (자세한 내용은 앞장 참조)
                // 외부 사용 클록 주파수 16MHz, 설정값 0x33(10진수 51)

   sei();      // 헤더 파일 <avr/interrupt.h>에 정의된 함수
              // SREG 레지스터의 I-bit를 "1" 로 설정(전역 인터럽트 인에이블)

   return 0;
}
// 인터럽트 방식 사용 ; MCU 모듈의 USART0 수신 인터럽트 서비스루틴
// PC로부터 보내온 데이터가 INTERFACE 모듈을 통해 MCU 모듈의 USART0로 수신되었을 때
// 인터럽트 발생
SIGNAL(SIG_UART0_RECV)
{

   unsigned char data;
```

```
    data = UDR0;                        // USART0의 수신버퍼에서 데이터 읽어옴
    while(!(UCSR1A & 0x20)) ;           // USART1의 송신버퍼 쓰기 가능할 때까지 대기
    UDR1 = 0x02;                        // USART1의 송신버퍼에 STX 코드 씀
    while(!(UCSR1A & 0x20)) ;
    UDR1 = 0x04;                        // USART1의 송신버퍼에 LEN 코드 씀
    while(!(UCSR1A & 0x20)) ;
    UDR1 = data;                        // USART1의 송신버퍼에 data 씀
    while(!(UCSR1A & 0x20)) ;
    UDR1 = 0x02 ^ 0x05 ^ data;          // USART1의 송신버퍼에 C/S 씀
    while(!(UCSR1A & 0x20)) ;
    UDR1 = 0x03;                      //  USART1의 송신버퍼에 ETX 코드 씀
}
// 인터럽트 방식 사용 ; MCU 모듈의 USART1 수신 인터럽트 서비스루틴
// PLC 모듈로부터 보내온 데이터가 MCU 모듈의 USART1로 수신되었을 때
// 인터럽트 발생
SIGNAL(SIG_UART1_RECV)
{
    unsigned char data;
    data = UDR1;                      // USART1의 수신버퍼에서 데이터 읽어옴
    switch(plc)
    {
        case 0 :
            if(data == 0x02)          // 수신된 값이 STX 코드인지 확인
                plc = 1;
            else
                plc = 0;
            break;
        case 1 :
            if(data == 0x04)          // 수신된 값이 LEN 코드인지 확인
                plc = 2;
            else
                plc = 0;
            break;
        case 2 :
            plc_data = data;          // 수신된 data값을 plc_data에 저장
            plc = 3;
            break;
        case 3 :
         if((0x02 ^ 0x05 ^ plc_data ^ data) == 0)  // 체크섬 확인
                plc = 4;
            else
                plc = 0;
            break;
```

```
        case 4 :                    // 수신된 값이 ETX 코드인지 확인
            if(data == 0x03)
            {
                while(!(UCSR0A & 0x20)) ;
               // USART0의 송신버퍼 쓰기 가능할 때까지 대기
                UDR0 = plc_data;            // USART0의 송신버퍼에 data 씀
                plc = 0;
            }
            else
                plc = 0;
            break;
        default :
            plc = 0;
            break;
    }
}
```

(2) PLC 모듈을 이용한 원격 LED 제어 실습

- 이번 실습에서는 PLC통신을 하기 위해 두 대의 실습장비를 사용하며 실습장비 A와 실습장비 B는 동일한 구성이다. 각 장비의 MCU 모듈, LED 모듈, KEYPAD 모듈, PLC 모듈을 사용한다.
- PLC 프로토콜은 STX-1Byte, LEN-1Byte, MSG-2Byte(Check sum포함), ETX- 1Byte로 사용하며 통신속도는 19,200bps이다.
- 실습장비 A의 KEYPAD 모듈의 "1"번 KEY를 눌러 실습장비 B에 연결된 LED0을 제어하는 실습을 한다.

2개의 실습장비 A와 B를 [그림 10-7]과 같이 연결한다. 실습장비 A 또는 B의 KEY PAD에서 '1'번 KEY를 눌러 전력선통신을 통해 반대편 실습장비 LED 모듈의 LED0번을 제어한다.

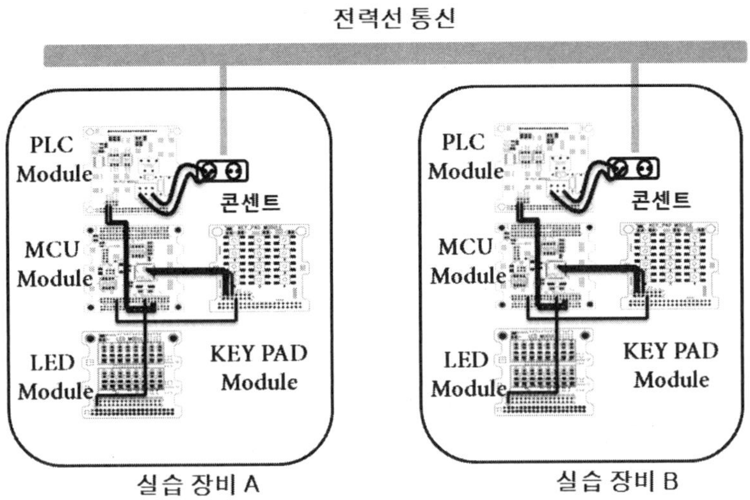

[그림 10-7] 실습 구성도(2)

본 실습에서 사용하는 PLC 통신 프로토콜은 〈표 10-6〉과 같다. 실습(1)과 같이 MSG 필드는 1Byte Data와 1Byte Check sum으로 구성된다. Data 1Byte는 키패드 1번을 눌렀을 때 0x01의 데이터 값을 가지며, Check sum 1Byte는 STX, LEN, MSG의 Data Byte까지를 Exclusive OR한 값을 갖는다. 수신측에서는 수신한 패킷에서 STX, LEN, MSG의 Data Byte까지를 Exclusive OR하여 0인지를 비교한다(0이면 Error 없음, 이외의 값이면 Error 발생).

〈표 10-6〉 PLC 통신 프로토콜

STX	LEN	MSG	ETX
1Byte	1Byte	2Byte	1Byte

Data - 1Byte (0x01)	Check sum - 1Byte

각 모듈 간의 연결은 〈표 10-7〉과 [그림 10-8]을 참조하여 연결한다.

〈표 10-7〉 MCU 모듈, PLC 모듈, LED 모듈, KEY PAD 모듈, PC, 콘센트의 연결

MCU 모듈	PLC 모듈	LED 모듈	KEY PAD 모듈	콘센트
PORTD2	MCU_TXD			
PORTD3	MCU_RXD			
PORTA0	―	―	C0	
PORTA1	―	―	C1	
PORTA2	―	―	C2	
PORTB4	―	―	R0	
PORTC0	―	LED0		
	TERMINAL BLOCK	―	―	콘센트

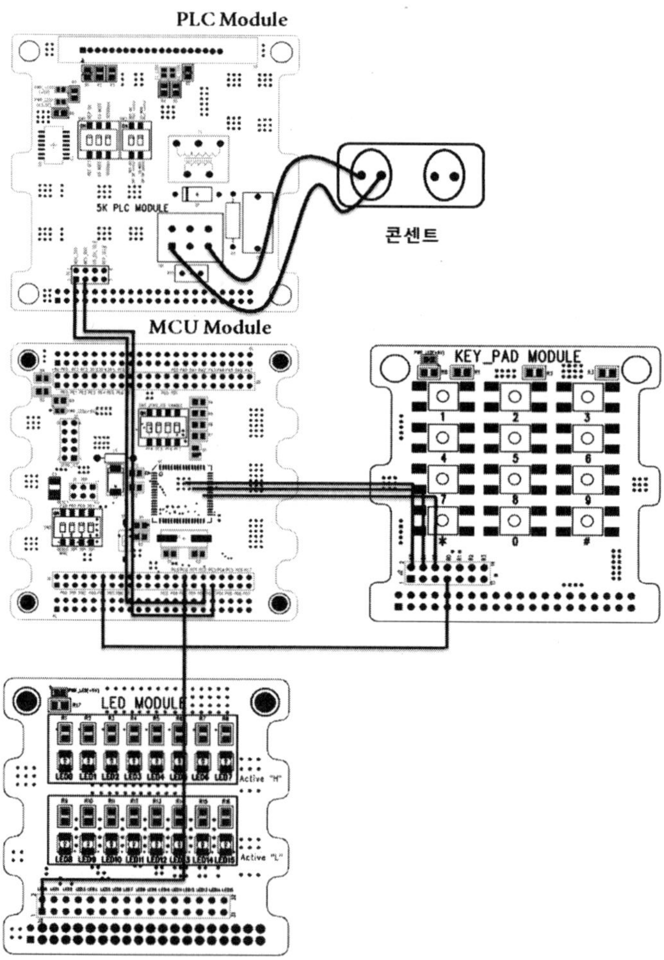

[그림 10-8] MCU 모듈, INTERFACE 모듈, PLC 모듈, LED 모듈, KEY PAD 모듈, PC, 콘센트의 연결

연결이 완료되었다면, 다음과 같이 소스코드를 작성한다. 완성된 소스코드를 컴파일한 후 다운로드하여 KEY PAD의 1번을 눌렀을 때 반대편 실습장비의 LED0번이 켜지고 꺼지는지 확인한다.

```
#include<avr/io.h>
#include<avr/interrupt.h>
#include<util/delay.h>
// 키 패드 값 상수 지정
#define KEY1 0x11 // 완성된 KEY 코드값 =
                  // (KEY 스캔용 데이터 패턴 1Bit) + (스캔된 KEY 코드값)

unsigned char plc;
unsigned char plc_data;

void _delay(unsigned int s)
{
   unsigned int i;
   for(i = 0; i < s; i++)
   {
      _delay_ms(1);
   }
}
// 채터링을 제거한 스캔된 KEY 코드값 얻는 함수

unsigned char getKeycode()
{
   unsigned char input, i;
   input = PINA & 0x07;       // PORTA로 들어오는 입력신호 중에서
                              // 하위 3Bit(스캔된 KEY코드)를 저장함
   for(i = 0; i < 10; i++)   // 채터링을 검사하기 위한 루프
   {                          // 10회(5mSec) 동안 같은 값이 읽히면
                              // 채터링 없이 안정되게 KEY가 눌러
                              // 진 상태로 인정함
      _delay_us(500);
      if(input != (PINA & 0x07))     // 채터링 검출
         return 0;  // 이전값과 다른 값이면 채터링으로 간주함
   }
   return input;     // 10회 동안 같은 값이 검출된 경우
}
```

```
// 완성된 KEY 코드값 얻는 함수
unsigned char key_check()
{
   unsigned char input = 0;
   unsigned char output = 0;

   output = 0x10;      // KEY 스캔용 데이터 패턴 1Bit 준비
   PORTB = output;     // PB4 단자= '1'  -> KEY_R0 단자
   input = getKeycode(); //스캔된 KEY 코드값 얻기
   if(input != 0)
      return (output | input);    // 완성된 KEY 코드값 형성
     // (KEY 스캔용 데이터 패턴 1Bit) + (스캔된 KEY코드값)

   return 0xFF;  // 채터링 중 또는 키가 눌려지지 않은 상태
}

int main(void)
{
   unsigned char key_value = 0x00;

   DDRA = 0x00;  // KEY 코드값을 입력받기 위해 PORTA 입력 설정
   DDRB = 0xFF;  // KEY 스캔용 데이터 패턴 1Bit를 출력하기
                 // 위해 PORTB 출력 설정
   DDRC = 0xFF;  // LED로 출력하기 위해 PORTC를 출력으로 설정
   DDRD = 0xF8;  // PD3(TXD1) 출력(1)포트 설정, PD2(RXD1) 입력(0)포트 설정
   PORTB = 0x00; // 초기화
   PORTC = 0x00; // LED 초기화
   // PLC  모듈과 MCU  모듈 사이의 통신 설정(USART1)
   UCSR1A=0x00;
   UCSR1B=0x98;
   UCSR1C=0x06;

   UBRR1H=0x00;
   UBRR1L=0x33;
   sei();

   while(1)
   {

     key_value = key_check(); // 완성된 KEY 코드값 얻기

     if(key_value == KEY1)     // 눌려진 키가 1일 경우에만 데이터 전송
```

```
      {
         while(!(UCSR1A & 0x20)) ; // USART1의 송신버퍼 쓰기
                                   // 가능할 때까지 대기
         UDR1 = 0x02;     // USART1의 송신버퍼에 STX 코드 씀
         while(!(UCSR1A & 0x20)) ;
         UDR1 = 0x05;     // USART1의 송신버퍼에 LEN 코드 씀
         while(!(UCSR1A & 0x20)) ;
            UDR1 = 0x01;     // USART1의 송신버퍼에 data 씀
         while(!(UCSR1A & 0x20)) ;
         UDR1 = 0x02 ^ 0x05 ^ 0x01;  // USART1의 송신버퍼에 C/S 씀
         while(!(UCSR1A & 0x20)) ;
         UDR1 = 0x03;  //  USART1의 송신버퍼에 ETX 코드 씀
      }
      _delay(200);
   }

   return 0;
}
// 인터럽트 방식 사용 ; MCU  모듈의 USART1 수신 인터럽트 서비스루틴
// PLC  모듈로 부터 보내온 데이터가 MCU  모듈의 USART1로 수신되었을 때
// 인터럽트 발생
SIGNAL(SIG_UART1_RECV)
{
   unsigned char data;
   data = UDR1;      // USART1의 수신버퍼에서 데이터 읽어옴

   switch(plc)
   {
      case 0 :
         if(data == 0x02)       // 수신된 값이 STX 코드인지 확인
            plc = 1;
         else
            plc = 0;
         break;
      case 1 :
         if(data == 0x05)       // 수신된 값이 LEN 코드인지 확인
            plc = 2;
         else
            plc = 0;
         break;
      case 2 :
            plc_data = data;   // 수신된 data값을 plc_data에 저장
```

```
            plc = 3;
         break;
      case 3 :
         if((0x02 ^ 0x05 ^ plc_data ^ data) == 0) // 체크섬 확인
            plc = 4;
         else
            plc = 0;
         break;
      case 4 :
         if(data == 0x03)           // 수신된 값이 ETX 코드인지 확인
         {
          if(plc_data == 0x01)      // 패킷을 모두 수신하고
         {                          // data가 0x01일 경우
            PORTC ^= 0x01;          // LED 반전
         }
            plc = 0;
         }
         else
            plc = 0;
         break;
      default :
         plc = 0;
         break;
   }
}
```

▶ 형성평가

1. 위의 실습(2)의 프로그램을 이용하여 LED0번이 ON되면 RELAY1번은 OFF되고 LED0번이 OFF되면 REALY1번은 ON 되도록 프로그램을 작성하여 실습해 보시오.

2. KEY PAD 모듈의 각 KEY1~9번이 눌렸을 때에는 해당하는 LED0~LED8가 ON, KEY＊번이 눌렸을 때에는 LED9번을 ON, KEY0번이 눌렸을 때에는 LED10번을 ON, KEY#번이 눌렸을 때에는 LED11번이 ON 되도록 실습해 보시오.

Chapter 11

응용 실습 I

01. 온/습도를 측정하여 PC화면에 표시하기
02. 실습장비 A에서 측정한 온/습도의 값을 실습장비 B에 연결된 PC화면에 표시

단 | 원 | 학 | 습 | 개 | 요

본 단원에서는 앞에서 다룬 FE-PLC-HN System의 각 모듈들을 조합하여 여러 가지 응용 실습한다.

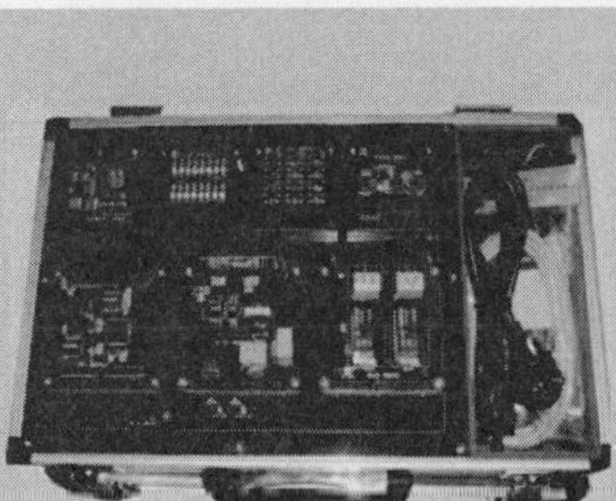

01 온/습도를 측정하여 PC화면에 표시

학 | 습 | 목 | 표

- 온/습도를 측정하여 PC화면에 온/습도의 값을 표시한다.
- MCU 모듈, SENSOR 모듈, INTERFACE 모듈을 조합하여 실습한다.

(1) 실습 구성도

[그림 11-1]은 온/습도를 측정하여 PC화면에 출력하는 실습의 구성도이다. SENSOR 모듈에서 온/습도 센서로부터 측정한 온/습도 값을 MCU 모듈의 I/O 포트로 입력받아 USART핀을 통한 시리얼 통신으로 온/습도의 값을 PC화면에 출력하게 된다.

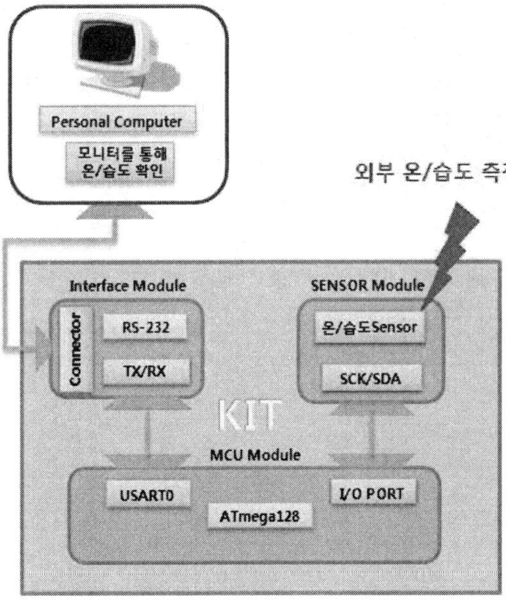

[그림 11-1] 온/습도 실습 구성도

(2) 모듈 사이의 연결 실습

[그림 11-2]는 본 실습에 필요한 MCU 모듈, INTERFACE 모듈, SENSOR 모듈과 PC를 그려 놓은 것이다. 본 실습을 하기 위해 <표 11-1>을 참고하여 PC와 각 모듈 사이의 연결을 어떻게 해야 하는지 직접 펜으로 연결해 본다.

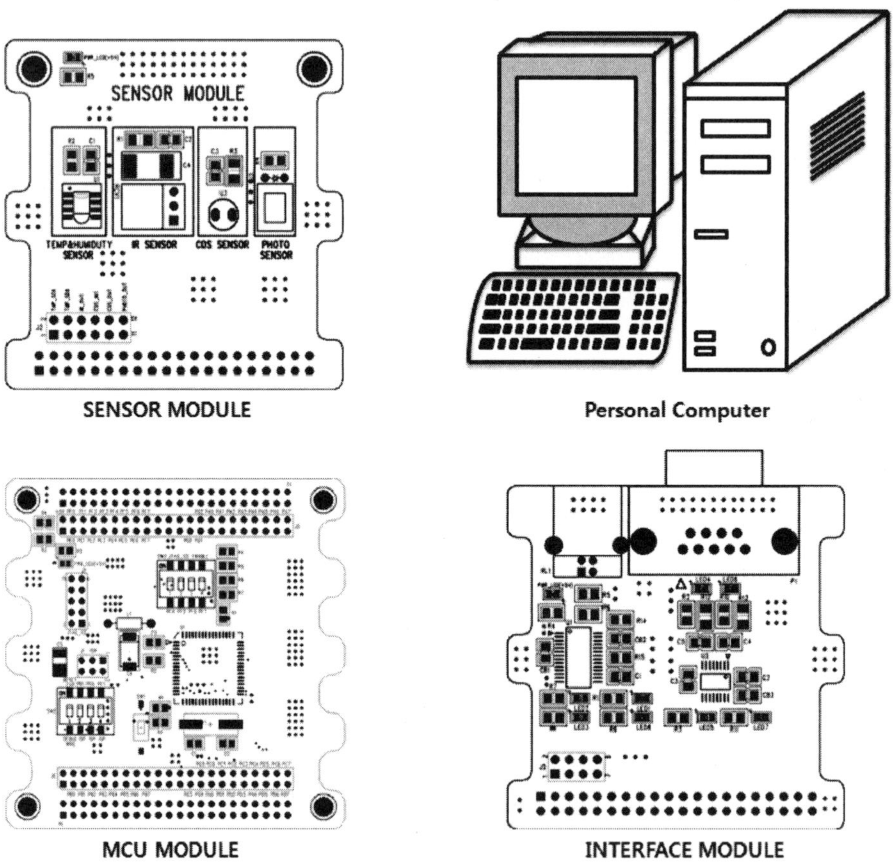

[그림 11-2] PC와 각 모듈 사이의 연결 실습

〈표 11-1〉 모듈 간 연결핀

INTERFACE 모듈 중 RS-232 부분 사용 시				
MCU 모듈	——	SENSOR 모듈	——	INTERFACE 모듈
PE0	——	——	——	TXD1
PE1	——	——	——	RXD1
PORT	——	TMP_SCK		
PORT	——	TMP_SDA		

INTERFACE 모듈 중 USB 부분 사용 시				
MCU 모듈	——	SENSOR 모듈	——	INTERFACE 모듈
PE0	——	——	——	TXD0
PE1	——	——	——	RXD0
PORT	——	TMP_SCK		
PORT	——	TMP_SDA		

(3) 프로그램 소스 작성

[그림 11-1]과 같은 온/습도 실습을 구현하기 위한 소스 프로그램을 작성하시오.
(본 교재의 6장과 9장을 참조하시오.)
(소스 프로그램에 대한 자세한 내용은 교육자용 매뉴얼을 참조하시오.)

```
#include <avr/io.h>
#include <util/delay.h>
#include <stdio.h>
#include "sht11.h"

.............
.............
```

02 실습장비 A에서 측정한 온/습도의 값을 실습장비 B에 연결된 PC화면에 표시

학 | 습 | 목 | 표

- 실습장비 A에서 온/습도를 측정하여 측정한 온/습도 데이터 값을 전력선통신을 통하여 실습장비 B에 연결된 PC화면에 온/습도의 값을 표시한다.
- MCU 모듈, PLC 모듈, SENSOR 모듈, INTERFACE 모듈을 조합하여 실습한다.

(1) 실습 구성도

[그림 11-3]은 실습장비 A에서 측정한 온/습도의 값을 전력선통신을 통하여 실습장비 B에 연결된 PC화면에 표시하기 위한 구성도이다.

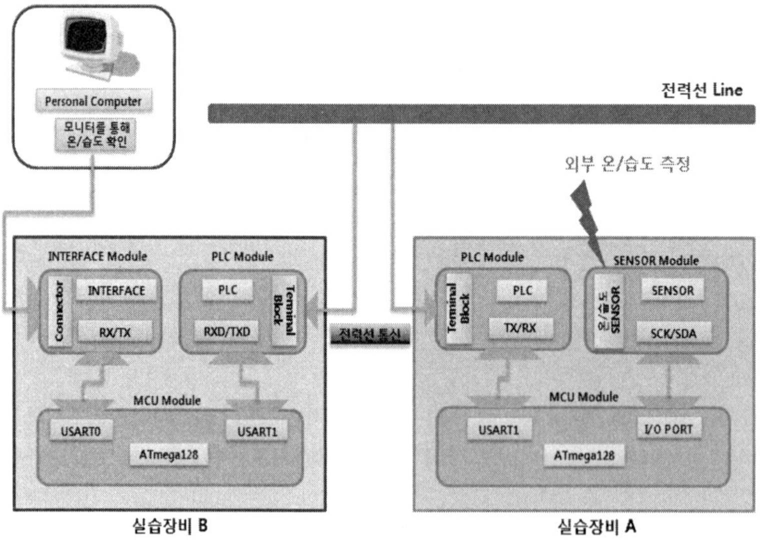

[그림 11-3] 온/습도 센서와 전력선통신을 이용한 온/습도 측정 실습 구성도

실습장비 A에 있는 SENSOR 모듈의 온/습도 센서로부터 측정한 온/습도 데이터 값을 PLC 모듈을 통해 실습장비 B로 송신한다. 실습장비 B는 수신된 데이터를 INTERFACE 모듈을 통해 PC화면에 온/습도 값을 표시하게 된다.

(2) 모듈 사이의 연결 실습

[그림 11-4]와 [그림 11-5]는 실습장비 A와 실습장비 B에서 본 실습에 필요한 모듈과 PC, 전력선통신을 위한 콘센트를 그려놓은 것이다.

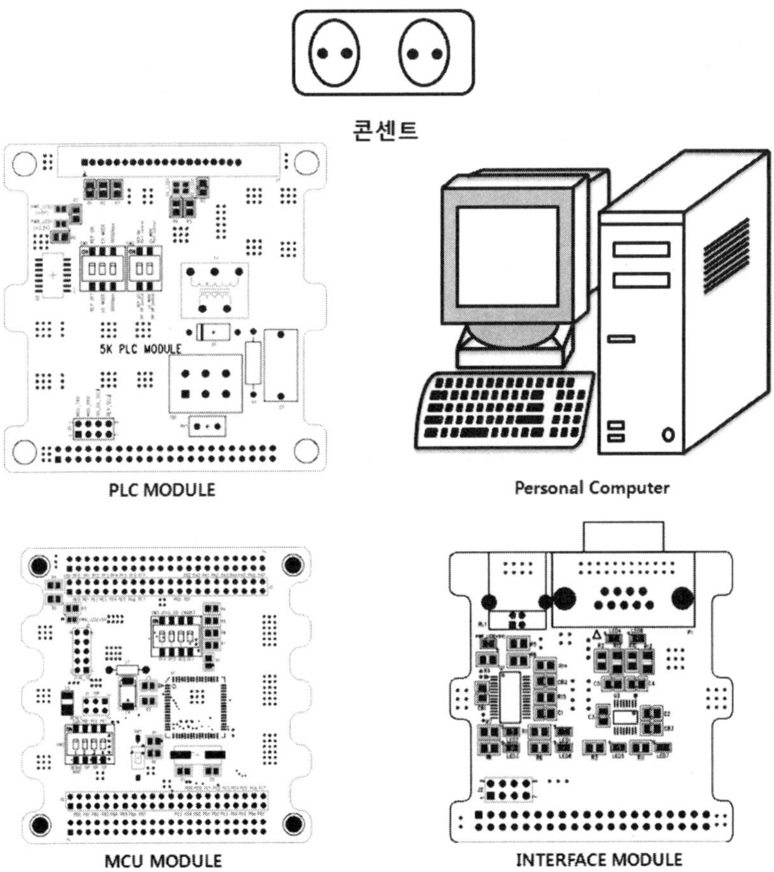

[그림 11-4] 실습장비 B

본 실습을 하기 위해서 각 모듈 사이의 연결을 어떻게 해야 하는지 직접 펜으로 연결해 본다.

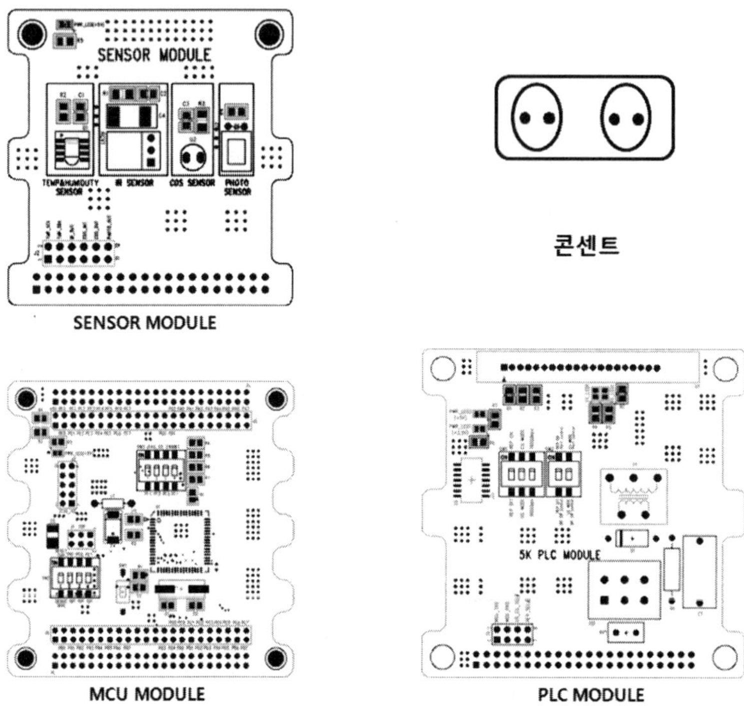

[그림 11-5] 실습장비 A

(3) 전력선통신 프로토콜 설계

10장에서 PLC 모듈을 이용한 전력선통신을 하기 위한 프로토콜을 설명하였다. 이번 실습에서는 PLC 모듈에서 사용하는 프로토콜을 기준으로 자신 나름대로의 프로토콜을 설계하여 전력선통신을 해본다.

〈표 11-2〉와 〈표 11-3〉은 본 실습장비에서 사용하는 PLC 모듈의 프로토콜을 나타낸 것이다.

〈표 11-2〉 전력선통신 데이터의 패킷 구조

STX	LEN	MSG	ETX
1Byte	1Byte	nByte	1Byte

〈표 11-3〉 패킷의 설명

구분	설명	크기	값
STX	패킷의 시작	1Byte	0x02
LEN	패킷의 길이	1Byte	STX~ETX
MSG	Data (보내고자 하는 Data)	NByte	최소 : 1Byte 최대 : 117Byte
ETX	패킷의 끝	1Byte	0x03

패킷 구조 중 STX, LEN, ETX는 본 PLC 모듈을 사용함에 있어 꼭 지켜 주어야 하는 부분이다.

여기서 실습자가 따로 구성해 주어야 할 것은 MSG에 들어가는 데이터를 최소 1Byte에서 최대 117Byte 사이의 크기로 MSG 크기를 정하여 최종 프로토콜을 설계해야 한다.

(4) 프로그램 소스 작성

[그림 11-3]과 같은 전력선통신을 이용한 온/습도 측정 실습을 구현하기 위한 소스 프로그램을 작성하시오.

실습장비 A와 실습장비 B의 소스 프로그램을 별도로 작성하시오.

```
// 실습장비 A
#include <avr/io.h>
#include <util/delay.h>
#include <stdio.h>
#include "sht11.h"

.............
.............
```

```
// 실습장비 B
#include<avr/io.h>
#include<avr/interrupt.h>

.............
.............
```

Chapter 12

응용 실습 Ⅱ

01. 홈 네트워크 소개
02. 홈 네트워크 실습

단 | 원 | 학 | 습 | 개 | 요

본 단원에서는 FE_PLC-HN System을 이용하여 홈 네트워크를 구성하여 실습한다.

01 홈 네트워크 소개

학 | 습 | 목 | 표

- 홈 네트워크에 대해 알아보고, 실습장비를 통한 홈 네트워크 구성을 간략하게 알아본다.
- 홈 네트워크 시 필요한 홈 네트워크 프로토콜을 설계하는 실습을 한다.

(1) 홈 네트워크란?

홈 네트워크는 [그림 12-1]과 같이 가정 내 정보 가전기기들을 네트워크로 연결하여 사람과 사람, 사람과 기기, 기기와 기기 간 커뮤니케이션을 가능하도록 하고, 이를 통해 공간과 디바이스의 제약 없이 가정 내 기기들을 간편하게 제어하고, 보다 폭 넓고 다양한 정보와 서비스를 제공받음으로써 삶의 질을 한층 더 높게 만들어 주는 기술을 말한다.

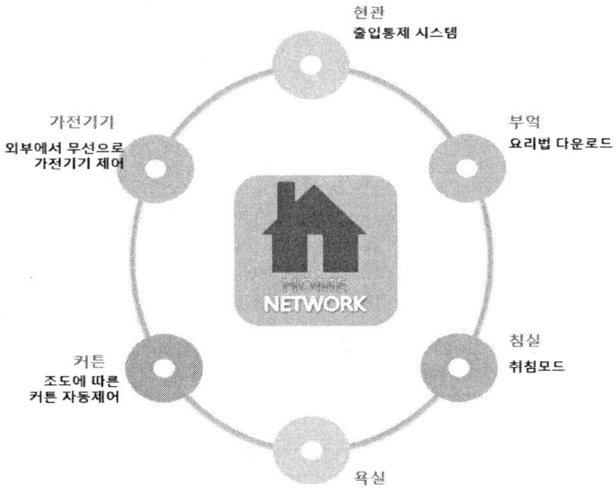

[그림 12-1] 홈 네트워크 시스템

(2) 홈 네트워크 구성도

[그림 12-2]는 본 단원에서 실습할 홈 네트워크의 구성도이다. 본 실습장비로 구현된 전원제어장치(실습장비 A)를 사용하여 집안의 전등의 ON/OFF 제어 및 상태 관리를 수행한다. 본 전원제어장치의 IR 센서는 사용자가 리모컨으로 집안의 전등을 ON/OFF 할 수 있게 한다. 실습장비 B에 연결된 PC를 통해 리모컨으로 제어된 전등의 상태를 원격에서 확인할 수 있다. 이때 실습장비 B가 원격관리장치 역할을 수행하게 된다.

현재의 전원제어장치(실습장비 A)에는 2개의 RELAY가 있어 2개의 전자기기에 대하여 전원을 제어할 수 있으나 RELAY 모듈을 추가하거나 전원제어장치를 추가하면 가정 내의 모든 전원기기를 제어할 수 있을 것이다.

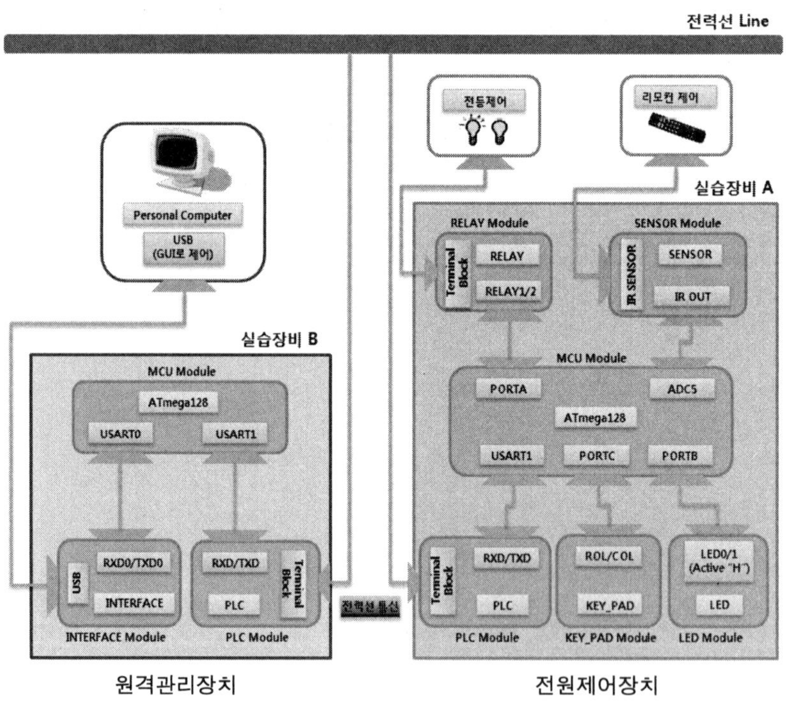

[그림 12-2] 실습할 홈 네트워크 구성도

(3) 홈 네트워크 프로토콜 설계

본 실습에서 사용할 전력선통신 프로토콜은 〈표 12-1〉과 같이 STX – 1Byte, LEN – 1Byte, MSG – 3Byte, ETX – 1Byte로 구성되어 있으며, MSG의 3Byte 중 2Byte는 제어할 주소와 제어명령을 위해 사용되고, 나머지 1Byte는 Check sum을 사용하기 위해 존재한다.

- STX : 1Byte(0x02)
- LEN : 1Byte(STX~ETX)
- MSG : 3Byte(제어명령 – 2Byte, Check sum – 1Byte)
- ETX : 1Byte(0x03)

〈표 12-1〉 PLC 통신 프로토콜

STX	LEN	MSG	ETX
1Byte	1Byte	3Byte	1Byte

제어명령 - 2Byte	Check sum - 1Byte

CMD(제어명령) 1Byte	ADD(제어할 주소) 1Byte

제어명령(CMD)에 대한 설명은 〈표 12-2〉와 같으며, 제어할 주소(ADD)는 RELAY1과 RELAY2로써 0x01과 0x02를 사용한다(0x01 – RELAY1, 0x02 – RELAY2).

〈표 12-2〉 제어명령

명령	설명	명령	설명
0x10	Device 상태 요청	0x21	Device All Off
0x11	Device 상태 전송	0x30	ADD Device On
0x20	Device All On	0x31	ADD Device Off

02 홈 네트워크 실습

학 | 습 | 목 | 표

- 홈 네트워크 환경을 구축하여 원격 전등 제어를 실습한다.
- PLC 통신 프로토콜은 앞서 설계한 프로토콜을 이용한다.

(1) 모듈 사이의 연결 실습(원격관리장치)

[그림 12-3]은 홈 네트워크 원격관리장치 구성을 위해 필요한 모듈들과 콘센트를 구성해 놓은 것이다.

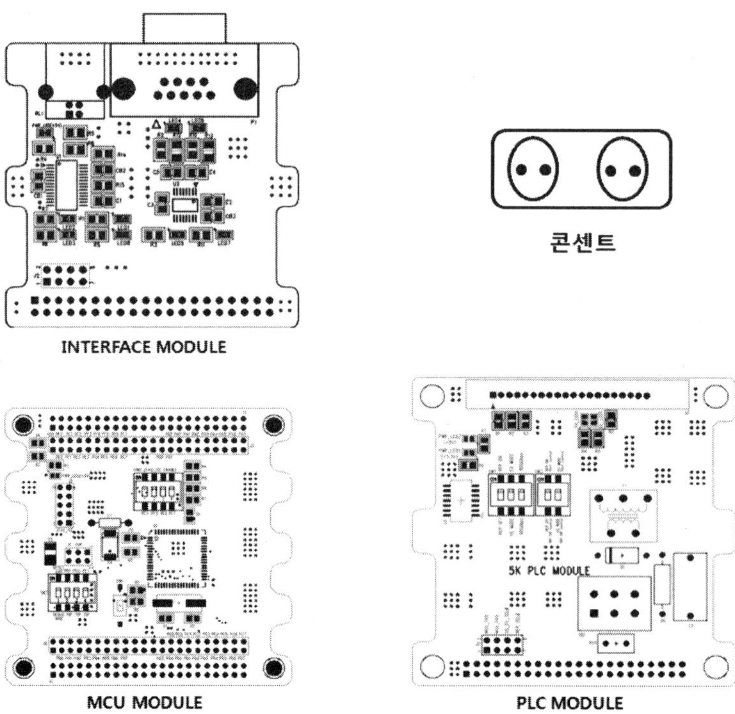

[그림 12-3] 원격관리장치 연결 실습

본 실습을 하기 위한 모듈 사이의 연결을 어떻게 해야 하는지 직접 펜으로 연결해 본다.

(2) 모듈 사이의 연결 실습(전원제어장치)

[그림 12-4]는 홈 네트워크의 전원제어장치 구성을 위한 필요한 모듈들과 콘센트를 구성해 놓은 것이다. 본 실습을 하기 위한 모듈 사이의 연결을 어떻게 해야 하는지 직접 펜으로 연결해 본다.

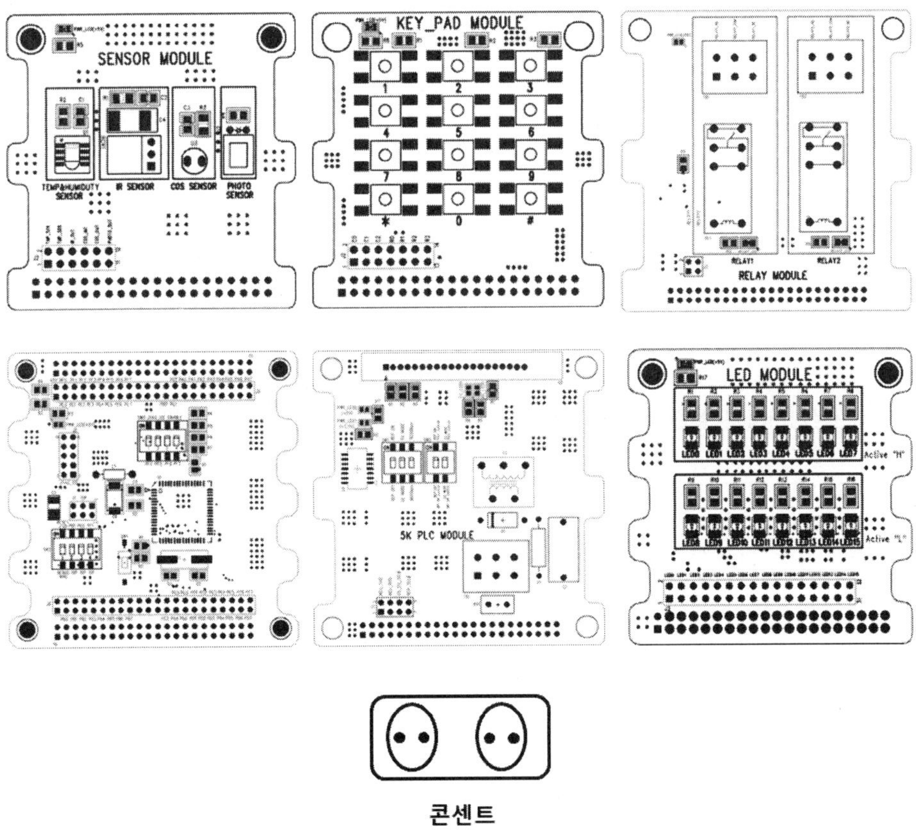

[그림 12-4] 전원제어장치 연결 실습

(3) 원격관리장치 및 전원제어장치 소스 프로그램 작성

원격관리장치(실습장비 A)와 전원제어장치(실습장비 B)의 소스 프로그램을 별도로 작성하시오.

(본 교재의 6장, 7장, 9장, 10장을 참조하시오.)

(소스 프로그램에 대한 자세한 내용은 교육자용 매뉴얼 참조하시오.)

```
// 원격관리장치(실습장비 A)
#include <avr/io.h>
#include <util/delay.h>
#include <avr/interrupt.h>

.............
.............
```

```
// 전원제어장치(실습장비 B)
#include <avr/io.h>
#include <avr/interrupt.h>
#include <util/delay.h>
#include "ir.h"
.............
.............
```

부 록 1

헤더 파일

01 ir.h 헤더 파일

```
#ifndef __IR_H_
#define __IR_H_
//------------------------------------------------------------
//  IR
//------------------------------------------------------------
#define _50US    155    // 타이머 155->255까지 증가 = 50us 정의
#define IR       PE5    // 헤더 파일 <avr/io.h>내의 <avr/iom128.h>에 정의된
                        // 상수 PE5 = 5
#define PIN_IR   PINE   // 헤더 파일 <avr/iom128.h>에 정의
                        //  PORTE  입력 레지스터

// PINE의 IR비트를 검사하는 매크로
#define IS_LOW_IR()   bit_is_clear(PIN_IR,IR) // 현재 LOW인지 검사(PORTE 5핀)
#define IS_HIGH_IR()  bit_is_set(PIN_IR,IR)   // 현재 HIGH인지 검사(PORTE 5핀)

#define TIME_IR_OVERLAP         180  // 180 * 1 ms (8장의 그림 8-2참조)
// One WORD의 전송 시간 =180ms를 의미, KEY 눌림의 연속성 검사에 이용

// 리모컨 신호 펄스 종류의 시간 정의 //
//                                      규격   설정    오차
#define CSI_LEAD_HIGH           156     // 9,    7.8,    1.2 ms  (50us x 156)
#define CSI_LEAD_LOW            76      // 4.5,  3.8,    0.2 ms  (50us x 76)
#define CSI_CODE_LONG           26      // 1.68, 1.3,    0.2 ms  (50us x 26)
#define CSI_CODE_SHORT          6       // 0.56, 0.3,    0.2 ms  (50us x 6)
#define CSI_SEPARATION_HIGH     6       // 0.5,  0.3,    0.2 ms  (50us x 6)
#define CSI_SEPARATION_LOW      76      // 4,    3.8,    0.2 ms  (50us x 76)

// 리모컨 신호 펄스 종류의 상태값 정의//
#define IP_LEAD_CODE            1
#define IP_CUSTOM_CODE          2
#define IP_SEPARATION           3
#define IP_DATA_CODE            4

// IR CUSTOM CODE 정의//
#define IC_CUSTOM               0xFE01  // CUSTOM CODE
```

```
// IR DATA CODE 정의//
#define IC_IR_1            0xF40B  // 리모컨 1번 버튼
#define IC_IR_2            0xE817  // 2
#define IC_IR_3            0xE41B  // 3
#define IC_IR_4            0xF807  // 4
#define IC_IR_5            0xAF50  // 5
#define IC_IR_6            0xAB54  // 6
#define IC_IR_7            0xB748  // 7
#define IC_IR_8            0xB34C  // 8
#define IC_IR_9            0xA758  // 9
#define IC_IR_0            0xFC03  // 0
#define IC_IR_A            0xE916  // *
#define IC_IR_B            0xF50A  // #
#define IC_IR_POWER        0xB946  // 전원
#define IC_IR_EXT          0xA659  // 외부입력
#define IC_IR_HOME         0xBD42  // HOME
#define IC_IR_MENU         0xB24D  // 메뉴
#define IC_IR_MUTE         0xA857  // 음소거
#define IC_IR_BEFORE       0xB649  // 이전
#define IC_IR_CH_UP        0xEE11  // 채널+
#define IC_IR_CH_DN        0xF609  // 채널-
#define IC_IR_VOL_UP       0xEA15  // 볼륨+
#define IC_IR_VOL_DN       0xFA05  // 볼륨-
#define IC_IR_OK           0xA15E  // OK
#define IC_IR_UP           0xAE51  // ▲
#define IC_IR_DN           0xAC53  // ▼
#define IC_IR_LEFT         0xA45B  // ◀
#define IC_IR_RIGHT        0xFA05  // ▶
#define IC_IR_RED          0xFD02  // 빨강
#define IC_IR_GREEN        0xF10E  // 녹색
#define IC_IR_YELLOW       0xE51A  // 노랑
#define IC_IR_BLUE         0xE11E  // 파랑
#define IC_IR_PREV         0xF00F  // 이전 미디어
#define IC_IR_REW          0xBC43  // 되감기
#define IC_IR_FF           0xB04F  // 빨리감기
#define IC_IR_NEXT         0xED12  // 다음 미디어
#define IC_IR_REC          0xFE01  // 녹화
#define IC_IR_STOP         0xB847  // 정지
#define IC_IR_PLAY         0xB24D  // 재생
#define IC_IR_PAUSE        0xB847  // 일시정지

unsigned char ucTimeIr;            // 펄스 시간 측정 변수
```

```
unsigned char ucCntIrOverlap;           // 펄스 중복 확인 변수
unsigned int uiCntIrActive;             // 리모컨 누른 값 저장 시간 변수
unsigned char ucCntIrOverlapTimer;      // 펄스 중복 시간 측정 변수
unsigned int ir_btn_data;               // DATA CODE 저장 변수
unsigned int ir_btn_code;               // CUSTOM CODE 저장 변수

//-----------------------------//
// ir에서 받은 custom code 반환  //
//-----------------------------//
// 반환                         //
// unsigned int : custom code   //
//-----------------------------//
unsigned int get_ir_custom()
{
	return ir_btn_code;
}

//---------------------------//
// ir에서 받은 data code 반환 //
//---------------------------//
// 반환                       //
// unsigned int : data code   //
//---------------------------//
unsigned int get_ir_data()
{
	return ir_btn_data;
}

//--------------------------------------------//
// IR 센서 초기화 함수(타이머2, 외부인터럽트)   //
//--------------------------------------------//
void init_IR()
{
	// 타이머2 설정//
	TCCR2 = 2;        // 일반 모드, 분주비8
	TCNT2 = _50US;    // 카운터값 설정 155
	TIMSK = 0x40;     // 타이머/카운터2 오버플로우 인터럽트 인에이블

	EICRB = 0x04;     // 외부인터럽트 INT5 논리 변화 시 인터럽트
	EIMSK = 0x20;     // 외부인터럽트 INT5 인터럽트 인에이블
}
```

```
//------------------------------------------------------------//
// IR에서 들어오는 인터럽트 처리                                  //
//------------------------------------------------------------//
// IR 인터럽트 처리 중에 방해를 받으면 안 됨.                     //
// utTimerHigh : High 유지시간    ┌──────────┐ ucTimerLow |  //
// ucTimerLow  : Low  유지시간    | ucTimerHigh └──────────┘  //
//------------------------------------------------------------//
SIGNAL(SIG_INTERRUPT5)
{
   static unsigned char ucTimeIrLow  = 0;  // 50us, IR 입력 High 유지 시간
   static unsigned char ucTimeIrHigh = 0;  // 50us, IR 입력 Low 유지 시간
   static unsigned char ucProc = IP_LEAD_CODE;  // procedure
   static unsigned int ucCode = 0;  // CUSTOM CODE 저장 변수
   static unsigned int ucData = 0;  // DATA CODE 저장 변수
   static unsigned char ucBit = 0;  // _BV(ucBit)들어온 비트 쉬프트 변수

   cli();      // 헤더 파일 <avr/interrupt.h>에 정의된 함수
               // SREG 레지스터의 I-bit를 "0"로 설정(전역 인터럽트 디스에이블)

   // rising edge 검출(┘):실제 수신된 펄스는 반전되므로 LOW구간 시간을 측정
   if( IS_HIGH_IR() )
   {
      ucTimeIrHigh = ucTimeIr;  // H구간의 시간값을 저장
      ucTimeIr  = 0;
      return;
   }
  // falling edge 검출(┐):실제 수신된 펄스는 반전되므로 HIGH구간 시간을 측정
   ucTimeIrLow  = ucTimeIr;   // L구간의 시간값을 저장
   ucTimeIr  = 0;

   // IR 신호 처리
   switch( ucProc )
   {
      case IP_LEAD_CODE:       // Lead Code 확인
         if(( ucTimeIrHigh >= CSI_LEAD_HIGH ) &&
            ( ucTimeIrLow  >= CSI_LEAD_LOW ))
         {
            ucCode = 0;         // CUSTOM CODE 초기화
            ucData = 0;         // DATA CODE 초기화
            ucBit  = 0;         // Bit 순번 초기화

            // 다음으로
            ucProc = IP_CUSTOM_CODE;
```

```
        }
        else
           ucProc = IP_LEAD_CODE;
        break;

     case IP_CUSTOM_CODE:      // Custom Code 확인
        if( ( ucTimeIrHigh >= CSI_CODE_SHORT ) &&
        ( ucTimeIrLow  >= CSI_CODE_SHORT ) )
        {
           // Code 입력 처리
           if( ucBit < 16 )  // custom code 처리
           {
              if( ucTimeIrLow >= CSI_CODE_LONG )
              ucCode |= _BV(ucBit);  // set
              ucProc = IP_CUSTOM_CODE;
              ucBit++;
           }
           else if(ucBit < 32)        // Custom code 처리 완료, data code 처리
           {
              if( ucTimeIrLow >= CSI_CODE_LONG )
                 ucData |= _BV(ucBit-16);     // set
              ucProc = IP_CUSTOM_CODE;
              ucBit++;
           }
           else       // data code 처리 완료
           {
              ir_btn_data = ucData;
              ir_btn_code = ucCode;

              ucProc = IP_LEAD_CODE;
              ucCntIrOverlap = TIME_IR_OVERLAP;
           }
        }
        else
           ucProc = IP_LEAD_CODE;
        break;
  }

  // 초기화
  ucTimeIrLow = ucTimeIrHigh = 0;

  sei();
}
```

```
//-------------------//
// 50us마다 인터럽트  //
//-------------------//
SIGNAL(SIG_OVERFLOW2)
{
   TCCR2 = 2;
   TCNT2 = _50US;        // 카운터 155로 초기화, 155->255 50us

   ucTimeIr++;           // ucTimeIr 1 증가
                         // 50us 단위 시간 측정 : ucTimeIr * 50us = 실제 펄스 시간
   if(ucCntIrOverlapTimer++ == 20)
   {
      if(ucCntIrOverlap)
      {
         ucCntIrOverlap--;
      }
         ucCntIrOverlapTimer = 0;
   }
}

#endif
```

02 sht11.h 헤더 파일

```
// sht11 온, 습도 센서를 사용하기 위한 헤더 파일
#include <avr/io.h>
#include <util/delay.h>
#include <stdio.h>
#include <math.h>

// 측정값을 저장할 공용체 정의
typedef union
{
   unsigned int i;        // 온, 습도센서에서 측정된 값을 저장할 변수 선언
   float f;               // 실제 계산을 통한 실제 온, 습도값을 저장할 변수 선언
}value;

value temp_val, humi_val;    // 온,습도 측정값을 저장할 변수 선언
enum {TEMP,HUMI};

#define   cbi(sfr, bit)   (_SFR_BYTE(sfr) &= ~_BV(bit))
// 헤더 파일 <avr/io.h> 내의 <avr/sfrdef.h>에 정의됨
// sfr 바이트의 값 중에서 bit번째 비트를 "0"로 설정
#define   sbi(sfr, bit)   (_SFR_BYTE(sfr) |= _BV(bit))
// 헤더 파일 <avr/io.h>내의 <avr/sfrdef.h>에 정의됨
// sfr 바이트의 값중에서 bit번째 비트를 "1"로 설정
#define   DATA1          sbi(PORTD,1)   // PORTD 1번핀을 "1"로 설정 (DATA)
#define   DATA0          cbi(PORTD,1)   // PORTD 1번핀을 "0"로 설정 (DATA)
#define   SCK1           sbi(PORTD,0)   // PORTD 0번핀을 "1"로 설정 (SCK)
#define   SCK0           cbi(PORTD,0)   // PORTD 0번핀을 "0"로 설정 (SCK)
#define   DATA_out       sbi(DDRD,1)    // PORTD 1번핀을 출력으로 설정 (DATA)
#define   DATA_in        cbi(DDRD,1)    // PORTD 1번핀을 입력으로 설정 (DATA)
#define   SCK_out        sbi(DDRD,0)    // PORTD 0번핀을 출력으로 설정 (SCK)
#define   noACK          0
#define   ACK            1

// 명령 정의                        adr  command  r/w
#define STATUS_REG_W     0x06     //000   0011    0
#define STATUS_REG_R     0x07     //000   0011    1
#define MEASURE_TEMP     0x03     //000   0001    1
```

```
#define MEASURE_HUMI     0x05    //000   0010    1
#define RESET            0x1e    //000   1111    0


//-----------------------------------------------------------//
// 1us 지연                                                    //
//-----------------------------------------------------------//
// 매개 변수                                                   //
// unsigned char time_us : 지연시간(us)                        //
//-----------------------------------------------------------//
void Delay_us(unsigned char time_us)      // time delay for us //
{
   register unsigned char i;             // 16MHz에서 1cycle : 0.0625us
   for(i = 0; i < time_us; i++) {        // 4 cycle
      asm volatile(" PUSH  R0 ");        // 2 cycle +
      asm volatile(" POP   R0 ");        // 2 cycle +
      asm volatile(" PUSH  R0 ");        // 2 cycle +
      asm volatile(" POP   R0 ");        // 2 cycle +
      asm volatile(" PUSH  R0 ");        // 2 cycle +
      asm volatile(" POP   R0 ");        // 2 cycle = 16cycle
   } // 16cycle * 0.0625us = 1us, volatile은 컴파일 시 코드를 최적화 하지 말라는
     // 지시임, 본 프로그램에서는 시간 지연을 위해 사용하기 때문에
}

//-----------------------------------------------------------//
// 1ms 지연                                                    //
//-----------------------------------------------------------//
// 매개 변수                                                   //
// unsigned char time_ms : 지연시간(ms)                        //
//-----------------------------------------------------------//
void Delay_ms(unsigned int time_ms)
{ register unsigned int i;
  for(i = 0; i < time_ms; i++)
    { Delay_us(250);
      Delay_us(250);
      Delay_us(250);
      Delay_us(250);
    }
}
```

```
//----------------------------------------------------------------//
// 1바이트 쓰기 —:in, —:out                                         //
// MCU -> 센서(MCU에서 센서로 데이터 전송)                             //
//----------------------------------------------------------------//
//              MCU ------------------> 센서                       //
// sck  1   ┌┐ ┌┐ ┌┐ ┌┐ ┌┐ ┌┐ ┌┐ ┌┐ ┌┐                             //
//      0 ──┘└─┘└─┘└─┘└─┘└─┘└─┘└─┘└─┘└                             //
//                                                                //
//            MCU ----------------------> 센서 MCU <- 센서          //
// data 1   ┌───┬───┬───┬───┬───┬───┬───┬───┐                      //
//          | 7 | 6 | 5 | 4 | 3 | 2 | 1 | 0 | ack                  //
//      0  ─┴───┴───┴───┴───┴───┴───┴───┴───┴────                  //
//----------------------------------------------------------------//
// 매개 변수                                                        //
// unsigned char value : 전송할 데이터                              //
//----------------------------------------------------------------//
// 반환                                                             //
// char : 통신 에러 여부                                             //
//----------------------------------------------------------------//
char s_write_byte(unsigned char value)
{
    unsigned char i, error = 0;
    SCK_out; DATA_out;
    for(i=0x80; i>0; i/=2)
    {
      if(i & value) DATA1;
      else DATA0;
      SCK1;
      Delay_us(5);
      SCK0;
   }
   SCK_out; DATA_in;
   SCK1;
   if(PIND & 0x02) error = 1; //센서로부터 ack 수신 여부 검사
   else error = 0;
   SCK0;

   Delay_us(5);
   Delay_us(5);

   return error;
}
```

```
//------------------------------------------------------------------//
// 1바이트 읽어들이기 —:in, —:out                                    //
// 센서 -> MCU (MCU가 센서로부터 데이터 수신)                          //
//------------------------------------------------------------------//
//            MCU ---------------------> 센서                        //
// sck  1   ┌┐ ┌┐ ┌┐ ┌┐ ┌┐ ┌┐ ┌┐ ┌┐ ┌──┐                            //
//      0 ──┘└─┘└─┘└─┘└─┘└─┘└─┘└─┘└─┘  └──                          //
//                                                                   //
//            MCU <----------------- 센서 MCU -> 센서                //
// data 1  ┌──┬──┬──┬──┬──┬──┬──┬──┬─────┬                          //
//         | 7| 6| 5| 4| 3| 2| 1| 0| ack |                          //
//      0 ─┴──┴──┴──┴──┴──┴──┴──┴──┴─────┘                          //
//------------------------------------------------------------------//
// 매개 변수                                                          //
// unsigned char ack : ack 여부                                       //
//                     ACK(ack 있음), noACK(ack 없음)                 //
//------------------------------------------------------------------//
// 반환                                                               //
// char : 읽어들인 데이터                                             //
//------------------------------------------------------------------//
char s_read_byte(unsigned char ack)
{
   unsigned char i, val = 0;

   SCK_out; DATA_in;
   for(i=0x80; i>0; i/=2)
   {
      SCK1;

      Delay_us(2);
      if(PIND & 0x02) val = (val | i);
      SCK0;

      Delay_us(2);
   }
   SCK_out; DATA_out;
   if(ack == 1) DATA0;
   else DATA1;
   SCK1;
   Delay_us(5);
   SCK0;
   DATA1;
```

```
   Delay_us(2);

   return val;
}

//---------------------------------------------------------------//
// "transmission start" 신호 전송 —:in, —:out                     //
// MCU -> 센서(MCU에서 센서로 데이터 전송)                         //
//---------------------------------------------------------------//
// sck  1    ┌──────┐      ┌──────┐                              //
//      0 ───┘      └──────┘      └────                          //
//              "transmission start"                             //
// data 1 ──────┐              ┌──────                           //
//      0       └──────────────┘                                 //
//---------------------------------------------------------------//
void s_transstart(void)
{
   SCK_out; DATA_out;
   DATA1;SCK0;
   Delay_us(2);
   SCK1;
   Delay_us(2);
   DATA0;
   Delay_us(2);
   SCK0;
   Delay_us(5);
   SCK1;
   Delay_us(2);
   DATA1;
   Delay_us(2);
   SCK0;
}

//-----------------------------------------------------------------------//
// 연결 재설정 신호 전송 —:in, —:out                                       //
// MCU -> 센서(MCU에서 센서로 데이터 전송)                                 //
//-----------------------------------------------------------------------//
// sck  1 ┌┐┌┐┌┐┌┐┌┐┌┐┌┐┌┐┌┐ |                          |  //
//      0 ┘└┘└┘└┘└┘└┘└┘└┘└┘└┘└|                          |  //
//                            | "transmission start"     |  //
// data 1 ─────────────────── |                          |  //
//      0  1  2  3  4  5  6  7  8  9 |                   |  //
//-----------------------------------------------------------------------//
```

```
void s_connection_reset(void)
{
   unsigned char i;
   SCK_out; DATA_out;
   DATA1;   SCK0;
   for(i=0; i<9; i++)
   {
      SCK1;
      Delay_us(2);
      SCK0;
      Delay_us(2);
   }
   s_transstart();
}

//--------------------------------------------------------//
// 소프트 리셋(0001 1110) 명령어 전송                          //
// MCU -> 센서(MCU에서 센서로 데이터 전송)                      //
//--------------------------------------------------------//
// |"transmission start"| write byte |                    //
// |                    | 0001 1110  |                    //
//--------------------------------------------------------//
// 반환                                                    //
// char : 통신 에러 여부                                     //
//--------------------------------------------------------//
char s_softreset(void)
{
   unsigned char error = 0;
   s_connection_reset();
   error+=s_write_byte(RESET);
   return error;
}

//--------------------------------------------------------------------------//
// 상태 레지스터 읽기(0000 0111)                                                //
// MCU -> 센서 (1바이트 명령 전송 후 2바이트 데이터 수신)                          //
//--------------------------------------------------------------------------//
// |"transmission start"| write byte  | read byte | read byte    |        //
// |                    | 0000 0111   | *p_value  | *p_checksum  |        //
//--------------------------------------------------------------------------//
// 매개 변수                                                                  //
// unsigned char *p_value : 읽은 레지스터의 데이터                               //
```

```
// unsigned char *p_checksum : 받은 데이터의 체크섬                           //
//---------------------------------------------------------------------------//
// 반환                                                                      //
// char : 통신 에러 여부                                                     //
//---------------------------------------------------------------------------//
char s_read_statusreg(unsigned char *p_value, unsigned char *p_checksum)
{
   unsigned char error = 0;
   s_transstart();
   error = s_write_byte(STATUS_REG_R);
   *p_value = s_read_byte(ACK);
   *p_checksum = s_read_byte(noACK);

   return error;
}

//---------------------------------------------------------------------------//
// 상태 레지스터 쓰기(0000 0110)                                             //
// MCU -> 센서 1바이트 명령 전송 후 1바이트 데이터 전송                      //
//---------------------------------------------------------------------------//
// | transmission start | write byte   | write byte   |                      //
// |                    | 0000 0110    | *p_value     |                      //
//---------------------------------------------------------------------------//
// 매개 변수                                                                 //
// unsigned char *p_value : 레지스터에 쓸 데이터                             //
//---------------------------------------------------------------------------//
// 반환                                                                      //
// char : 통신 에러 여부                                                     //
//---------------------------------------------------------------------------//
char s_write_statusreg(unsigned char *p_value)
{
   unsigned char error = 0;
   s_transstart();
   error+=s_write_byte(STATUS_REG_W);
   error+=s_write_byte(*p_value);

   return error;
}
```

```
//------------------------------------------------------------------------//
// 온도 or 습도 측정                                                      //
// MCU -> 센서 1바이트 명령 전송 후 3바이트 데이터 수신                   //
//------------------------------------------------------------------------//
// 매개 변수                                                              //
// unsigned char *p_value : 측정된 값이 들어갈 변수                       //
// unsigned char mode : 측정할 모드                                       //
//                      HUMI(습도), TEMP(온도)                            //
//------------------------------------------------------------------------//
// 반환                                                                   //
// char : 통신 에러 여부                                                  //
//------------------------------------------------------------------------//
char s_measure(unsigned char *p_value, unsigned char mode)
{
   unsigned char error = 0;
   unsigned  long i;
   unsigned char p_checksum;

   s_transstart();
   switch(mode)
   {
      case TEMP : error+=s_write_byte(MEASURE_TEMP); break;
      case HUMI : error+=s_write_byte(MEASURE_HUMI); break;
      default : break;
   }

   DATA_in;
   for(i=0; i<65535; i++)

   {
      asm("NOP");asm("NOP");asm("NOP");asm("NOP");asm("NOP");
      asm("NOP");asm("NOP");asm("NOP");asm("NOP");asm("NOP");asm("NOP");

      asm("NOP");asm("NOP");asm("NOP");asm("NOP");asm("NOP");
      asm("NOP");asm("NOP");asm("NOP");asm("NOP");asm("NOP");asm("NOP");

      asm("NOP");asm("NOP");asm("NOP");asm("NOP");asm("NOP");
      asm("NOP");asm("NOP");asm("NOP");asm("NOP");asm("NOP");asm("NOP");

      asm("NOP");asm("NOP");asm("NOP");asm("NOP");asm("NOP");
      asm("NOP");asm("NOP");asm("NOP");asm("NOP");asm("NOP");asm("NOP");

      if((PIND & 0x02)==0)break; // 센서 측정 완료 여부 검사
```

```
    }
    DATA_in;
    if(PIND & 0x02) error += 1;
    *(p_value+1) = s_read_byte(ACK);
    *(p_value) = s_read_byte(ACK);
    p_checksum = s_read_byte(noACK);

    return error;
}

//------------------------------------------------------------------//
// 측정된 값으로 실제 온,습도 계산                                  //
//------------------------------------------------------------------//
// 매개변수                                                         //
// float *p_humidity : 습도                                         //
// float *p_temperature : 온도                                      //
//------------------------------------------------------------------//
void calc_sth11(float *p_humidity ,float *p_temperature)
{
    //---------------------------------------------------------------
    // 데이터 시트에 정의된 상수 (보정 상수)
    float C1= -4.0;                  //for 12 Bit
    float C2= +0.0405;               //for 12 Bit
    float C3= -0.0000028;            //for 12 Bit
    float T1= +0.01;                 //for 14 Bit @ 5V
    float T2= +0.00008;              //for 14 Bit @ 5V
    //---------------------------------------------------------------
    float rh;                        //rh: 측정된 습도 값
    float t;                         //t: 측정된 온도 값
    float rh_lin;                    //rh_lin: 비선형이 보정된 상대 습도 값
    float rh_true;                   //rh_true: 정확한 상대 습도 값
    float t_C;                       //t_C : 실제 온도 값[%RH]

    rh= *p_humidity;
    t = *p_temperature;
    t_C= t*0.01 - 40;                         // 실제 온도 계산[C]
    rh_lin= C3*rh*rh + C2*rh + C1;    // 비선형이 보정된 상대 습도 값 계산[%RH]
    rh_true= (t_C-25)*(T1+T2*rh)+rh_lin;  // 정확한 상대 습도 계산[%RH]

    if(rh_true > 100) rh_true=100;      // 습도가 100% 이상으로 계산될 때 100%
    if(rh_true < 0.1) rh_true=0.1;      // 습도가 0.1% 이하로 계산될 때 0.1%

    *p_temperature= t_C;                // 실제 온도[C] 반환
    *p_humidity- rh_truc;               // 정확한 상대 습도[%RH] 반환
}
```

부록 2

데이터 시트

01 ATmega128 데이터 시트(부분 발췌)

Features

- High-performance, Low-power AVR® 8-bit Microcontroller
- Advanced RISC Architecture
  - 133 Powerful Instructions – Most Single Clock Cycle Execution
  - 32 x 8 General Purpose Working Registers + Peripheral Control Registers
  - Fully Static Operation
  - Up to 16 MIPS Throughput at 16 MHz
  - On-chip 2-cycle Multiplier
- Nonvolatile Program and Data Memories
  - 128K Bytes of In-System Reprogrammable Flash
    Endurance: 1,000 Write/Erase Cycles
  - Optional Boot Code Section with Independent Lock Bits
    In-System Programming by On-chip Boot Program
    True Read-While-Write Operation
  - 4K Bytes EEPROM
    Endurance: 100,000 Write/Erase Cycles
  - 4K Bytes Internal SRAM
  - Up to 64K Bytes Optional External Memory Space
  - Programming Lock for Software Security
  - SPI Interface for In-System Programming
- JTAG (IEEE std. 1149.1 Compliant) Interface
  - Boundary-scan Capabilities According to the JTAG Standard
  - Extensive On-chip Debug Support
  - Programming of Flash, EEPROM, Fuses and Lock Bits through the JTAG Interface
- Peripheral Features
  - Two 8-bit Timer/Counters with Separate Prescalers and Compare Modes
  - Two Expanded 16-bit Timer/Counters with Separate Prescaler, Compare Mode and Capture Mode
  - Real Time Counter with Separate Oscillator
  - Two 8-bit PWM Channels
  - 6 PWM Channels with Programmable Resolution from 1 to 16 Bits
  - 8-channel, 10-bit ADC
    8 Single-ended Channels
    7 Differential Channels
    2 Differential Channels with Programmable Gain (1x, 10x, 200x)
  - Byte-oriented 2-wire Serial Interface
  - Dual Programmable Serial USARTs
  - Master/Slave SPI Serial Interface
  - Programmable Watchdog Timer with On-chip Oscillator
  - On-chip Analog Comparator
- Special Microcontroller Features
  - Power-on Reset and Programmable Brown-out Detection
  - Internal Calibrated RC Oscillator
  - External and Internal Interrupt Sources
  - Six Sleep Modes: Idle, ADC Noise Reduction, Power-save, Power-down, Standby and Extended Standby
  - Software Selectable Clock Frequency
  - ATmega103 Compatibility Mode Selected by a Fuse
  - Global Pull-up Disable
- I/O and Packages
  - 53 Programmable I/O Lines
  - 64-lead TQFP
- Operating Voltages
  - 2.7 - 5.5V (ATmega128L)
  - 4.5 - 5.5V (ATmega128)
- Speed Grades
  - 0 - 8 MHz (ATmega128L)
  - 0 - 16 MHz (ATmega128)

8-bit AVR® Microcontroller with 128K Bytes In-System Programmable Flash

ATmega128
ATmega128L

Preliminary

Summary

Rev. 2467AS-08/01

Note: This is a summary document. A complete document is available on our web site at *www.atmel.com*.

Pin Configurations

Figure 1. Pinout ATmega128

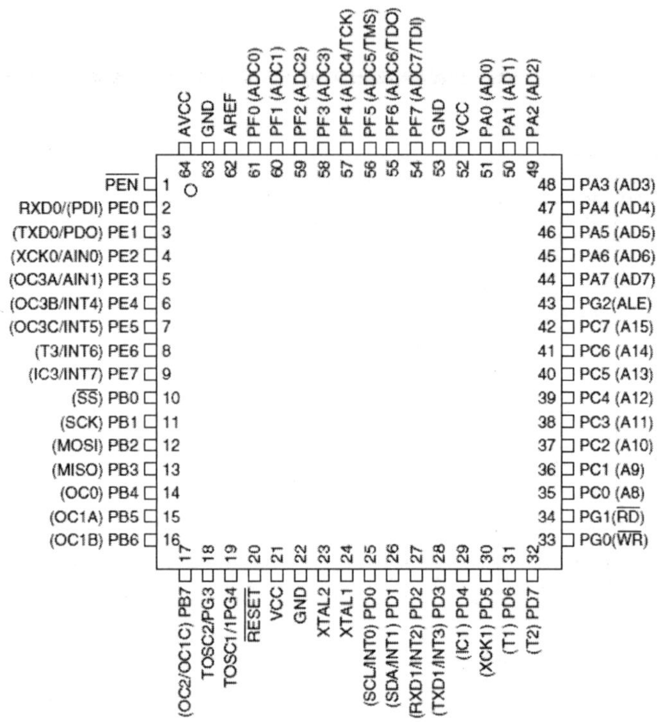

Overview

The ATmega128 is a low-power CMOS 8-bit microcontroller based on the AVR enhanced RISC architecture. By executing powerful instructions in a single clock cycle, the ATmega128 achieves throughputs approaching 1 MIPS per MHz allowing the system designer to optimize power consumption versus processing speed.

Block Diagram

Figure 2. Block Diagram

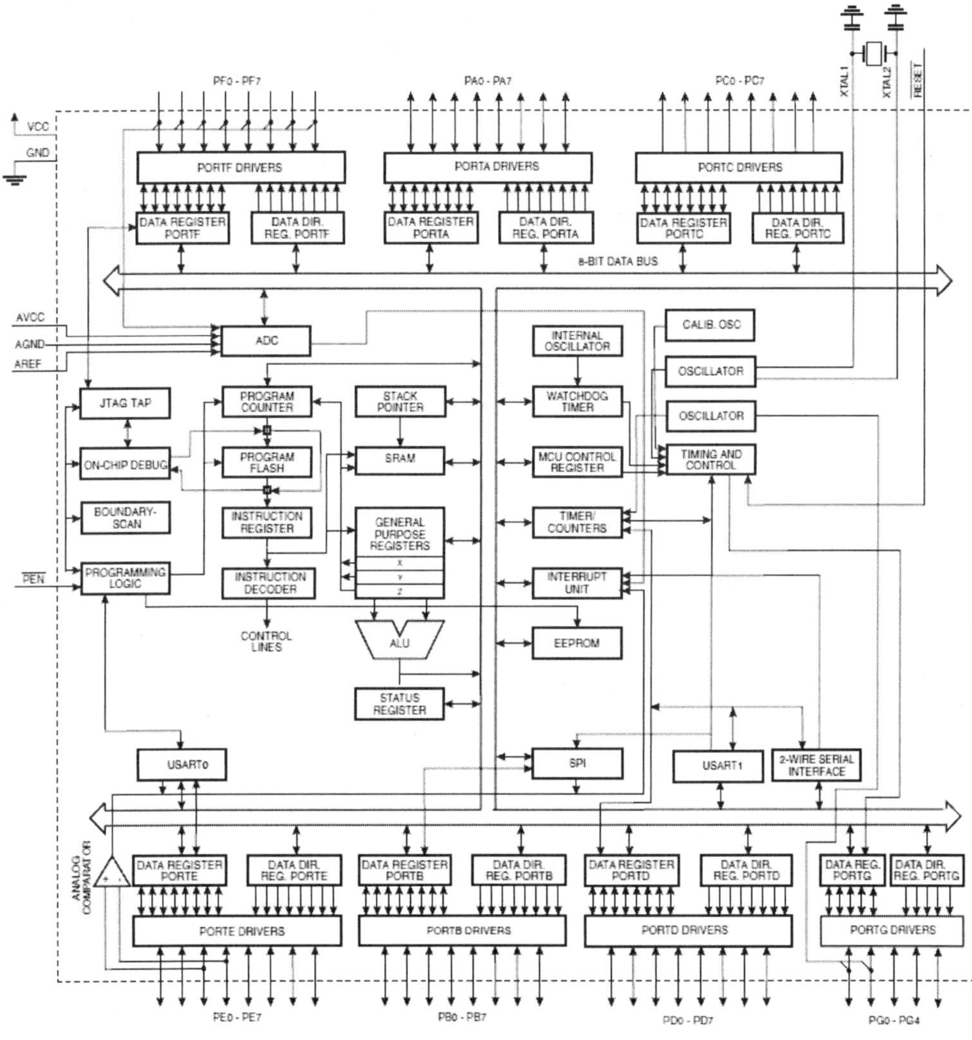

The AVR core combines a rich instruction set with 32 general purpose working registers. All the 32 registers are directly connected to the Arithmetic Logic Unit (ALU), allowing two independent registers to be accessed in one single instruction executed in one clock cycle. The resulting architecture is more code efficient while achieving throughputs up to ten times faster than conventional CISC microcontrollers.

The ATmega128 provides the following features: 128K bytes of In-System Programmable Flash with Read-While-Write capabilities, 4K bytes EEPROM, 4K bytes SRAM, 53 general-purpose I/O lines, 32 general purpose working registers, Real Time Counter (RTC), four flexible timer/counters with compare modes and PWM, 2 USARTs, a byte oriented 2-wire Serial Interface, an 8-channel, 10-bit ADC with optional differential input stage with programmable gain, programmable Watchdog Timer with internal oscillator, an SPI serial port, IEEE std. 1149.1 compliant JTAG test interface, also used for accessing the On-chip Debug system and programming and six software selectable power saving modes. The Idle mode stops the CPU while allowing the SRAM, timer/counters, SPI port, and interrupt system to continue functioning. The Power-down mode saves the register contents but freezes the oscillator, disabling all other chip functions until the next interrupt or hardware reset. In Power-save mode, the asynchronous timer continues to run, allowing the user to maintain a timer base while the rest of the device is sleeping. The ADC Noise Reduction Mode stops the CPU and all I/O modules except asynchronous timer and ADC, to minimize switching noise during ADC conversions. In Standby mode, the crystal/resonator oscillator is running while the rest of the device is sleeping. This allows very fast start-up combined with low power consumption. In Extended Standby mode, both the main oscillator and the asynchronous timer continue to run.

The device is manufactured using Atmel's high-density nonvolatile memory technology. The on-chip ISP Flash allows the program memory to be reprogrammed in-system through an SPI serial interface, by a conventional nonvolatile memory programmer, or by an on-chip Boot program running on the AVR core. The boot program can use any interface to download the application program in the application Flash memory. Software in the Boot Flash section will continue to run while the Application Flash section is updated, providing true Read-While-Write operation. By combining an 8-bit RISC CPU with In-System Self-Programmable Flash on a monolithic chip, the Atmel ATmega128 is a powerful microcontroller that provides a highly flexible and cost effective solution to many embedded control applications.

The ATmega128 AVR is supported with a full suite of program and system development tools including: C compilers, macro assemblers, program debugger/simulators, in-circuit emulators, and evaluation kits.

ATmega103 and ATmega128 Compatibility

The ATmega128 is a highly complex microcontroller where the number of I/O locations supersedes the 64 I/O location reserved in the AVR instruction set. To ensure backward compatibility with the ATmega103, all I/O locations present in ATmega103 have the same location in ATmega128. Most additional I/O locations are added in an Extended I/O space starting from $60 to $FF, (i.e., in the ATmega103 internal RAM space). These location can be reached by using LD/LDS/LDD and ST/STS/STD instruction only, not by using IN and OUT instruction. The relocation of the internal RAM space may still be a problem for ATmega103 users. Also, the increased number of interrupt vectors might be a problem if the code uses absolute addresses. To solve these problems, an ATmega103 compatibility mode can be selected by programming the fuse M103C. In this mode, none of the functions in the Extended I/O space are in use, so the internal RAM is located as in ATmega103. Also, the extended interrupt vectors are removed.

The ATmega128 is 100% pin compatible with ATmega103, and can replace the ATmega103 on current Printed Circuit Boards. The application note "Replacing ATmega103 by ATmega128" describes what the user should be aware of replacing the ATmega103 by an ATmega128.

ATmega103 Compatibility Mode

By programming the M103C fuse, the ATmega128 will be compatible with the ATmega103 regards to RAM, I/O pins and interrupt vectors as described above. However, some new features in ATmega128 are not available in this compatibility mode, these features are listed below:

- One USART instead of two, asynchronous mode only. Only the 8 least significant bits of the Baud Rate Register is available.
- One 16 bits Timer/Counter with 2 compare registers instead of two 16-bit Timer/Counters with 3 compare registers.
- 2-wire serial interface is not supported.
- Port G serves alternate functions only (not a general I/O port).
- Port F serves as digital input only in addition to analog input to the ADC.
- Boot Loader capabilities is not supported.
- It is not possible to adjust the frequency of the internal calibrated RC oscillator.
- The External Memory Interface can not release any Address pins for general I/O, neither configure different wait-states to different External Memory Address sections.

Pin Descriptions

VCC

Digital supply voltage.

GND

Ground.

Port A (PA7..PA0)

Port A is an 8-bit bi-directional I/O port with internal pull-up resistors (selected for each bit). The Port A output buffers have symmetrical drive characteristics with both high sink and source capability. As inputs, Port A pins that are externally pulled low will source current if the pull-up resistors are activated. The Port A pins are tri-stated when a reset condition becomes active, even if the clock is not running.

Port A also serves the functions of various special features of the ATmega128 as listed on page 68.

Port B (PB7..PB0)

Port B is an 8-bit bi-directional I/O port with internal pull-up resistors (selected for each bit). The Port B output buffers have symmetrical drive characteristics with both high sink and source capability. As inputs, Port B pins that are externally pulled low will source current if the pull-up resistors are activated. The Port B pins are tri-stated when a reset condition becomes active, even if the clock is not running.

Port B also serves the functions of various special features of the ATmega128 as listed on page 69.

Port C (PC7..PC0)

Port C is an 8-bit bi-directional I/O port with internal pull-up resistors (selected for each bit). The Port C output buffers have symmetrical drive characteristics with both high sink and source capability. As inputs, Port C pins that are externally pulled low will source current if the pull-up resistors are activated. The Port C pins are tri-stated when a reset condition becomes active, even if the clock is not running.

Port C also serves the functions of special features of the ATmega128 as listed on page 72. In ATmega103 compatibility mode, Port C is output only, and the port C pins are **not** tri-stated when a reset condition becomes active.

Port D (PD7..PD0)

Port D is an 8-bit bidirectional I/O port with internal pull-up resistors (selected for each bit). The Port D output buffers have symmetrical drive characteristics with both high sink and source capability. As inputs, Port D pins that are externally pulled low will source current if the pull-up resistors are activated. The Port D pins are tri-stated when a reset condition becomes active, even if the clock is not running.

Port D also serves the functions of various special features of the ATmega128 as listed on page 73.

Port E (PE7..PE0)

Port E is an 8-bit bidirectional I/O port with internal pull-up resistors (selected for each bit). The Port E output buffers have symmetrical drive characteristics with both high sink and source capability. As inputs, Port E pins that are externally pulled low will source current if the pull-up resistors are activated. The Port E pins are tri-stated when a reset condition becomes active, even if the clock is not running.

Port E also serves the functions of various special features of the ATmega128 as listed on page 76.

Port F (PF7..PF0)

Port F serves as the analog inputs to the A/D Converter.

Port F also serves as an 8-bit bi-directional I/O port, if the A/D Converter is not used. Port pins can provide internal pull-up resistors (selected for each bit). The Port F output buffers have symmetrical drive characteristics with both high sink and source capability. As inputs, Port F pins that are externally pulled low will source current if the pull-up resistors are activated. The Port F pins are tri-stated when a reset condition becomes active, even if the clock is not running. If the JTAG interface is enabled, the pull-up resistors on pins PF7(TDI), PF5(TMS) and PF4(TCK) will be activated even if a reset occurs.

Port F also serves the functions of the JTAG interface.

In ATmega103 compatibility mode, Port F is an input Port only.

Port G (PG4..PG0)

Port G is a 5-bit bidirectional I/O port with internal pull-up resistors (selected for each bit). The Port G output buffers have symmetrical drive characteristics with both high sink and source capability. As inputs, Port G pins that are externally pulled low will source current if the pull-up resistors are activated. The Port G pins are tri-stated when a reset condition becomes active, even if the clock is not running.

Port G also serves the functions of various special features.

The port G pins are tri-stated when a reset condition becomes active, even if the clock is not running.

In ATmega103 compatibility mode, these pins only serves as strobes signals to the external memory as well as input to the 32 kHz oscillator, and the pins are initialized to PG0 = 1, PG1 = 1, and PG2 = 0 asynchronously when a reset condition becomes active, even if the clock is not running. PG3 and PG4 are oscillator pins.

$\overline{\text{RESET}}$

Reset input. A low level on this pin for longer than the minimum pulse length will generate a reset, even if the clock is not running. The minimum pulse length is given in Table 19 on page 46. Shorter pulses are not guaranteed to generate a reset.

XTAL1

Input to the inverting oscillator amplifier and input to the internal clock operating circuit.

XTAL2 Output from the inverting oscillator amplifier.

AVCC This is the supply voltage pin for Port F and the A/D Converter. It should be externally connected to VCC, even if the ADC is not used. If the ADC is used, it should be connected to VCC through a low-pass filter.

AREF This is the analog reference pin for the A/D Converter.

PEN This is a programming enable pin for the serial programming mode. By holding this pin low during a power-on reset, the device will enter the serial programming mode. $\overline{PEN}$ has no function during normal operation.

Register Summary

Address	Name	Bit 7	Bit 6	Bit 5	Bit 4	Bit 3	Bit 2	Bit 1	Bit 0	Page
($FF)	Reserved	-	-	-	-	-	-	-	-	
..	Reserved	-	-	-	-	-	-	-	-	
($9E)	Reserved	-	-	-	-	-	-	-	-	
($9D)	UCSR1C	-	UMSEL1	UPM11	UPM10	USBS1	UCSZ11	UCSZ10	UCPOL1	185
($9C)	UDR1	USART1 I/O Data Register								182
($9B)	UCSR1A	RXC1	TXC1	UDRE1	FE1	DOR1	UPE1	U2X1	MPCM1	183
($9A)	UCSR1B	RXCIE1	TXCIE1	UDRIE1	RXEN1	TXEN1	UCSZ12	RXB81	TXB81	184
($99)	UBRR1L	USART1 Baud Rate Register Low								186
($98)	UBRR1H	-	-	-	-	USART1 Baud Rate Register High				186
($97)	Reserved	-	-	-	-	-	-	-	-	
($96)	Reserved	-	-	-	-	-	-	-	-	
($95)	UCSR0C	-	UMSEL0	UPM01	UPM00	USBS0	UCSZ01	UCSZ00	UCPOL0	185
($94)	Reserved	-	-	-	-	-	-	-	-	
($93)	Reserved	-	-	-	-	-	-	-	-	
($92)	Reserved	-	-	-	-	-	-	-	-	
($91)	Reserved	-	-	-	-	-	-	-	-	
($90)	UBRR0H	-	-	-	-	USART0 Baud Rate Register High				186
($8F)	Reserved	-	-	-	-	-	-	-	-	
($8E)	Reserved	-	-	-	-	-	-	-	-	
($8D)	Reserved	-	-	-	-	-	-	-	-	
($8C)	TCCR3C	FOC3A	FOC3B	FOC3C	-	-	-	-	-	132
($8B)	TCCR3A	COM3A1	COM3A0	COM3B1	COM3B0	COM3C1	COM3C0	WGM31	WGM30	127
($8A)	TCCR3B	ICNC3	ICES3	-	WGM33	WGM32	CS32	CS31	CS30	130
($89)	TCNT3H	Timer/Counter3 - Counter Register High Byte								132
($88)	TCNT3L	Timer/Counter3 - Counter Register Low Byte								132
($87)	OCR3AH	Timer/Counter3 - Output Compare Register A High Byte								133
($86)	OCR3AL	Timer/Counter3 - Output Compare Register A Low Byte								133
($85)	OCR3BH	Timer/Counter3 - Output Compare Register B High Byte								133
($84)	OCR3BL	Timer/Counter3 - Output Compare Register B Low Byte								133
($83)	OCR3CH	Timer/Counter3 - Output Compare Register C High Byte								133
($82)	OCR3CL	Timer/Counter3 - Output Compare Register C Low Byte								133
($81)	ICR3H	Timer/Counter3 - Input Capture Register High Byte								134
($80)	ICR3L	Timer/Counter3 - Input Capture Register Low Byte								134
($7F)	Reserved	-	-	-	-	-	-	-	-	
($7E)	Reserved	-	-	-	-	-	-	-	-	
($7D)	ETIMSK	-	-	TICIE3	OCIE3A	OCIE3B	TOIE3	OCIE3C	OCIE1C	135
($7C)	ETIFR	-	-	ICF3	OCF3A	OCF3B	TOV3	OCF3C	OCF1C	136
($7B)	Reserved	-	-	-	-	-	-	-	-	
($7A)	TCCR1C	FOC1A	FOC1B	FOC1C	-	-	-	-	-	131
($79)	OCR1CH	Timer/Counter1 - Output Compare Register C High Byte								133
($78)	OCR1CL	Timer/Counter1 - Output Compare Register C Low Byte								133
($77)	Reserved	-	-	-	-	-	-	-	-	
($76)	Reserved	-	-	-	-	-	-	-	-	
($75)	Reserved	-	-	-	-	-	-	-	-	
($74)	TWCR	TWINT	TWEA	TWSTA	TWSTO	TWWC	TWEN	-	TWIE	198
($73)	TWDR	2-wire Serial Interface Data Register								199
($72)	TWAR	TWA6	TWA5	TWA4	TWA3	TWA2	TWA1	TWA0	TWGCE	200
($671	TWSR	TWS7	TWS6	TWS5	TWS4	TWS3	-	TWPS1	TWPS0	199
($70)	TWBR	2-wire Serial Interface Bit Rate Register								197
($6F)	OSCCAL	Oscillator Calibration Register								38
($6E)	Reserved	-	-	-	-	-	-	-	-	
($6D)	XMCRA	-	SRL2	SRL1	SRL0	SRW01	SRW00	SRW11		29
($6C)	XMCRB	XMBK	-	-	-	-	XMM2	XMM1	XMM0	31
($6B)	Reserved	-	-	-	-	-	-	-	-	
($6A)	EICRA	ISC31	ISC30	ISC21	ISC20	ISC11	ISC10	ISC01	ISC00	84
($69)	Reserved	-	-	-	-	-	-	-	-	
($68)	SPMCSR	SPMIE	RWWSB	-	RWWSRE	BLBSET	PGWRT	PGERS	SPMEN	270
($67)	Reserved	-	-	-	-	-	-	-	-	
($66)	Reserved	-	-	-	-	-	-	-	-	
($65)	PORTG	-	-	-	PORTG4	PORTG3	PORTG2	PORTG1	PORTG0	83
($64)	DDRG	-	-	-	DDG4	DDG3	DDG2	DDG1	DDG0	83
($63)	PING	-	-	-	PING4	PING3	PING2	PING1	PING0	83
($62)	PORTF	PORTF7	PORTF6	PORTF5	PORTF4	PORTF3	PORTF2	PORTF1	PORTF0	83

Register Summary (Continued)

Address	Name	Bit 7	Bit 6	Bit 5	Bit 4	Bit 3	Bit 2	Bit 1	Bit 0	Page
($61)	DDRF	DDF7	DDF6	DDF5	DDF4	DDF3	DDF2	DDF1	DDF0	83
($60)	Reserved	-	-	-	-	-	-	-	-	
$3F ($5F)	SREG	I	T	H	S	V	N	Z	C	9
$3E ($5E)	SPH	SP15	SP14	SP13	SP12	SP11	SP10	SP9	SP8	12
$3D ($5D)	SPL	SP7	SP6	SP5	SP4	SP3	SP2	SP1	SP0	12
$3C ($5C)	XDIV	XDIVEN	XDIV6	XDIV5	XDIV4	XDIV3	XDIV2	XDIV1	XDIV0	39
$3B ($5B)	RAMPZ	-	-	-	-	-	-	-	RAMPZ0	12
$3A ($5A)	EICRB	ISC71	ISC70	ISC61	ISC60	ISC51	ISC50	ISC41	ISC40	85
$39 ($59)	EIMSK	INT7	INT6	INT5	INT4	INT3	INT2	INT1	INT0	86
$38 ($58)	EIFR	INTF7	INTF6	INTF5	INTF4	INTF3	INTF	INTF1	INTF0	86
$37 ($57)	TIMSK	OCIE2	TOIE2	TICIE1	OCIE1A	OCIE1B	TOIE1	OCIE0	TOIE0	103, 134, 153
$36 ($56)	TIFR	OCF2	TOV2	ICF1	OCF1A	OCF1B	TOV1	OCF0	TOV0	103, 136, 154
$35 ($55)	MCUCR	SRE	SRW10	SE	SM1	SM0	SM2	IVSEL	IVCE	29, 41, 58
$34 ($54)	MCUCSR	JTD	-	-	JTRF	WDRF	BORF	EXTRF	PORF	49, 246
$33 ($53)	TCCR0	FOC0	WGM00	COM01	COM00	WGM01	CS02	CS01	CS00	98
$32 ($52)	TCNT0	Timer/Counter0 (8 Bit)								100
$31 ($51)	OCR0	Timer/Counter0 Output Compare Register								100
$30 ($50)	ASSR	-	-	-	-	AS0	TCN0UB	OCR0UB	TCR0UB	101
$2F ($4F)	TCCR1A	COM1A1	COM1A0	COM1B1	COM1B0	COM1C1	COM1C0	WGM11	WGM10	127
$2E ($4E)	TCCR1B	ICNC1	ICES1	-	WGM13	WGM12	CS12	CS11	CS10	130
$2D ($4D)	TCNT1H	Timer/Counter1 - Counter Register High Byte								132
$2C ($4C)	TCNT1L	Timer/Counter1 - Counter Register Low Byte								132
$2B ($4B)	OCR1AH	Timer/Counter1 - Output Compare Register A High Byte								133
$2A ($4A)	OCR1AL	Timer/Counter1 - Output Compare Register A Low Byte								133
$29 ($49)	OCR1BH	Timer/Counter1 - Output Compare Register B High Byte								133
$28 ($48)	OCR1BL	Timer/Counter1 - Output Compare Register B Low Byte								133
$27 ($47)	ICR1H	Timer/Counter1 - Input Capture Register High Byte								134
$26 ($46)	ICR1L	Timer/Counter1 - Input Capture Register Low Byte								134
$25 ($45)	TCCR2	FOC2	WGM20	COM21	COM20	WGM21	CS22	CS21	CS20	151
$24 ($44)	TCNT2	Timer/Counter2 (8 Bit)								153
$23 ($43)	OCR2	Timer/Counter2 Output Compare Register								153
$22 ($42)	OCDR	IDRD/ OCDR7	OCDR6	OCDR5	OCDR4	OCDR3	OCDR2	OCDR1	OCDR0	242
$21 ($41)	WDTCR	-	-	-	WDCE	WDE	WDP2	WDP1	WDP0	51
$20 ($40)	SFIOR	TSM	-	-	ADHSM	ACME	PUD	PSR0	PSR321	67, 104, 139, 237
$1F ($3F)	EEARH	-	-	-	-	EEPROM Address Register High				19
$1E ($3E)	EEARL	EEPROM Address Register Low Byte								19
$1D ($3D)	EEDR	EEPROM Data Register								20
$1C ($3C)	EECR	-	-	-	-	EERIE	EEMWE	EEWE	EERE	20
$1B ($3B)	PORTA	PORTA7	PORTA6	PORTA5	PORTA4	PORTA3	PORTA2	PORTA1	PORTA0	81
$1A ($3A)	DDRA	DDA7	DDA6	DDA5	DDA4	DDA3	DDA2	DDA1	DDA0	81
$19 ($39)	PINA	PINA7	PINA6	PINA5	PINA4	PINA3	PINA2	PINA1	PINA0	81
$18 ($38)	PORTB	PORTB7	PORTB6	PORTB5	PORTB4	PORTB3	PORTB2	PORTB1	PORTB0	81
$17 ($37)	DDRB	DDB7	DDB6	DDB5	DDB4	DDB3	DDB2	DDB1	DDB0	81
$16 ($36)	PINB	PINB7	PINB6	PINB5	PINB4	PINB3	PINB2	PINB1	PINB0	82
$15 ($35)	PORTC	PORTC7	PORTC6	PORTC5	PORTC4	PORTC3	PORTC2	PORTC1	PORTC0	82
$14 ($34)	DDRC	DDC7	DDC6	DDC5	DDC4	DDC3	DDC2	DDC1	DDC0	82
$13 ($33)	PINC	PINC7	PINC6	PINC5	PINC4	PINC3	PINC2	PINC1	PINC0	82
$12 ($32)	PORTD	PORTD7	PORTD6	PORTD5	PORTD4	PORTD3	PORTD2	PORTD1	PORTD0	82
$11 ($31)	DDRD	DDD7	DDD6	DDD5	DDD4	DDD3	DDD2	DDD1	DDD0	82
$10 ($30)	PIND	PIND7	PIND6	PIND5	PIND4	PIND3	PIND2	PIND1	PIND0	82
$0F ($2F)	SPDR	SPI Data Register								163
$0E ($2E)	SPSR	SPIF	WCOL	-	-	-	-	-	SPI2X	162
$0D ($2D)	SPCR	SPIE	SPE	DORD	MSTR	CPOL	CPHA	SPR1	SPR0	161
$0C ($2C)	UDR0	USART0 I/O Data Register								182
$0B ($2B)	UCSR0A	RXC0	TXC0	UDRE0	FE0	DOR0	UPE0	U2X0	MPCM0	183
$0A ($2A)	UCSR0B	RXCIE0	TXCIE0	UDRIE0	RXEN0	TXEN0	UCSZ02	RXB80	TXB80	184
$09 ($29)	UBRR0L	USART0 Baud Rate Register Low								186
$08 ($28)	ACSR	ACD	ACBG	ACO	ACI	ACIE	ACIC	ACIS1	ACIS0	218
$07 ($27)	ADMUX	REFS1	REFS0	ADLAR	MUX4	MUX3	MUX2	MUX1	MUX0	233
$06 ($26)	ADCSRA	ADEN	ADSC	ADRF	ADIF	ADIE	ADPS2	ADPS1	ADPS0	235
$05 ($25)	ADCH	ADC Data Register High Byte								236
$04 ($24)	ADCL	ADC Data Register Low byte								236
$03 ($23)	PORTE	PORTE7	PORTE6	PORTE5	PORTE4	PORTE3	PORTE2	PORTE1	PORTE0	82
$02 ($22)	DDRE	DDE7	DDE6	DDE5	DDE4	DDE3	DDE2	DDE1	DDE0	83

Register Summary (Continued)

Address	Name	Bit 7	Bit 6	Bit 5	Bit 4	Bit 3	Bit 2	Bit 1	Bit 0	Page
$01 ($21)	PINE	PINE7	PINE6	PINE5	PINE4	PINE3	PINE2	PINE1	PINE0	83
$00 ($20)	PINF	PINF7	PINF6	PINF5	PINF4	PINF3	PINF2	PINF1	PINF0	83

Notes: 1. For compatibility with future devices, reserved bits should be written to zero if accessed. Reserved I/O memory addresses should never be written.

2. Some of the status flags are cleared by writing a logical one to them. Note that the CBI and SBI instructions will operate on all bits in the I/O register, writing a one back into any flag read as set, thus clearing the flag. The CBI and SBI instructions work with registers $00 to $1F only.

Ordering Information

Speed (MHz)	Power Supply	Ordering Code	Package	Operation Range
8	2.7 - 5.5V	ATmega128-8AC	64A	Commercial (0°C to 70°C)
		ATmega128-8AI	64A	Industrial (-40°C to 85°C)
16	4.5 - 5.5V	ATmega128-16AC	64A	Commercial (0°C to 70°C)
		ATmega128-16AI	64A	Industrial (-40°C to 85°C)

Package Type	
64A	64-Lead, Thin (1.0 mm) Plastic Gull Wing Quad Flat Package (TQFP)

Packaging Information

64A

64-lead, Thin (1.0 mm) Plastic Quad Flat Package
(TQFP), 14x14mm body, 2.0mm footprint, 0.8mm pitch.
Dimensions in Millimeters and (Inches)*
JEDEC STANDARD MS-026 AEB

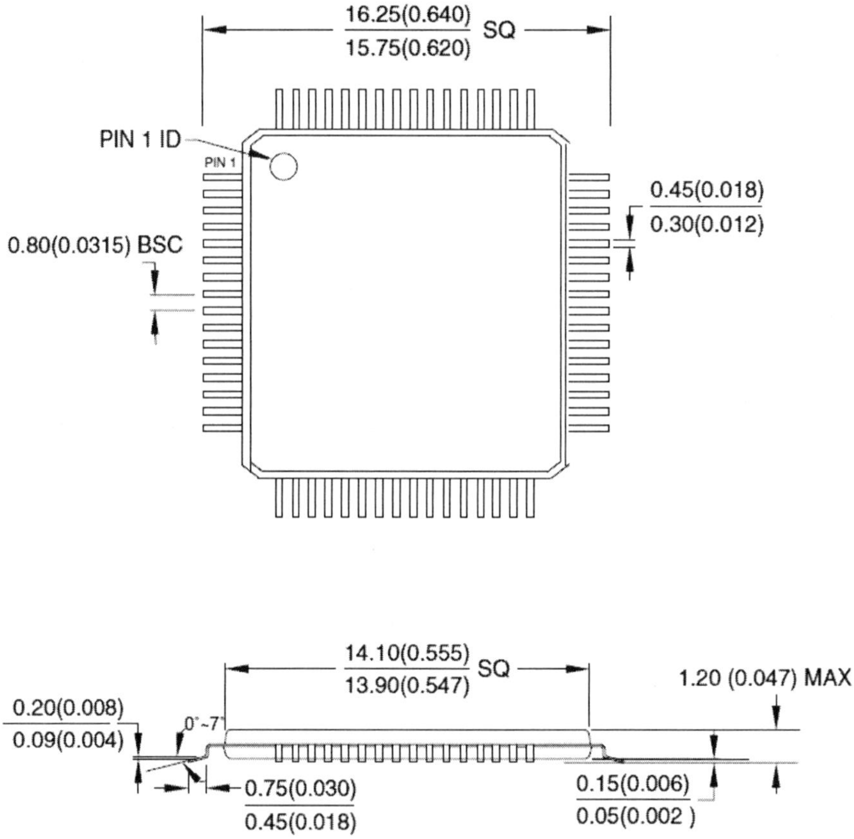

*Controlliing dimension: millimeter

REV. A 04/11/2001

02 GL5537 데이터 시트

CdS PHOTOCONDUCTIVE CELLS GL5537

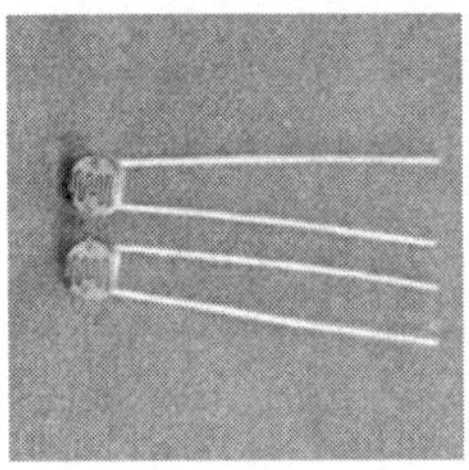

- ▲ Epoxy encapsulated
- ▲ Quick response
- ▲ Small size
- ▲ High sensitivity
- ▲ Reliable performance
- ▲ Good characteristic of spectrum

Light Resistance at 10Lux (at 25℃)	18~50KΩ
Dark Resistance at 0 Lux	2.0MΩ(min)
Gamma value at 100-10Lux	0.7
Power Dissipation(at 25℃)	100mW
Max Voltage (at 25℃)	150V
Spectral Response peak (at 25℃)	540nm
Ambient Temperature Range:	- 30~+70℃

Outline

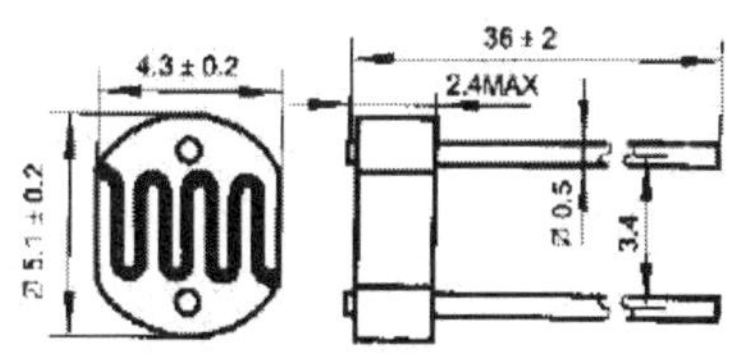

Measuring Conditions

1. Light Resistance:
   measured at 10 lux with standard light A (2854k color temperature) and 2h pre-illumination at 400-600 lux prior to testing.
2. Dark Resistance:
   measured 10 seconds after pulsed 10 lux.
3. Gamma Characteristic:
   between 10 lux and 100 lux and given by

   $$T = \frac{\log(R10/R100)}{\log(100/10)} = \log(R10/R100)$$

   R10, R100 cell resistance at 10 lux and 100 lux.
   The error of T is +0.1.
4. Pmax:
   Max. power dissipation at ambient temperature of 25°C.
5. Vmax:
   Max. voltage in darkness that may be applied to the cell continuously.

Illuminance Vs. Photo Resistance

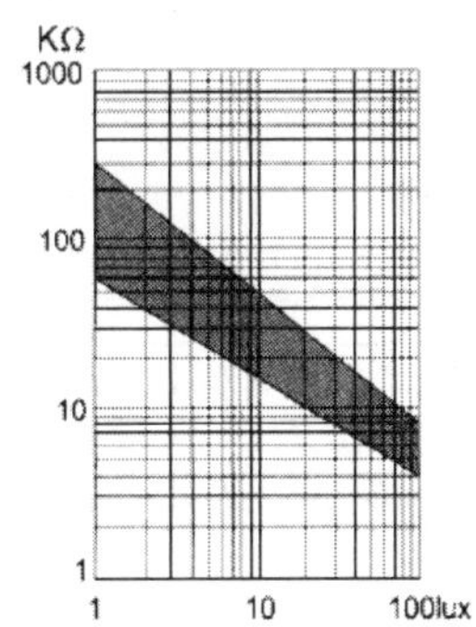

Spectral Response

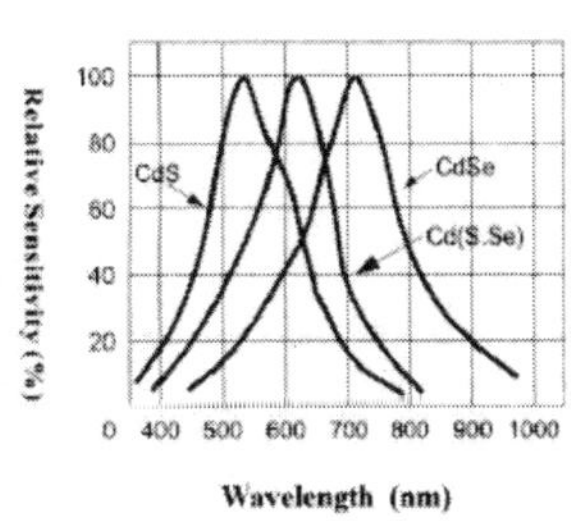

LIDA OPTICAL&ELECTRONIC CO., LTD.

254,Zhong zhou road, Nanyang, Henan,P.R.C
TEL: +86-377-6313 0034
FAX: +86-377-6315 2372
E-mail: sale@nylida.com
Http://www.nylida.com

03 BS520 데이터 시트

SHARP　　　　BS520

BS520

Photodiode for Visible Light

■ Features

1. Spectral sensitivity characteristics akin to that of human eye
2. Compact flat package
3. Low dark current (Id : MAX. 10^{-11}A at V_R=1V)
4. Infrared light cut-off type

■ Applications

1. AE (automatic exposure) system and ES (electronic shutter) system for cameras
2. Stroboscopes
3. Precise optical instruments

■ Outline Dimensions (Unit:mm)

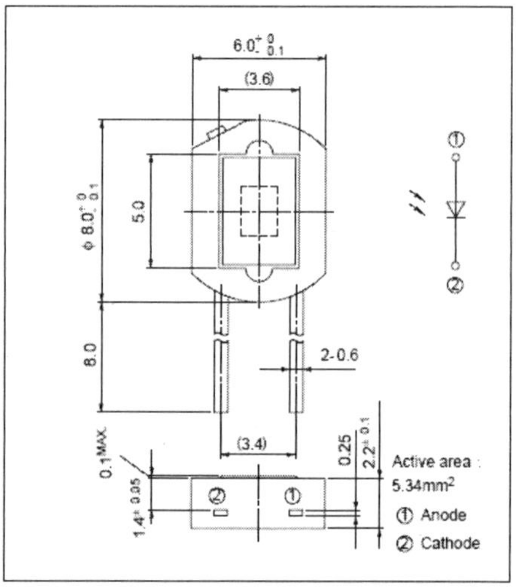

■ Absolute Maximum Ratings (Ta=25°C)

Parameter	Symbol	Rating	Unit
Reverse voltage	V_R	10	V
Operating temperature	T_{opr}	- 20 to + 60	°C
Storage temperature	T_{stg}	- 30 to + 80	°C
*1 Soldering temperature	T_{sol}	260	°C

*1 For 5 seconds

■ Electro-optical Characteristics (Ta= 25°C)

Parameter	Symbol	Conditions	MIN.	TYP.	MAX.	Unit
*2 Short circuit current	I_{SC}	E_V= 100lx	0.40	0.55	0.65	μA
*2 Short circuit current temperature coefficient	β_T	E_V= 100lx	-	0.02	0.06	%/°C
Dark current	I_d	V_R= 1V	-	3×10^{-12}	10^{-11}	A
Dark current temperature coefficient	α_T	V_R= 1V	-	4.0	5.0	times/10°C
Terminal capacitance	C_t	V_R= 0, f= 100kHz	-	600	1 000	pF
Peak sensitivity wavelength	λ_p	-	500	560	600	nm
*3 Spectral sensitivity infrared radiation ratio	ΔI_R	-	-	5	10	%

*2 E_V: Illuminance by CIE standard light source A (tungsten lamp)

*3 $\Delta I_R = \frac{I_{SC}(\mu >= 700nm)}{I_{SC}(\text{entire wavelength})} \times 100\%$

Fig. 1 Short Circuit Current vs. Illuminance

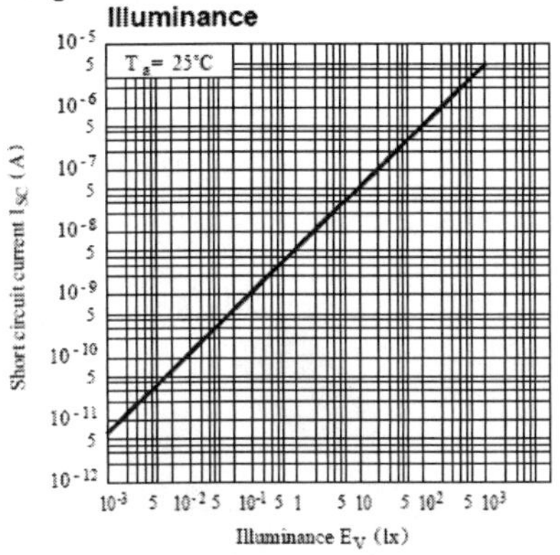

Fig. 2 Relative Short Circuit Current vs. Ambient Temperature

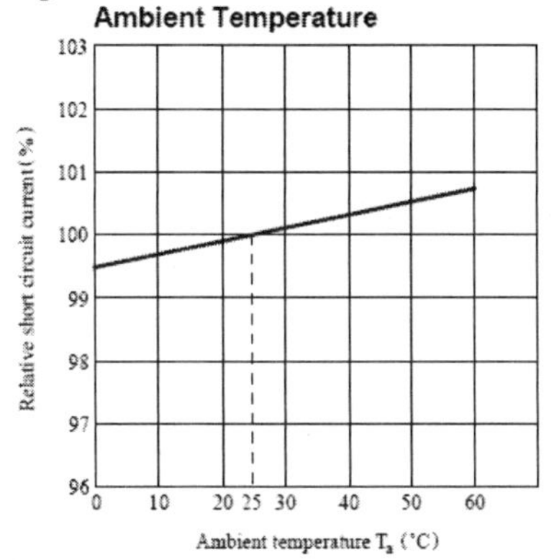

Fig. 3 Dark Current vs. Reverse Voltage

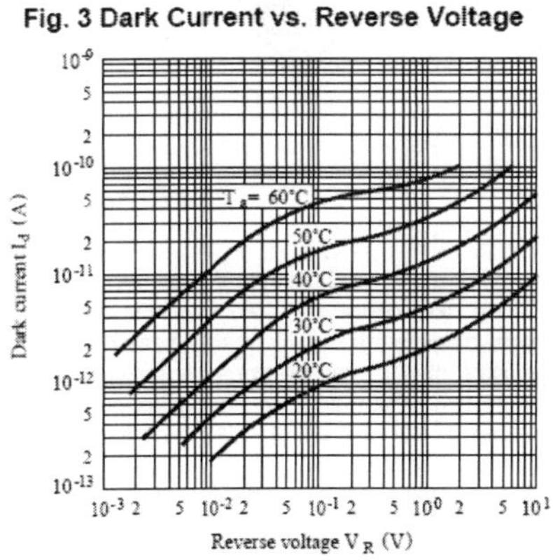

Fig. 4 Spectral Sensitivity

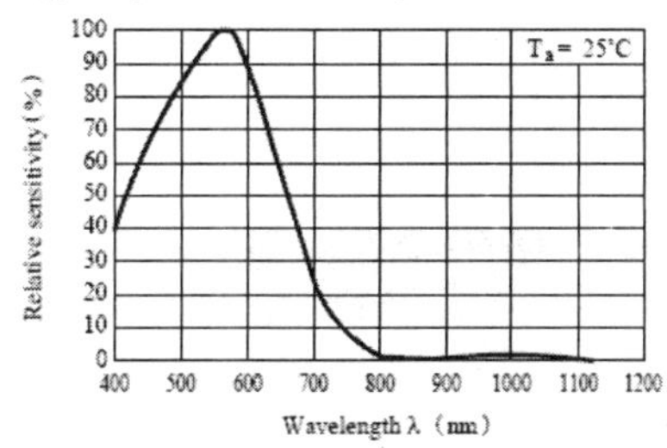

Fig. 5 Response Time vs. Load Resistance

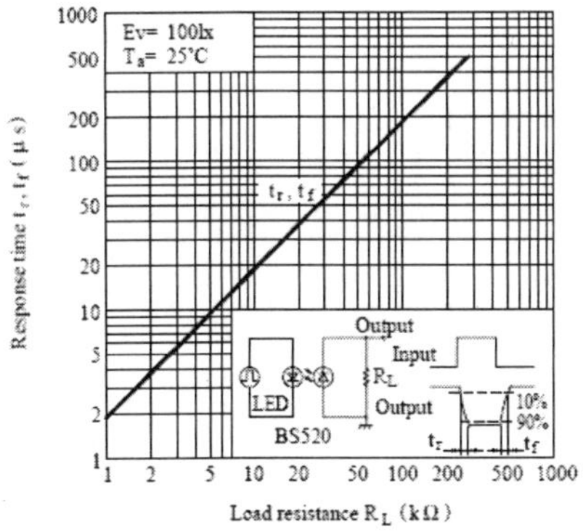

● Please refer to the chapter "Precautions for Use."

04 SHT11 데이터 시트

SENSIRION
THE SENSOR COMPANY

SHT1x / SHT7x
Humidity & Temperature Sensor

Evaluation Kit Available

- Relative humidity and temperature sensors
- Dew point
- Fully calibrated, digital output
- Excellent long-term stability
- No external components required
- Ultra low power consumption
- Surface mountable or 4-pin fully interchangeable
- Small size
- Automatic power down

SHT1x / SHT7x Product Summary

The SHTxx is a single chip relative humidity and temperature multi sensor module comprising a calibrated digital output. Application of industrial CMOS processes with patented micro-machining (CMOSens® technology) ensures highest reliability and excellent long term stability. The device includes a capacitive polymer sensing element for relative humidity and a bandgap temperature sensor. Both are seamlessly coupled to a 14bit analog to digital converter and a serial interface circuit on the same chip. This results in superior signal quality, a fast response time and insensitivity to external disturbances (EMC) at a very competitive price.
Each SHTxx is individually calibrated in a precision humidity chamber with a chilled mirror hygrometer as reference. The calibration coefficients are programmed into the OTP memory. These coefficients are used internally during measurements to calibrate the signals from the sensors.
The 2-wire serial interface and internal voltage regulation allows easy and fast system integration. Its tiny size and low power consumption makes it the ultimate choice for even the most demanding applications.
The device is supplied in either a surface-mountable LCC (Leadless Chip Carrier) or as a pluggable 4-pin single-in-line type package. Customer specific packaging options may be available on request.

Applications

_ HVAC
_ Automotive
_ Consumer Goods
_ Weather Stations
_ Humidifiers
_ Dehumidifiers
_ Test & Measurement
_ Data Logging
_ Automation
_ White Goods
_ Medical

Ordering Information

Part Number	Humidity accuracy [%RH]	Temperature accuracy [K] @25 °C	Package
SHT11	±3.0	±0.4	SMD (LCC)
SHT15	±2.0	±0.3	SMD (LCC)
SHT71	±3.0	±0.4	4-pin single-in-line
SHT75	±1.8	±0.3	4-pin single-in-line

Block Diagram

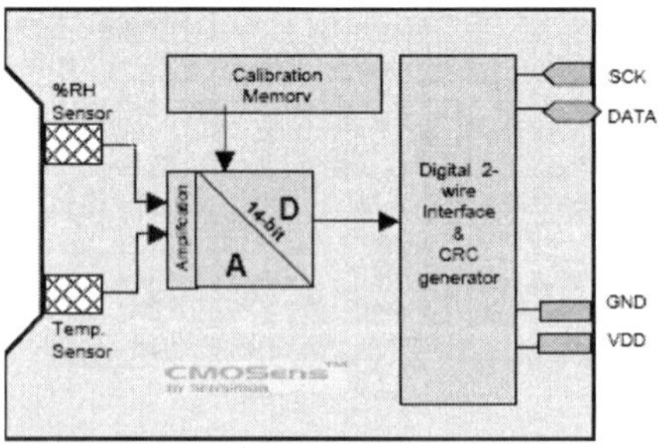

1 Sensor Performance Specifications

Parameter	Conditions	Min.	Typ.	Max.	Units
Humidity					
Resolution [2]		0.5	0.03	0.03	%RH
		8	12	12	bit
Repeatability			±0.1		%RH
Accuracy [1] Uncertainty	linearized	see figure 1			
Interchangeability		Fully interchangeable			
Nonlinearity	raw data		±3		%RH
	linearized		<<1		%RH
Range		0		100	%RH
Response time	1/e (63%) slowly moving air		4		s
Hysteresis			±1		%RH
Long term stability	typical		< 0.5		%RH/yr
Temperature					
Resolution [2]		0.04	0.01	0.01	°C
		0.07	0.02	0.02	°F
		12	14	14	bit
Repeatability			±0.1		°C
			±0.2		°F
Accuracy		see figure 1			
Range		-40		123.8	°C
		-40		254.9	°F
Response Time	1/e (63%)	5		30	s

Table 1 Sensor Performance Specifications

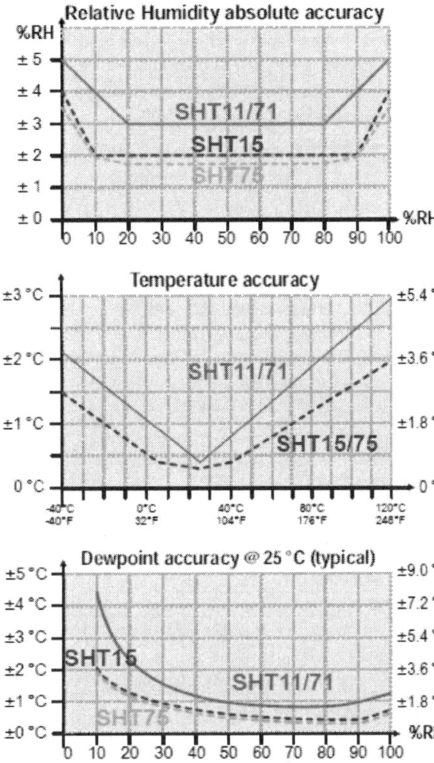

Figure 1 Rel. Humidity, Temperature and Dewpoint accuracies

2 Interface Specifications

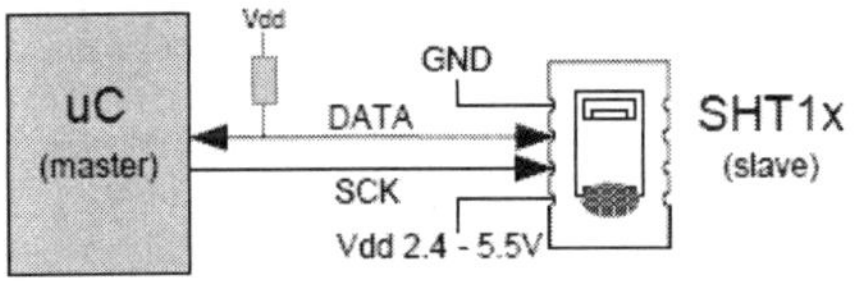

Figure 2 Typical application circuit

2.1 Power Pins

The SHTxx requires a voltage supply between 2.4 and 5.5 V. After powerup the device needs 11ms to reach its "sleep" state. No commands should be sent before that time.
Power supply pins (VDD, GND) may be decoupled with a 100 nF capacitor.

2.2 Serial Interface (Bidirectional 2-wire)

The serial interface of the SHTxx is optimized for sensor readout and power consumption and is not compatible with I²C interfaces, see FAQ for details.

2.2.1 Serial clock input (SCK)

The SCK is used to synchronize the communication between a microcontroller and the SHTxx. Since the interface consists of fully static logic there is no minimum SCK frequency.

2.2.2 Serial data (DATA)

The DATA tristate pin is used to transfer data in and out of the device. DATA **changes after the falling edge** and is **valid on the rising edge** of the serial clock SCK. During transmission the DATA line must remain stable while SCK is high. To avoid signal contention the microcontroller should only drive DATA low. An external pull-up resistor (e.g. 10 kΩ) is required to pull the signal high. (See Figure 2) Pull-up resistors are often included in I/O circuits of microcontrollers. See Table 5 for detailed IO characteristics.

[1] Each SHTxx is tested to be fully within RH accuracy specifications at 25 °C (77 °F) and 48 °C (118.4 °F)
[2] The default measurement resolution of 14bit (temperature) and 12bit (humidity) can be reduced to 12 and 8 bit through the status register.

2.2.3 Sending a command

To initiate a transmission, a "Transmission Start" sequence has to be issued. It consists of a lowering of the DATA line while SCK is high, followed by a low pulse on SCK and raising DATA again while SCK is still high.

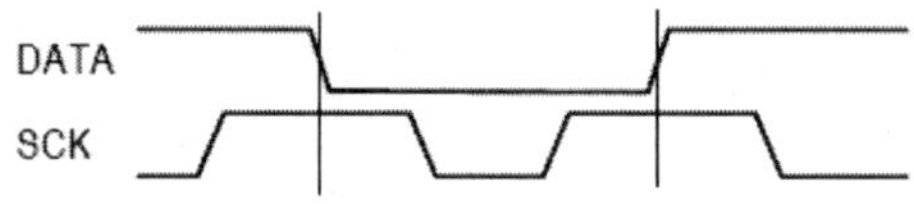

Figure 3 "Transmission Start" sequence

The subsequent command consists of three address bits (only "000" is currently supported) and five command bits. The SHTxx indicates the proper reception of a command by pulling the DATA pin low (ACK bit) after the falling edge of the 8th SCK clock. The DATA line is released (and goes high) after the falling edge of the 9th SCK clock.

Command	Code
Reserved	0000x
Measure Temperature	**00011**
Measure Humidity	**00101**
Read Status Register	00111
Write Status Register	00110
Reserved	0101x-1110x
Soft reset, resets the interface, clears the status register to default values wait minimum 11 ms before next command	**11110**

Table 2 SHTxx list of commands

2.2.4 Measurement sequence (RH and T)

After issuing a measurement command ('00000101' for RH, '00000011' for Temperature) the controller has to wait for the measurement to complete. This takes approximately 11/55/210 ms for a 8/12/14bit measurement. The exact time varies by up to ±15% with the speed of the internal oscillator. To signal the completion of a measurement, the SHTxx pulls down the data line and enters idle mode. The controller **must** wait for this "data ready" signal before restarting SCK to readout the data. Measurement data is stored until readout, therefore the controller can continue with other tasks and readout as convenient.

Two bytes of measurement data and one byte of CRC checksum will then be transmitted. The uC must acknowledge each byte by pulling the DATA line low. All values are MSB first, right justified. (e.g. the 5th SCK is MSB for a 12bit value, for a 8bit result the first byte is not used).
Communication terminates after the acknowledge bit of the CRC data. If CRC-8 checksum is not used the controller may terminate the communication after the measurement data LSB by keeping ack high.
The device automatically returns to sleep mode after the measurement and communication have ended.

Warning: To keep self heating below 0.1 °C the SHTxx should not be active for more than 10% of the time (e.g. max. 2 measurements / second for 12bit accuracy).

2.2.5 Connection reset sequence

If communication with the device is lost the following signal sequence will reset its serial interface:
While leaving DATA high, toggle SCK 9 or more times. This must be followed by a "Transmission Start" sequence preceding the next command. This sequence resets the interface only. The status register preserves its content.

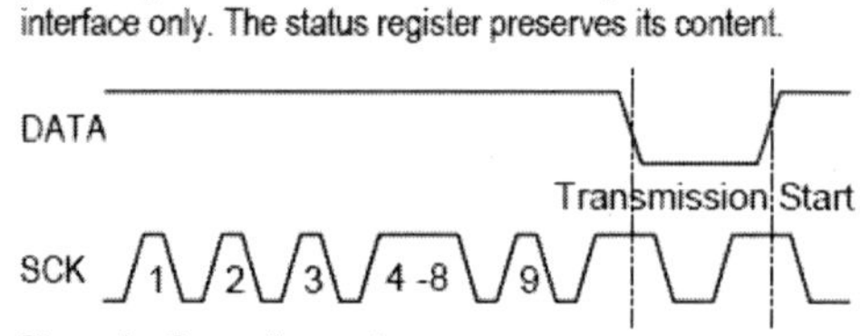

Figure 4 Connection reset sequence

2.2.6 CRC-8 Checksum calculation

The whole digital transmission is secured by a 8 bit checksum. It ensures that any wrong data can be detected and eliminated.
Please consult application note "CRC-8 Checksum Calculation" for information on how to calculate the CRC.

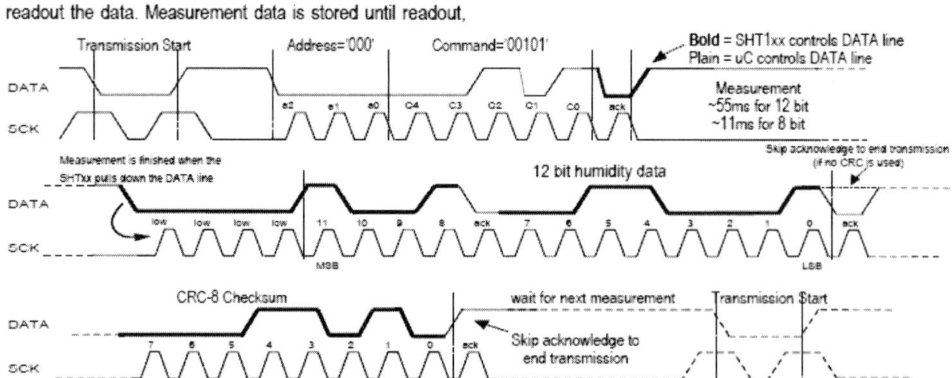

Figure 5 Example RH measurement sequence for value "0000'1001 ' 0011'0001"= 2353 = 75.79 %RH (without temperature compensation)

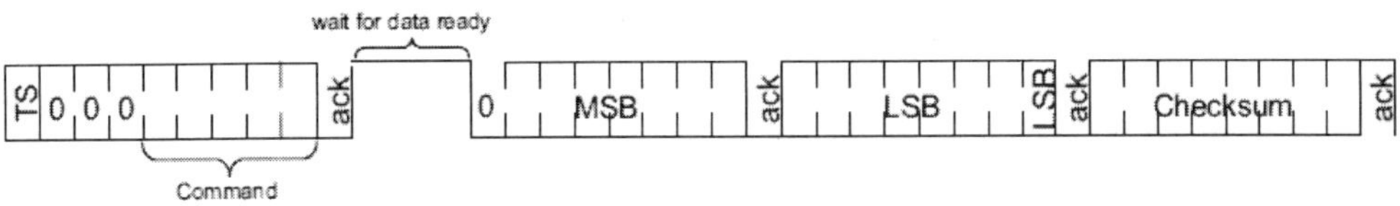

Figure 6 Overview of Measurement Sequence (TS = Transmission Start)

2.3 Status Register

Some of the advanced functions of the SHTxx are available through the status register. The following section gives a brief overview of these features. A more detailed description is available in the application note "Status Register"

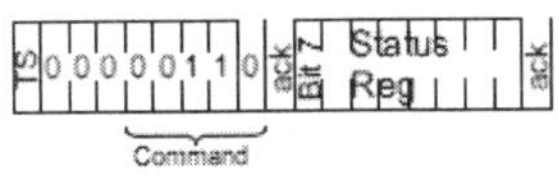

Figure 7 Status Register Write

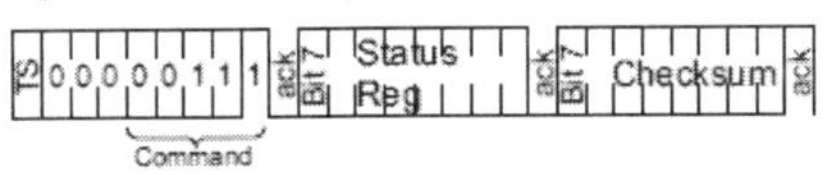

Figure 8 Status Register Read

Bit	Type	Description	Default	
7		reserved	0	
6	R	End of Battery (low voltage detection) '0' for Vdd > 2.47 '1' for Vdd < 2.47	X	No default value, bit is only updated after a measurement
5		reserved	0	
4		reserved	0	
3		For Testing only, do not use	0	
2	R/W	Heater	0	off
1	R/W	no reload from OTP	0	reload
0	R/W	'1' = 8bit RH / 12bit Temperature resolution '0' = 12bit RH / 14bit Temperature resolution	0	12bit RH 14bit Temp.

Table 3 Status Register Bits

2.3.1 Measurement resolution

The default measurement resolution of 14bit (temperature) and 12bit (humidity) can be reduced to 12 and 8bit. This is especially useful in high speed or extreme low power applications.

2.3.2 End of Battery

The "End of Battery" function detects VDD voltages below 2.47 V. Accuracy is ±0.05 V

2.3.3 Heater

An on chip heating element can be switched on. It will increase the temperature of the sensor by 5-15 °C (9-27 °F). Power consumption will increase by ~8 mA @ 5 V.

Applications:

By comparing temperature and humidity values before and after switching on the heater, proper functionality of both sensors can be verified.

- In high (>95 %RH) RH environments heating the sensor element will prevent condensation, improve response time and accuracy

Warning: While heated the SHTxx will show higher temperatures and a lower relative humidity than with no heating.

2.4 Electrical Characteristics[1]

VDD=5V, Temperature = 25 °C unless otherwise noted

Parameter	Conditions	Min.	Typ.	Max.	Units
Power supply DC		2.4	5	5.5	V
Supply current	measuring		550		µA
	average	2[2]	28[3]		µA
	sleep		0.3	1	µA
Low level output voltage		0		20%	Vdd
High level output voltage		75%		100%	Vdd
Low level input voltage	Negative going	0		20%	Vdd
High level input voltage	Positive going	80%		100%	Vdd
Input current on pads				1	µA
Output peak current	on			4	mA
	Tristated (off)		10		µA

Table 4 SHTxx DC Characteristics

	Parameter	Conditions	Min	Typ.	Max.	Unit
F_{SCK}	SCK frequency	VDD > 4.5 V			10	MHz
		VDD < 4.5 V			1	MHz
T_{RFO}	DATA fall time	Output load 5 pF	3.5	10	20	ns
		Output load 100 pF	30	40	200	ns
T_{CLx}	SCK hi/low time		100			ns
T_V	DATA valid time			250		ns
T_{SU}	DATA set up time		100			ns
T_{HO}	DATA hold time		0	10		ns
T_R/T_F	SCK rise/fall time			200		ns

Table 5 SHTxx I/O Signals Characteristics

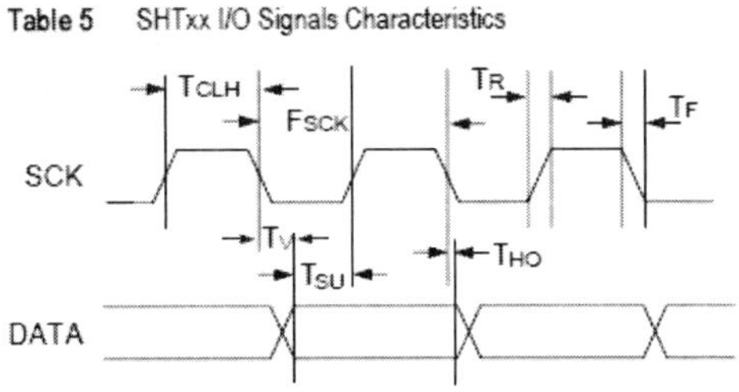

Figure 9 Timing Diagram

(1) Parameters are periodically sampled and not 100% tested
(2) With one measurement of 8 bit accuracy without OTP reload per second
(3) With one measurement of 12bit accuracy per second

3 Converting Output to Physical Values

3.1 Relative Humidity

To compensate for the non-linearity of the humidity sensor and to obtain the full accuracy it is recommended to convert the readout with the following formula[1]:

$$RH_{linear} = c_1 + c_2 \bullet SO_{RH} + c_3 \bullet SO_{RH}^2$$

SO_{RH}	c_1	c_2	c_3
12 bit	-4	0.0405	$-2.8 \cdot 10^{-6}$
8 bit	-4	0.648	$-7.2 \cdot 10^{-4}$

Table 6 Humidity conversion coefficients

For simplified, less computation intense conversion formulas see application note "RH and Temperature Non-Linearity Compensation".

The humidity sensor has no significant voltage dependency.

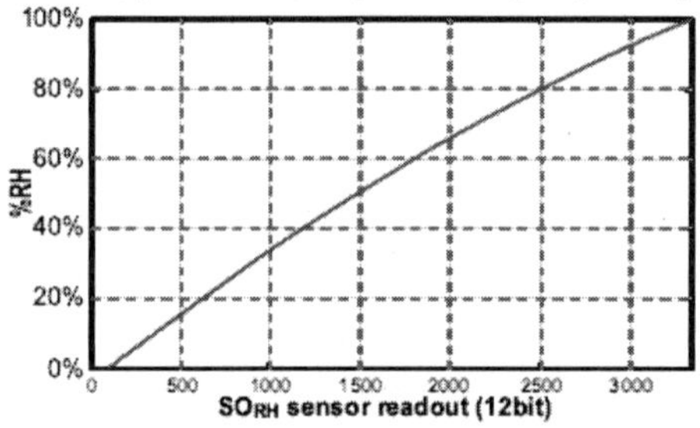

Figure 10 Conversion from SO_{RH} to relative humidity

3.1.1 Humidity Sensor RH/Temperature compensation

For temperatures significantly different from 25 °C (~77 °F) the temperature coefficient of the RH sensor should be considered:

$$RH_{true} = (T_{°C} - 25) \bullet (t_1 + t_2 \bullet SO_{RH}) + RH_{linear}$$

SO_{RH}	t_1	t_2
12 bit	0.01	0.00008
8 bit	0.01	0.00128

Table 7 Temperature compensation coefficients

This equals ~0.12 %RH / °C @ 50 %RH

3.2 Temperature

The bandgap PTAT (Proportional To Absolute Temperature) temperature sensor is very linear by design. Use the following formula to convert from digital readout to temperature:

$$Temperature = d_1 + d_2 \bullet SO_T$$

VDD	d_1 [°C]	d_1 [°F]
5V	-40.00	-40.00
4V	-39.75	-39.50
3.5V	-39.66	-39.35
3V	-39.60	-39.28
2.5V	-39.55	-39.23

SO_T	d_2 [°C]	d_2 [°F]
14bit	0.01	0.018
12bit	0.04	0.072

Table 8 Temperature conversion coefficients

For improved accuracies in extreme temperatures with more computation intense conversion formulas see application note "RH and Temperature Non-Linearity Compensation".

3.3 Dewpoint

Since humidity and temperature are both measured on the same monolithic chip, the SHTxx allows superb dewpoint measurements. See application note "Dewpoint calculation" for more.

4 Applications Information

4.1 Operating and Storage Conditions

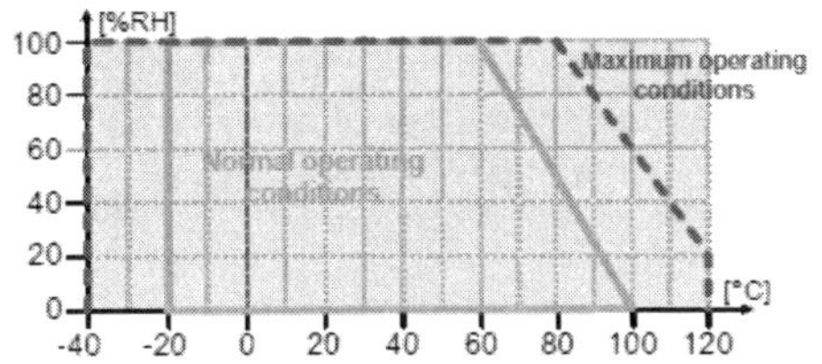

Figure 11 Recommended operating conditions

Conditions outside the recommended range may temporarily offset the RH signal up to ±3 %RH. After return to normal conditions it will slowly return towards calibration state by itself. See 4.3 "Reconditioning Procedure" to accelerate this process. Prolonged exposure to extreme conditions may accelerate ageing.

4.2 Exposure to Chemicals

Chemical vapors may interfere with the polymer layers used for capacitive humidity sensors. The diffusion of chemicals into the polymer may cause a shift in both offset and sensitivity. In a clean environment the contaminants will slowly outgas. The reconditioning procedure described below will accelerate this process. High levels of pollutants may cause permanent damage to the sensing polymer.

4.3 Reconditioning Procedure

The following reconditioning procedure will bring the sensor back to calibration state after exposure to extreme conditions or chemical vapors.

80-90 °C (176-194°F) at < 5 %RH for 24h (baking) followed by
20-30 °C (70-90°F) at > 74 %RH for 48h (re-hydration)

4.4 Temperature Effects

The relative humidity of a gas strongly depends on its temperature. It is therefore essential to keep humidity sensors at the same temperature as the air of which the relative humidity is to be measured.

If the SHTxx shares a PCB with electronic components that give off heat it should be mounted far away and below the heat source and the housing must remain well ventilated.

To reduce heat conduction copper layers between the SHT1x and the rest of the PCB should be minimized and a slit may be milled in between (see figure 13).

4.5 Membranes

A membrane may be used to prevent dirt from entering the housing and to protect the sensor. It will also reduce peak concentrations of chemical vapors. For optimal response times air volume behind the membrane must be kept to a minimum. For the SHT1x package Sensirion recommends the SF1 filter cap for optimal IP67 protection.

4.6 Light

The SHTxx is not light sensitive. Prolonged direct exposure to sunshine or strong UV radiation may age the housing.

4.7 Materials Used for Sealing / Mounting

Many materials absorb humidity and will act as a buffer, increasing response times and hysteresis. Materials in the vicinity of the sensor must therefore be carefully chosen. Recommended materials are: All Metals, LCP, POM (Delrin), PTFE (Teflon), PE, PEEK, PP, PB, PPS, PSU, PVDF, PVF

For sealing and gluing (use sparingly): High filled epoxy for electronic packaging (e.g. glob top, underfill), and Silicone. Outgassing of these materials may also contaminate the SHTxx (cf. 4.2). Store well ventilated after manufacturing or bake at 50°C for 24h to outgas contaminants before packing.

4.8 Wiring Considerations and Signal Integrity

Carrying the SCK and DATA signal parallel and in close proximity (e.g. in wires) for more than 10cm may result in cross talk and loss of communication. This may be resolved by routing VDD and/or GND between the two data signals.

Please see the application note "ESD, Latchup and EMC" for more information.

Power supply pins (VDD, GND) should be decoupled with a 100 nF capacitor if wires are used.

4.9 Qualifications

Extensive tests were performed in various environments. Please contact SENSIRION for detailed information.

Environment	Norm	Results[1]
Temperature Cycles	JESD22-A104-B -40 °C / 125 °C, 1000 cy	Within Specifications
HAST Pressure Cooker	JESD22-A110-B 2.3 bar 125 °C 85 %RH	Reversible shift by +2 %RH
High Temperature and Humidity	JESD22-A101-B 85 °C 85 %RH 1250h	Reversible shift by +2 %RH
Salt Atmosphere	DIN-50021ss	Within Spec.
Condensing Air	-	Within Spec.
Freezing cycles fully submerged	-20 / +90 °C, 100 cy 30min dwell time	Reversible shift by +2 %RH
Various Automotive Chemicals	DIN 72300-5	Within Specifications

Table 9 Qualification tests (excerpt)

4.10 ESD (Electrostatic Discharge)

ESD immunity is qualified according to MIL STD 883E, method 3015 (Human Body Model at ±2 kV)).

Latch-up immunity is provided at a force current of ±100 mA with T_{amb} = 80 °C according to JEDEC 17. See application note "ESD, Latchup and EMC" for more information.

(1) The temperature sensor passed all tests without any detectable drift. Package and electronics also passed 100%

5 Package Information

5.1 SHT1x (surface mountable)

Pin	Name	Comment
1	GND	Ground
2	DATA	Serial data, bidirectional
3	SCK	Serial clock, input
4	VDD	Supply 2.4 - 5.5 V
	NC	Remaining pins must be left unconnected

Table 10 SHT1x Pin Description

5.1.1 Package type

The SHT1x is supplied in a surface-mountable LCC (Leadless Chip Carrier) type package. The sensors housing consists of a Liquid Crystal Polymer (LCP) cap with epoxy glob top on a standard 0.8 mm FR4 substrate. The device is free of lead, Cd and Hg.
Device size is 7.42 x 4.88 x 2.5 mm (0.29 x 0.19 x 0.1 inch)
Weight 100 mg

The production date is printed onto the cap in white numbers in the form wwy. e.g. "351" = week 35, 2001.

5.1.2 Delivery Conditions

The SHT1x are shipped in 12mm tape at 100pcs or 400pcs.. Reels are individually labelled with barcode and human readable labels. The Lot numbers allow full traceability through production, calibration and test.

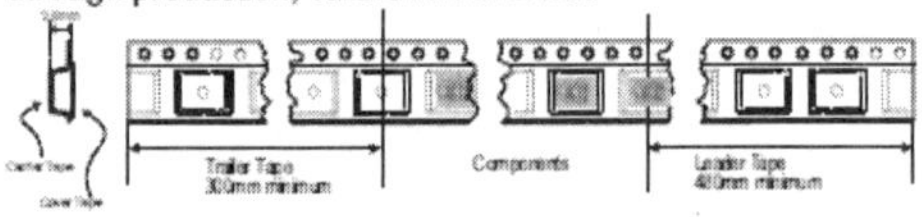

Figure 12 Tape configuration and unit orientation

5.1.3 Soldering Information

Standard reflow soldering ovens may be used. For details please see application note "soldering procedure".

For manual soldering contact time must be limited to 5 seconds at up to 350 °C.
After soldering the devices should be stored at >74 %RH for at least 24h to allow the polymer to rehydrate.
Please consult the application note "Soldering procedure" for more information.

5.1.4 Mounting Examples

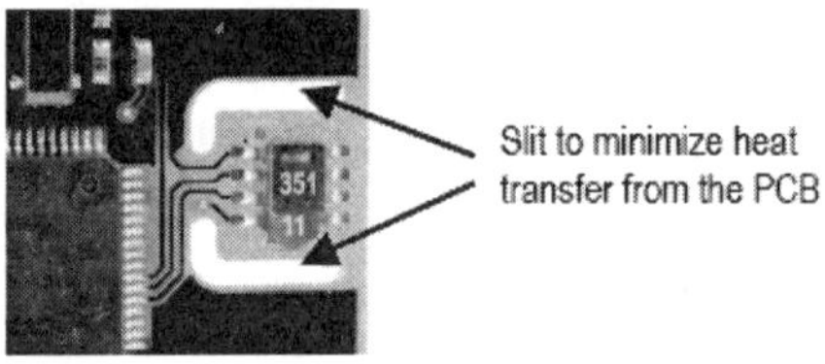

Figure 13 SHT1x PCB Mounting example

The SF1 membrane filter cap is available for optimal IP67 protection. When mounted through a housing the interior can be protected from the environment while still allowing high quality humidity measurements (see example below).

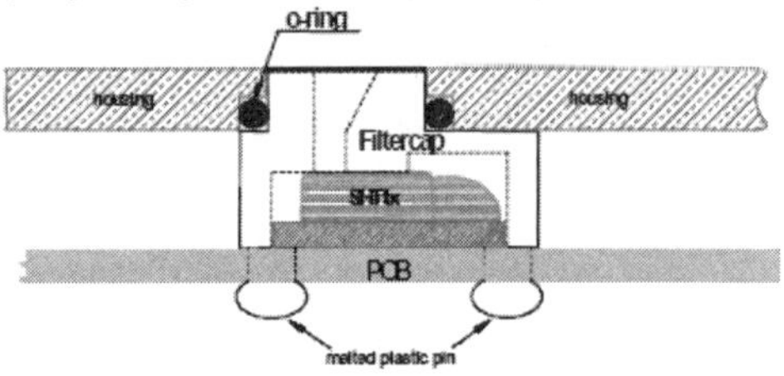

Figure 14 SF1 IP67 filter cap mounting example

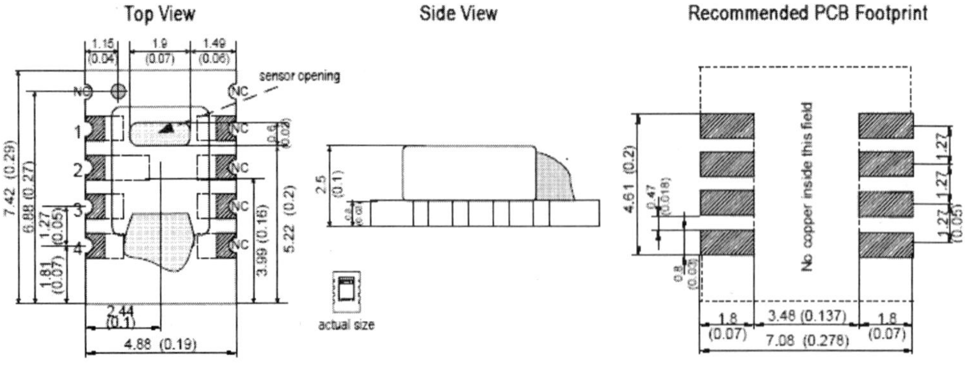

Figure 15 SHT1x drawing and footprint dimensions in mm (inch)

5.2 SHT7x (4-pin single-in-line)

Pin	Name	Comment
1	*SCK*	*Serial clock input*
2	*VDD*	*Supply 2.4 - 5.5 V*
3	*GND*	*Ground*
4	*DATA*	*Serial data bidirectional*

Table 11 SHT7x Pin Description

5.2.1 Package type[1]

The device is supplied in a single-in-line pin type package. The sensor housing consists of a Liquid Crystal Polymer (LCP) cap with epoxy glob top on a standard 0.6 mm FR4 substrate. The device is Cd and Hg free.
The sensor head is connected to the pins by a small bridge to minimize heat conduction and response times. The gold plated back side of the sensor head is connected to the GND pin.
A 100nF capacitor is mounted on the back side between VDD and GND.
All pins are gold plated to avoid corrosion. They can be soldered or mate with most 1.27 mm (0.05") sockets
e.g.: Preci-dip / Mill-Max 851-93-004-20-001 or similar
Total weight: 168 mg, weight of sensor head: 73 mg

The production date is printed onto the cap in white numbers in the form wwy. e.g. "351" = week 35, 2001.

5.2.2 Delivery Conditions

The SHT7x are shipped in 32 mm tape. These reeled parts in standard option are shipped with 500 units per 13 inch diameter reel. Reels are individually labelled with barcode and human readable labels.

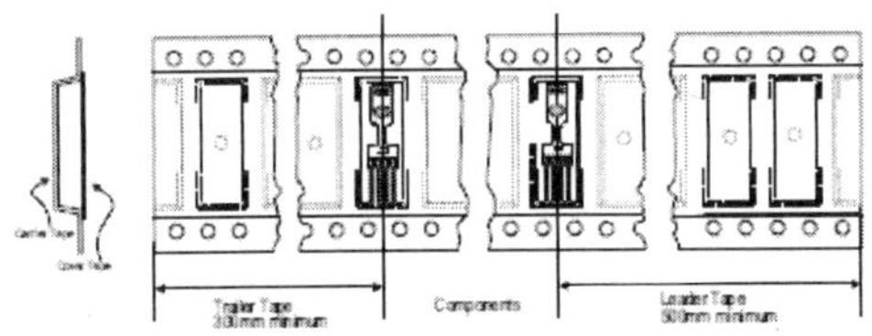

Figure 16 Tape configuration and unit orientation

5.2.3 Soldering Information[2]

Standard wave SHT7x soldering ovens may be used at maximum 235 °C for 20 seconds.
For manual soldering contact time must be limited to 5 seconds at up to 350 °C.
After wave soldering the devices should be stored at >74 %RH for at least 24 h to allow the polymer to rehydrate.
Please consult the application note "Soldering procedure" for more information.

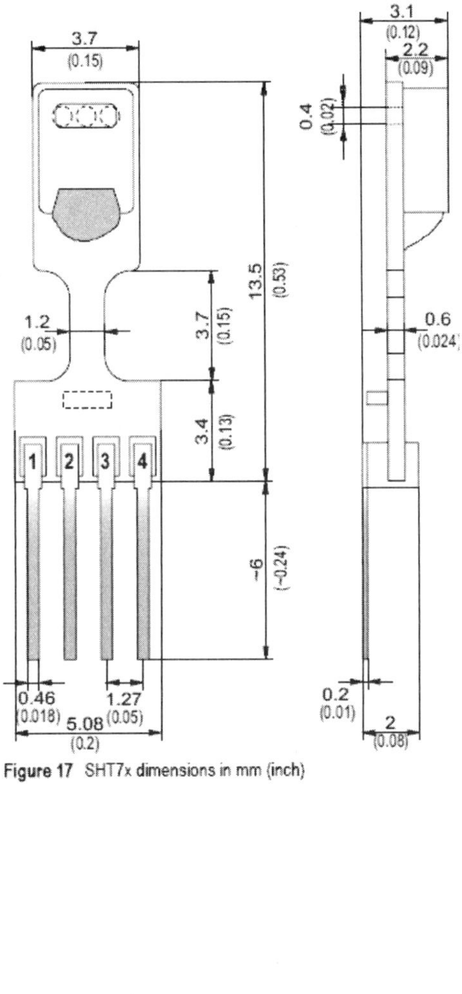

Figure 17 SHT7x dimensions in mm (inch)

[1] Other packaging options may be available on request.
[2] For maximum accuracy do not solder SHT75!

찾아보기

ATmega 128

마이크로컨트롤러 실습

2022년 3월 10일 1판 2쇄 발행

저 자 이순흠 · 최관순 · 한재용
발행인 남 승 우

발행처 도서출판 상尙 학學 당堂

서울특별시 동작구 사당로9가길 6
TEL : 02) 595-1692 ~ 4
FAX : 02) 595-1394
E-mail : shdbooks@naver.com
신고 : 2-155호 (1968. 11. 29)

정가 17,000원

ISBN 978-89-93383-76-8 93560